[개정증보판]
초등 한국사! 진짜 역사 수업을 말한다 1
고대에서 조선 중기까지

이관구

초등학교 교사로 18년 동안 수업을 하였으며, 현재는 대구교육박물관 교육연구사로 근무 중입니다. 대구광역시교육청 사회과 연구교사 및 국사편찬위원회 한국사능력시험 출제 위원을 역임하였으며 비상교육 사회과 검인정 교과서를 집필했습니다. 서울, 경기, 부산, 대구, 울산, 강원, 경북, 경남 등 전국 곳곳에서 사회 수업, 프로젝트 수업과 관련한 다양한 강의 활동을 하고 있습니다. 전국의 모든 국보와 역사 유적지를 직접 체험하고 촬영하여 수업에 촬영하겠다는 생각으로 시작한 답사가 소명으로 작용하여 15년째 전국을 돌아다니고 있습니다. '관쌤의 역사수업연구소'(blog.naver.com/ykk209)를 운영하고 있으며, 대표적인 저서로는 『자료와 활동 중심의 사회과다운 사회수업』(공저), 『선생님과 함께하는 대구읍성 답사』(공저), 『개념 기반 탐구로 IB 초등 수업하기』(공저) 등이 있습니다.

초판 1쇄 발행 2014년 5월 12일
개정 1쇄 발행 2024년 3월 15일

지은이 이관구
펴낸이 이형세
펴낸곳 테크빌교육㈜
테크빌교육 출판 서울시 강남구 언주로 551, 5층 | **전화** (02)3442-7783 (142)

ISBN 979-11-6346-187-6　04370
　　　 979-11-6346-189-0 (세트)
책값은 뒤표지에 있습니다.

※이 책은 『초등 한국사! 진짜 역사 수업을 말한다』(2014, 즐거운학교)의 개정증보판입니다.

우리 반 쌤도 학생들도
즐거운 독서 시간
쌤도서가 함께합니다.

개정 증보판

탐구와 체험이 넘치는
학생 중심 역사 수업

초등 한국사!
진짜 역사 수업을 말한다

☆ 고대에서 조선 중기까지 ☆

1권

이관구 지음

테크빌교육

개정증보판에 부치는 말

2014년 봄, 『초등 한국사! 진짜 역사 수업을 말한다』 책을 출판한 지 벌써 10년이 지났습니다. 그동안 블로그에 꾸준히 역사 수업에 관한 글을 올렸습니다. 그렇게 쌓인 수업 사례가 어느새 100개가 훨씬 넘었습니다. 더 많은 수업을 선생님들과 공유하고자 개정판을 내게 되었습니다.

10여 년간 역사 수업을 구상하면서 밤이 새는 것도 모를 정도로 몰입을 한 적이 참 많았습니다. 준비한 수업을 아이들이 너무 잘해 주어 희열감 속에 블로그 글을 썼던 기억이 납니다. 하지만 수업이 제대로 되지 않아 속상했던 적이 더 많았던 것 같네요. 아직도 제가 세운 수업 계획과 다르게 끝나는 경우가 참 많습니다.

제가 처음 역사 수업을 했을 때는 6학년 1학기가 역사 교육과정이었어요. 그 후 5학년 1, 2학기에 역사가 도입되더니 지금은 5학년 2학기가 역사 교육과정입니다. 학년과 시수, 교육과정 성취기준이 자주 바뀝니다. 2022 개정 교육과정과 비교해 보시고, 선생님의 수업에 맞추어 재구성하거나 교육과정과 변형하여 수업하시면 됩니다. 또한 이 책에 나오는 수업 사례는 1차시 분량이 아니라 2~3차시 분량에 해당하는 것도 많습니다. 시간을 확보하셔서 여유롭게 수업에 적용해 보시기 바랍니다. 수업에 필요한 자료는 제 블로그 '관쌤의 역사수업연구소(blog.naver.com/ykk209)'에 올려 두었습니다.

2024년 3월
이관구

이야기 하나, '기나긴 역사 답사의 시작'

2008년 겨울, 아내가 친구 결혼식에서 부케를 받는다고 하여 아내 고향인 경북 영양에 갔어요. 예식장 근처에서 우연히 국보 하나를 보았어요. 봉감오층모전석탑이었어요. 당시에는 '모전석탑'의 뜻도 모른 채 사진만 찍었는데, 탑이 참 예뻤던 기억이 납니다. 나중에 책을 찾아보니 모전석탑이란 벽돌로 쌓은 전탑을 모방하여 만든 탑이라고 하더군요. 역사에 관심이 있었지만, 정작 문화재에 대해서는 아는 것이 없었

봉감오층모전석탑

죠. 문화재를 좀 더 알고 싶다는 생각에 무심코 아내에게 말했어요.

"우리 국내에 있는 국보를 모두 보러 다녀 볼까?"

이 작은 제안이 나비효과가 되어 큰 시련(?)을 줄 줄이야! 아무튼 저의 국보 기행은 이렇게 시작되었습니다.

2009년, 두꺼운 지도책에 국보의 위치를 표시하였어요. 주말이면 카메라를 챙겨 국보를 찾아 여행을 떠났어요. 가까운 경상도부터 국보를 보고 왔어요. 당시는 스마트폰이 없었기 때문에 지도를 통해 국보와 숨바꼭질을 하였어요. 숨어 있는 국보를 발견했을 때의 그 기쁨은 이루 말할 수 없었어요. 국보 사진을 이리저리 찍고 그 사진들을 정리하면서 공부도 하였어요. 나태주의 시 '풀꽃'에서,

"자세히 보아야 예쁘다. 오래 보아야 사랑스럽다."

라는 문구처럼 국보를 계속 찾고 사진으로 남기다 보니 문화재를 보는 눈과 마음가짐이 달라짐을 느낄 수 있었어요.

국보 여행 중 경상도 지역에서는 경북 영천시 은해사 거조암 영산전이 가장 기억에 남아요. 영산전은 고려시대 건축물로 은해사에 딸린 작은 암자인 거조암에 있는데, 화려하지는 않지만 고고한 매력을 느낄 수 있었어요. 주변의 아늑한 산세와 절묘하게 어우러져 마치 옛 선비가 된 것 같았어요.

먼 곳으로 국보 여행을 떠날 때면 1박 2일로 일정을 짰어요. 오가는 길에 최대한 많은 국보를 볼 수 있는 경로를 선택하였어요. 예를 들어 충주의 중원고구려비를 찾아가는 길에 영주 소수서원을 들러 안향 영정을 보고 중원고구려비 근처에 있는 중원탑(중원탑평리 칠층석탑)을 함께 보았어요. 그리고 집으로 오는 길에 단양 신라 적성비를 보고 오는 것으로 일정을 짰어요.

먼 곳 여행에서 가장 기억에 남는 국보는 속리산 법주사의 팔상전입니다. 우리나라에 현존하는 유일한 목탑으로 얼핏 보면 탑이 아닌 건축물로 보입니다. 처음 보았을 때,

"이게 탑이었어? 나는 법당인 줄 알았네."

라고 놀라워하던 아내의 말처럼 말이에요.

국립중앙박물관, 불국사, 공주를 갈 때는 출발부터 가슴이 두근거렸어요. 많은 국보를 한자리에서 볼 수 있었기 때문이죠. 반면 국보가 높은 산 중턱에 있거나 먼 지역에 있을 때는 여간 힘든 것이 아니었어요. 저를 가장 괴롭혔던 국보는 월출산 마애여래좌상이었어요. 대구에서 전남 영암까지 차로 5시간을 달려 도착한 숙소에서 하룻밤을 자고, 다음 날 힘들게 4시간 동안 산을 올라서야 제 앞에 나타났어요. 마애여래좌상을 보고 다시 산을 5시간 동안 내려온 기억을 떠올리면 지금도 아찔해요. 지도에서 확인했을 때는 이렇게 높은 곳에 있는 줄 몰랐어요.

국보 사진을 폴더별로 정리해 놓았는데, 마치 우표 수집하듯 새로운 국보 사진이 채워질 때마다 뿌듯했던 기억이 아직도 생생해요. 개인이 소장하는 국보라서 관람할 수 없거나 사진 촬영이 불가능한 곳(삼성미술관 리움, 간송미술관 등)을 제외하고 3년 동안 약 170

개의 국보 사진을 모았어요. (2021년 기준 국보 333개)

사회과 수업에서 문화재 사진을 보여 줄 기회가 많았어요. 드디어 제가 찍은 국보 사진들이 빛을 발하기 시작하였어요. 금동대향로의 세세한 부분을 확대하여 보여 줌으로써 학생들은 금동대향로의 아름다움을 더 실감 나게 느낄 수 있었어요. 서산마애삼존불의 사진을 보면서 학생들은 그것이 절벽에 새겨진 조각품임을 이해하였으며, 고인돌 사진(제가 고인돌 앞에 서 있음)을 통해 고인돌이 어마어마하게 크다는 것도 알 수 있었어요. 신기해하는 학생들을 보며 또 다른 결심을 했어요.

'교과서에 나오는 역사 유적지를 시대별로 찾아다니자!'

수업에 도움이 될 만한 유적지를 찾아서 여행을 다니기 시작했어요. 시대별로 수업에 활용하기 좋게 문화재 사진이나 역사 자료를 정리하여 동료 교사들에게 공유하였어요. 울산 반구대 암각화를 시작으로 5·18기념공원까지 선사시대부터 현대까지 기나긴 역사 여행을 했어요. 현재는 두 아이와 함께 역사체험관 중심으로 새로운 도전 중입니다.

제주 민속촌

영천 최무선 과학관

이야기 둘, '나의 사회 수업 발전기'

저는 2004년에 첫 발령을 받았어요. 유독 수업하기 힘든 과목이 사회였어요. 사회를 좋아했지만 어떻게 해야 할지 막막하더군요. 선배 교사들의 수업지도안을 살펴봤어요. 어마어마하더군요. 학생들이 가설을 설정하고 모둠 토의도 하는, 기가 막히는 계획이었지요. '아! 저렇게 사회 수업을 하면 되는구나.'라고 생각했어요. 하지만 탐구 수업을 어떻게 진행하는지 감도 못 잡았어요. 탐구 수업은 포기한 채, 당시 보편적인 수업 방법을 제 방식으로 바꿔 보았어요. 공부할 자료를 학생들이 숙제로 준비하여 수업 시간에 보고서를 만들어 발표하는 방법이었어요. 학생들의 발표를 보고 평가했어요. 해 볼만 했어요. 괜찮을 것 같죠?

절대 아닙니다. 매주가 전쟁이었어요. 자료를 준비 안 해 온 학생들을 꾸지람하는 것으로 수업을 시작해요. 약 한 시간에 걸쳐 각자가 가져온 사진과 자료를 도화지에 정리해요. 하지만 몇몇 학생만 보고서를 만들고 나머지는 방관자 신세였어요. 그럼, 제가 불러서 뭐라 합니다.

"왜 너는 참여하지도 않고 딴짓을 하니?"

"여자애들이 저보고는 가만히 있으래요. 방해된다고요."

"여학생, 너희들은 왜 방해된다는 말을 하니?"

"쟤는 자료도 준비 안 해 오고 글씨도 못 써요."

해결할 방도를 찾지 못한 채 한 해가 흘러갔어요. 그래도 만족했습니다. 열심히 무언가를 했고 평가도 했으니까요. 다음 해도 똑같은 방법으로 5학년 수업을 하고는 군대에 갔어요.

제대 후 학교에 복귀하여 3학년을 맡았는데 우리 마을과 관련된 수업이 1단원으로 나오고, 이 주제로 거의 한 달 반을 수업해야 했어요.

'아니, 이 단순한 것을 한 달 반이나 어떻게 하라고?'

큰 흐름을 못 잡고 계속 미루다가 3월 말에 힘겹게 시작하였고, 결국 마을 지도 한 장과 교과서로 마무리를 했어요. 너무 힘들더군요. 그리고 다시 예전 방법으로 수업을 했어요. 참 무섭다고 느낀 것이, 발령을 받고 처음 한두 해 동안 습관화된 것들은 몇 년이 지나도 잘 고쳐지지 않더라고요. 방식이 옳든 그르든 간에 말이죠.

다음 해는 6학년을 했어요. 6학년 1학기 사회가 모두 역사였어요. 역사를 좋아했기 때문에 정말 잘할 자신이 있었지요. 하지만 내가 잘 아는 것과 학생들에게 제대로 가르치는 것은 완전 다른 것이라는 것을 뼈저리게 느꼈어요. 교과서를 읽고 중요한 내용에 줄을 긋고 학생들의 질문에 추가 설명을 하며 공책 필기나 학습지로 마무리하는 수업이 대부분이었어요.

그렇게 4년차 교사가 되니 많이 지치더군요. 그래서 다음 해에 체육 교과를 맡으면서 담임을 쉬었어요. 그리고 대구교육대학교 사회과 대학원에 등록했어요. 다음 해인 2011년에는 2009 개정 교육과정의 도입으로 5학년 사회는 1, 2학기 모두 역사였어요. 볼 것도 없이 5학년 담임을 선택했어요.

'처음부터 한 차시, 한 차시 모두 신경 써서 할 것이다!'

지도서도 열심히 읽었고 수업 준비도 매 시간 했어요. 하지만 특별한 교수학습 방법도 없었고 사회과나 역사교육론에 대해 정통한 것도 아니다 보니 한계에 부딪쳤어요. 교육학적인 변화는 없고 단순 기법만 늘었어요. '학생들에게 지식은 많이 쌓였겠지.'라고 스스로 위안했지만, 이듬해 실시한 진단평가에서 다른 반과 큰 차이가 없다는 사실에 좌절을 했어요.

그렇지만 다시 5학년 담임을 했어요. 같은 학년을 연달아 2년째 하니 약간의 노하우가 생겼어요. 수업 준비도 더 열심히 체계적으로 했고요. 업무도 가벼워 시간적 여유가 있었던 것도 한몫했어요. 당시 대학원 수업은 송언근 교수님께 들었어요. 논문을 하나 읽어 오라고 과제를 내주셨는데, 그 논문이 바로 「비조작 자료와 사회과 지식 구성의 관계」라는 정혜정 선생님의 논문이었어요. 이틀 동안 정독을 했어요. 구성주의 철학을 바탕으로 한 수업 내용이 참신하고 충격적이었어요. 간단히 요약하면 다음과 같아요.

사회라는 과목은 미술, 음악처럼 직접 자료를 줄 수 없으며, 간접적으로 사진이나 도표같이 간접적인 자료를 줄 수밖에 없다. 그렇다 보니 탐구가 일어날 수 없고 암기만 하게 된다. 학생들에게 완성된 자료가 아닌 미완의 자료(비조작 자료)를 주어 이 자료를 활용하여 도표를 완성하고 그래프를 그리게 한다면 그 과정에서 학생들은 탐구를 하게 되고 자신이 직접 만든 자료를 활용하여 해석을 하면서 지식을 구성하게 된다. (정혜정, 2007, 요약)

뭔가 머리를 한 대 맞은 듯했어요. 교육이론 없이 쳇바퀴처럼 맴돌았던 부족한 제 수업에 방점을 찍어 주는 느낌이었어요. 마침 송언근 교수님이 비조작 자료를 활용하여 수업을 해 오라는 과제를 내주셨어요. 3일을 고민해서 수업을 구상한 것이 '국보 분류를 통해 신라와 통일신라 문화의 특징 비교하기'였어요.

그 수업을 하고는 두 번째 충격을 받았어요. 아이들이 엄청 몰입했기 때문이지요. 저도 신이 나서 수업 연구를 계속 했어요. 이제는 수업 구상이 막히면 교과서를 덮고 역사책을 펼치거나 교과교육론을 다시 읽어 봐요. 그러면 새로운 수업이 떠오르는 경우가 많아요. 교과목의 기본적인 원리나 철학 없는 고민은 다람쥐가 쳇바퀴를 계속 도는 것과 같아요. 기법만 바뀔 뿐 성장이 없어요. 성장을 하려면 힘들더라도 철학이라는 쳇바퀴 자체를 계속 키워 나가야 한다는 점을 깨달았어요.

이야기 셋, '수업 일기를 쓰게 된 까닭'

전문가는 어떤 분야를 잘하는 사람이 아니다. 많은 실패를 해 본 사람이다. 하지만 같은 실패를 똑같이 반복한다면 전문가가 아니다. 같은 실패를 반복하지 않으려면 기록으로 남겨라.

초등학교는 '1년 살이' 생활입니다. 1년 후에 학년, 학생, 업무 등 모든 것이 바뀌기 때문이죠. 안 그래도 가르칠 과목이 많고 학년이 6개나 있는데, 매년 바뀌니 전문성이 쉽게 생기지 않아요. 초등 교사들의 2월은 새로운 학년을 준비하는 중요한 시기입니다. 하지만 수업 외적인 일로 더 분주한 시기이기도 하죠.

새로운 학년이 시작되면 교육과정이 머릿속에 그려지지 않고 참고할 만한 수업 자료도 거의 없어요. 저 역시 그랬어요. 같은 학년을 연달아 했음에도 불구하고 예전 수업이 기억나지 않았어요. 심지어는 작년에 실패한 수업을 그대로 되풀이한 충격적인 경험도 있어요. 반대로 업무는 더 능숙해졌으며, 특히 같은 업무를 연이어 2년 하니 전문가가 다 된 것 같았어요. 기록에 남은 것들이 많았기 때문이었죠.

문득 '업무처럼 수업도 기록으로 남기면 어떨까?' 하는 생각이 들었어요. 2011년부터 수업 일기를 쓰기 시작하였어요. 처음 의도는 과거의 실패를 밑거름 삼아 더 좋은 수업을 하고자 함이었어요. 특별한 양식 없이 내년에 약간의 도움이라도 되겠거니 하는 바람으로 썼어요. 하지만 1단원에서는 정말 열심히 쓰다가 뒤로 갈수록 게을러졌어요. 날은 더워지고 몸은 지쳐 가던 6월에는 아예 안 쓰기도 했어요.

1년 뒤, 새 학기가 시작되기 전 제일 먼저 작년 수업 일기를 읽어 보았어요. 쓸 때는 잘 몰랐는데, 다시 수업을 앞두고 읽으니 상당히 도움이 되었어요. '아, 작년에 이렇게 했었구나. 이번에는 이렇게 해 봐야지.'라는 생각도 하게 되었어요. 그래서 좀 더 체계적으로 수업 일기를 쓰기 시작하였어요. 수업 의도를 추가하고 수업 내용을 자세히 적었어요. 이전 수업 일기에서는 학생들의 발표 내용을 구체적으로 기록하지 못해 아쉬웠던 기억이 나서 다음 해부터는 발표를 녹음해 두고 기록을 했어요. 이렇게 매년 조금씩 그 방법을 업그레이드해 가면서 일기를 썼어요. 분명한 사실은 수업 일기를 통해 아주 조금이지만 향상된 수업을 구상하는 저를 발견하게 되었다는 점이에요.

요즘도 가끔 예전의 수업 일기를 읽어 봅니다. 특히, 가장 먼저 썼던 2011년도의 수업 일기를 읽고 있으면 민망함을 느낄 정도로 풋풋했던 시절이 떠올라요. 여러 해를 지나 오면서 많은 발전을 이루었다는 생각이 듭니다. 만약 수업 일기를 쓰지 않고 매년 기억에 의존해 답습했다면 그때와 비슷한 방식으로 수업을 하지 않았을까 하는 생각이 들었어요. 하지만 이전에 잘했던 수업들이 학교를 이동하여 새로운 학생들을 만나면 마치 처음 하는 것처럼 제 마음대로 안 되는 경우가 많아요. 수업은 해도 해도 정말 어렵습니다. 지금도 열심히 수업 일기를 쓰고 있으며 좋은 수업은 블로그에 업로드를 하여 공유하려고 노력 중입니다.

2024년 3월
이관구

☆ 차 례 ☆

개정증보판에 부치는 말 4

저자의 말 5

수업에 이렇게 활용하세요 14

큐알코드는 이렇게 활용하세요 16

수업에 이렇게 활용하세요

● 역사 수업

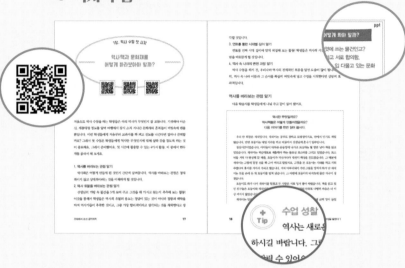

수업 시작하기 🖋

"교과서 ○○쪽을 펴라."라는 말로 바로 수업을 시작하기보다 학생들의 호기심을 불러일으키는 **질문**과 **대화** 또는 **읽을거리**나 수업 주제 관련 **영상**을 보여 주세요. 그러면 학생들이 수업에 흥미를 느끼고 선생님의 말에 집중합니다.

Step 1

수업 진행하기 🖋

학생들이 수업 중 탐구하며 학습할 수 있도록 **질문**이나 **과제**를 제시해 주세요. 적절한 **활동**이나 **학습지**도 좋습니다. 그리고 학생들이 탐구 활동을 돕기 위해 **PPT 자료**를 보여 주면서 설명을 해 주거나 질문과 대화를 통해 학습 동기를 북돋아 주세요.

Step 2

수업 마무리하기 🖋

학생들이 직접 작성한 학습지나 수업 결과물을 보면서 서로 **의견**을 주고받습니다. 이때 선생님은 추가 설명을 해 주거나 **피드백**을 해 주세요. 수업 내용이 많고 복잡하면 내용 **정리**를 해 주세요. 그리고 학생들에게 **수업 일기**나 간단한 **과제** 제시를 통해 수업 성찰의 시간을 가져 보세요.

Step 3

● 이런 수업도 있어요

교육과정과 성취기준에 따른 수업을 다른 방식으로 시도해 보거나 또는 더 해 봐도 좋을 수업을 제시하였어요. 학생들과 함께 석기나 청동기 **만들기**를 해 볼 수도 있어요. 모둠별로 **연극**이나 **역할극**을 해 볼 수도 있고 **지도**나 **역사책**을 만들어 볼 수도 있어요.

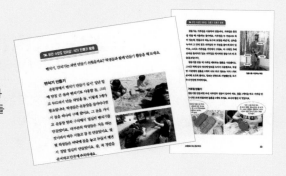

● 역사교육 톡톡!

역사교육을 대한 철학을 세우고 역사 수업을 더욱 발전시키고 싶다면 '**역사교육 톡톡!**'을 그냥 지나치지 마세요. 차분히 정독하시기를 추천합니다. 역사 노트 정리부터 자료 수집 방법, 추체험, 질문 중심 수업, 의사 결정 수업, 역사 내러티브(스토리텔링), 사회과 탐구 학습 등 깊이 있는 수업에 대한 고민의 시간을 가질 수 있습니다.

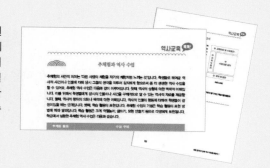

● 역사 이야기

최고의 수업으로 성취기준을 달성하고 학습 효과를 높이기 위해서는 사전 지식이 필수입니다. 그런데 교과서는 압축되고 생략된 내용이 많아서 역사적 사건의 과정이나 맥락을 이해하기 어려울 때가 많죠. 본서는 이를 보완하기 위한 장치로 '**역사 이야기**' 코너를 마련해 역사적 사건이나 유물, 유적, 인물에 대해 더 다양하고 상세한 내용을 다루고 있습니다.

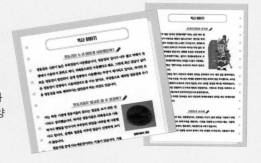

● 부록-역사 유적지 및 박물관

부록도 놓치지 마세요. 학생들과 탐방하기 좋은 역사 유적지 및 박물관을 지대별, 지역별로 분류했습니다. 초등 저학년 및 초등 고학년 대상별로도 구분했습니다. 그리고 실제 주요 유적지 답사 코스와 관람 시간을 사진과 그림으로 정리하여 한눈에 알아볼 수 있도록 했습니다. 참고하여 답사 계획을 세우시기를 바랍니다.

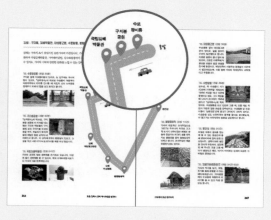

큐알코드는 이렇게 활용하세요

큐알코드를 타고 '관쌤의 역사수업연구소' 블로그를 방문해 주세요. 큐알코드를 찍으면 **각 수업 장면과 자료**를 더 자세하게 볼 수 있어요. 그리고 **PPT, 학습지, 연표, 지도** 등 각종 수업 자료 원본을 다운받을 수 있어요.

● 수업 자료

본서의 수업 활동 및 관련 수업 내용은 관쌤의 역사수업 연구소에 한눈에 볼 수 있도록 잘 정리돼 있어요. 초등 역사 수업, 프로젝트 수업, 역사 답사, 문화재, 유적지 및 박물관 등에 대한 정보도 있어요.

● PPT 자료

한국사 내용을 교과서에 모두 담아내기는 어렵습니다. 압축되고 생략된 내용이 많아서 역사적 사건의 과정이나 맥락을 이해하기 어려울 때가 많죠. 그래서 수업 주제에 따라 PPT를 만들어 학생들에게 보여 주면서 설명했어요. 수업 내용에 맞추어 관련 이미지나 영상을 추가하기도 했어요.

● 학습지 자료

한국사 수업을 강의식이 아닌 학생 스스로 탐구 학습을 할 수 있게 하려면 학습지는 매우 중요해요. 학습지 속에 읽을거리와 연표, 사진 자료를 넣기도 하고 학생들의 탐구 활동을 도울 질문을 넣기도 합니다. 학생들은 학습지 속 질문에 답하기 위해 주도적으로 탐구 활동을 하게 되지요.

● 지도와 연표 및 영상 자료

수업 주제와 연관된 동영상을 찾아서 담았습니다. 때로는 말로 설명하는 것보다 짧은 다큐 영상을 보여 주는 것이 학생들에게 학습 동기를 불러일으키고 몰입도를 높일 수 있어요. 또한 수업 주제와 연관된 지도 및 연표 자료를 담아 탐구 활동을 더 효과적으로 할 수 있도록 하였습니다.

역사책과 문화재를 어떻게 바라보아야 할까?

처음으로 역사 수업을 하는 학생들은 아직 역사가 무엇인지 잘 모릅니다. 기껏해야 이순신, 세종대왕 정도를 알며 여행에서 잠시 스쳐 지나간 문화재의 흔적들이 머릿속에 맴돌 뿐입니다. 이런 학생들에게 처음부터 교과서를 쫙 펴고 진도를 나간다면 얼마나 끔찍할까요? 그래서 첫 수업은 학생들에게 역사란 무엇인지에 대해 살짝 감을 잡도록 하는 것이 중요해요. 그래서 준비했어요. 첫 시간에 활용할 수 있는 4가지 활동. 이 중에서 한두 개를 골라서 해 보세요.

1. 역사를 바라보는 관점 알기

역사책은 어떻게 만들게 된 것인지 간단히 살펴봅니다. 역사를 바라보는 관점은 절대적이지 않고 상대적이라는 것을 이해하게 될 것입니다.

2. 역사 유물을 바라보는 관점 알기

선생님의 가방 속 물건을 3개 보여 주고 그것을 왜 가지고 왔는지 추측해 보는 활동! 이것을 통해서 학생들은 역사적 유물의 용도는 정답이 있는 것이 아니라 정황과 맥락을 따져 역사가들이 추측한 것이고, 그중 가장 합리적이라고 생각되는 것을 채택한다고 생각할 것입니다.

3. 연표를 통한 시대별 길이 알기

연표를 진짜 시대 길이에 맞게 색칠해 보는 활동! 학생들은 역사적 시간에 대한 오개념을 바로잡게 될 것입니다.

4. 역사 속 나라의 변천 과정 알기

역사 수업을 하기 전, 우리나라 역사의 전체적인 흐름을 알면 도움이 많이 됩니다. 특히, 역사 속 나라 이름과 그 순서를 확실히 머릿속에 넣고 수업을 시작한다면 상당히 효과적입니다.

역사를 바라보는 관점 알기

다음 학습지를 학생들에게 나눠 주고 같이 읽어 봤어요.

역사란 무엇일까요?
역사책들은 어떻게 만들어졌을까요?
다음 이야기를 한번 읽어 봅시다.

우리 반 회장은 재석입니다. 재석이는 공부도 잘하고 모범생이지요. 반에서 인기도 제일 많습니다. 반면 호동이는 매일 지각을 하고 떠들어서 선생님께 혼나기 일쑤입니다.

점심시간이었습니다. 아이들이 대부분 운동장에 나가고 교실에는 몇 명만 남아 책을 읽고 있었습니다. 재석이는 학급대표로 제출해야 하는 불조심 포스터를 그리고 있었습니다. 포스터를 거의 다 완성해 갈 때쯤, 호동이가 지나가다가 재석이 책상을 건드렸습니다. 그 때문에 재석이는 그림에 검정 선을 쫙 그어 버리고 말았지요. 그것을 본 호동이는 사과를 하고 지워 주겠다며 휴지를 가지러 가려고 했습니다. 거의 마무리되어 가던 그림을 망치자 화가 난 재석이는 붓을 손에 든 채 호동이를 밀쳐 냈습니다. 그 바람에 호동이의 티셔츠에 물감 자국이 생겼습니다.

호동이도 화가 나서 재석이를 밀쳤고 두 사람은 서로 엉겨 붙어 싸웠습니다. 책을 읽고 있던 친구들은 호동이와 재석이를 말리기 시작했습니다. 친구들의 만류로 다행히 싸움은 더 이상 커지지 않았습니다.

재석이는 입술이 터져 피가 흘렀고 호동이도 오른쪽 팔이 책상 모서리에 긁혀 멍이 들었습니다. 말리던 아이들은 재석이 입술의 피를 보고 또 호동이가 시비를 걸었다고 생각했습니다. 그때 예비 종이 치고 운동장에서 돌아온 아이들이 재석이를 보고 무슨 일이냐고 물어보았고, 목격한 친구들이 설명을 해 줍니다.

수업이 끝나고 부회장이 담임 선생님께 점심시간에 있었던 일을 말씀드렸습니다. 선생님은 그 얘기를 듣고 재석이와 호동이를 불러서 물어봅니다. 하지만 둘 다 억울한 것 같습니다. 그래서 다른 목격자들을 불러 물어봅니다. 하나같이 호동이가 먼저 재석이를 때렸다고 합니다. 결국 이 사건은 호동이가 모두 잘못한 사건이 됩니다.

하지만 저는 처음부터 다 봤습니다. 호동이가 책상을 건드렸지만 그건 동엽이가 호동이에게 부딪혀서 중심을 잃은 탓에 그런 거고, 재석이가 먼저 호동이 옷에 붓질을 한 것을요. 다른 친구들은 호동이의 티셔츠에 생긴 검은 물감 자국을 신경 쓰지 않았습니다. 하지만 저는 재석이와 계속 친하게 지내고 싶기 때문에 그냥 가만히 있었습니다.

이렇게 겨우 몇 시간 전에 있었던 일임에도 객관적 근거가 불충분한 경우에는 많은 사람이 주장하는 것이 사실이 됩니다. 하물며 역사책들은 수백 년 전에 쓰인 기록입니다. 객관적 사실만 썼을까요? 자기에게 불리하다고 생각되는 것을 썼을까요? 시간이 지나면서 누군가 고치지는 않았을까요?

사람들 사이에 "역사는 이기는 자의 역사다"라는 말이 있습니다. 이 말은 역사를 기록할 때 기록하는 사람의 생각이 들어간다는 뜻입니다. 역사 속에서 싸움에 진 사람이나 망한 나라의 사람들은 나쁜 사람으로 표현되고, 이긴 사람들은 좋은 사람으로 비칠 수밖에 없습니다. 이긴 자들이 쓴 기록은 지금까지 전해 내려오는 것이 많지만 싸움에 진 사람들이 쓴 기록은 이긴 자들이 대부분 불태워 버리거나 없애 버렸기 때문이지요.

우리는 앞으로 항상 이러한 점을 염두에 두고 역사를 공부해야 합니다. 그렇다고 앞으로 우리가 배울 역사를 믿을 수 없다고 생각해서는 안 됩니다. 다만, 역사책은 100% 사실을 쓴 것이 아니라 많은 사람들이 믿고 있는 가치와 생각의 방향으로 썼다고 이해하면 됩니다. 물론 100% 사실도 많이 있습니다.

하지만 "항상 과연 이것이 100% 맞는 것일까? 이 사건에 대한 다른 의견은 없는가?"라고 스스로에게 질문을 해 볼 필요가 있습니다. 소수의 의견인 나의 의견이 좀 더 사실에 근접한 것일 수도 있으니까요. 그래서 아무도 관심이 없지만 사건의 실마리를 풀 수 있는, 호동이의 티셔츠에 묻은 검은색 물감을 발견하고 왜 그렇게 되었는지 알아낼 수 있도록 해야 합니다.

앞으로 1년 동안 역사를 공부하면서 스스로가 역사학자가 되어 역사적 사실을 탐구하는 자세로 공부를 할 수 있도록 노력해야 할 것입니다. 그것이 역사를 바르게 공부하는 방법이라고 생각합니다.

1. 역사책은 어떻게 만들어진 것일까요?

_____

_____

2. 역사를 어떻게 바라봐야 할까요?

_____

_____

_____

역사 유물을 바라보는 관점 알기

선생님 가방에 있는 물건 3가지를 꺼내 바구니에 담아 놓았어요. 그 물건은 안대, 리코더, 줄자입니다. 왜 이것을 가지고 왔을지 학생들에게 추측해 보라고 했어요. 모둠별로 나와서 물건을 보고 나름대로 그 용도를 추측하여 발표했어요.

물건을 보면서 고민하는 학생들

물건	학생들이 추측한 내용
안대	• 체육 시간에 눈 가리고 놀기 위해 • 힘들 때나 쉬는 시간에 쓰고 자려고 • 과학 시간에 눈 가리고 물건 맞추기를 하려고
리코더	• 음악 시간에 리코더 지도를 위해 • 선생님이 리코더 연주를 하려고
줄자	• 무엇인가를 재기 위해서 • 수업 시간에 쓰려고 • 과학 시간에 식물 관찰을 하려고

각자 추측을 한 다음 모둠별로 가장 그럴듯한 추측 하나를 선정합니다.(위 표 안의 색 글씨) 모든 활동이 끝난 뒤에는 PPT 자료를 보여 주면서 다음과 같이 설명해 주세요.

초등 한국사! 진짜 역사 수업을 말한다 1

교사: 선생님이 이 물건을 왜 가지고 다니는지 진짜 이유가 궁금하지?

학생: 네, 현기증 난단 말이에요!

교사: 너희가 박물관에서 보는 문화재도 이것과 비슷해. 처음 발견되었을 때는 역사학자들도 무엇에 쓰는 것인

지 잘 몰랐겠지? 그런데 나중에 어떻게 알게 되었을까? 아마 발견된 장소와 다양한 연구를 통해서 '이 문화재는 ○ ○ 다'라고 정의했을 거야. 하지만 그것이 진짜인지는 아무도 몰라. 정답은 문화재만 알고 있겠지? 그래서 나중에 그 용도에 대한 설명이 바뀌기도 해. 선생님 물건도 문화재처럼 조용히 입을 다물고 있을 거야.

연표를 통해 시대별 길이 알기

학생들은 시대별 시간의 길이에 대한 오개념을 많이 가지고 있는데 다음과 같아요.

〈2011~2014년도 학생들 오개념 통계〉

시대	"길다"	이유	"짧다"	이유
구석기	11명	책에서 본 것 같아서 / 박물관에서 설명을 들어서	9명	
신석기	0명		8명	
고조선	7명		7명	
삼국	15명	삼국시대의 나라들이 유명해서 / 전쟁이 많기 때문 / 책에서 읽어서	7명	
통일신라	5명		9명	유물이 별로 없어서
발해	5명		14명	책에서 빨리 망했다는 내용을 봤음
고려	11명		7명	
조선	4명	다른 시대보다 책의 양이 많아서 / 박물관에 조선이 많이 보임	8명	일제의 지배를 받았기 때문에

고대에서 조선 중기까지

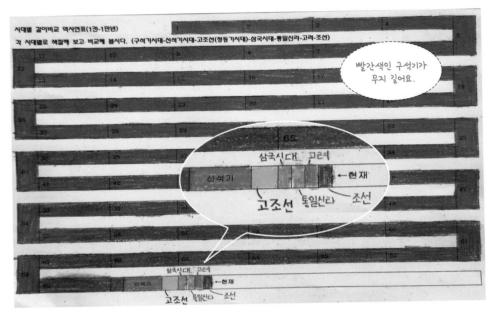

시대별 시간 길이를 연표에 색칠한 결과물

시대 길이를 비교할 수 있는 연표 만들기 활동을 했어요. 구석기가 제일 길다고 말로 설명했을 때는 아무 반응이 없던 학생들이 구석기를 색칠해 보라고 하니까 그제야 "와, 진짜 길다!"라며 감탄사를 연발하였지요.

연표는 총 70칸으로 이루어져 있고 1칸이 곧 1만 년입니다. 연표의 맨 위에 작은 글씨로 시대 순서를 미리 적어 놓았어요. 그리고 연표의 맨 아래쪽에 신석기부터 현대까지 색칠할 칸을 나눠 두었어요. 구석기 시대는 약 70만 년이라는 설명도 추가해 주세요. 연표에서 기나긴 빨간색이 모두 구석기 시대랍니다. 뒤에 이어지는 주황색부터 신석기, 고조선, 삼국, 통일신라, 고려, 조선이고요.

역사 속 나라의 변천 과정 알기

나라의 명칭과 그 흐름을 암기해 두면 역사 수업에 상당히 효과적입니다. 학생들에게 학습지와 나라 이름 카드를 나눠 주고 알맞게 배열해 보도록 하세요. 틀린 학생은 다시 도전하고 맞게 완성한 학생은 풀로 붙여서 머릿속에 꼭꼭 넣을 수 있도록 해 보세요.

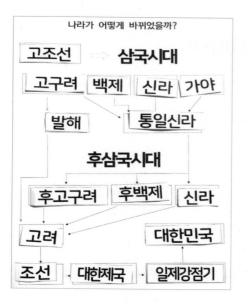

나라의 변화 학습지 완성 결과

+ Tip **수업 성찰**

　　역사는 새로운 관점을 통해 다르게 해석될 수 있음을 꼭 기억하고 역사 수업을 하시길 바랍니다. 그렇다고 모든 것이 주관적이라고 하면 처음 역사를 배우는 학생들은 헷갈릴 수 있어요. 현재 가장 객관적이고 옳다고 합의된 내용을 모아서 역사 교과서로 만들었다고 말씀해 주시고 선생님도 그러한 관점을 유지하면서 수업을 하시면 좋을 것 같습니다.

역사 이야기

암기가 된 역사 수업 ✏️

전남교육정책연구소에서 2012년에 초·중·고 141개교 6,867명의 학생을 대상으로 교과목 선호도를 조사했는데, 초등학생이 가장 싫어하는 과목으로 사회가 1위를 했어요.

초등학생 대상 '가장 싫어하는 과목' 설문조사 결과(중복 응답)

초등학생이 사회 과목을 싫어하는 이유는 '공부하기 어려워서'라고 합니다. 이것은 교사도 크게 다르지 않을 겁니다. 왜 이런 현상이 발생하였을까요?

첫 번째는 교사들이 학창 시절에 받은 수업 방법이 암기 위주였다는 점입니다. 내용을 암기하고 평가만 받다 보니 교과서를 절대 불변의 진리로 생각하였습니다. 탐구 수업의 기회를 얻지 못했죠. 두 번째는 내용 중심의 성취기준입니다. 2015 개정 교육과정에서 역사 영역의 성취기준을 살펴보면 다음과 같습니다.

[6사03-01] 고조선의 등장과 관련된 건국 이야기를 살펴보고, 고대 시기 나라의 발전에 기여한 인물(근초고왕, 광개토대왕, 김유신과 김춘추, 대조영 등)의 활동을 통해 여러 나라가 성장하는 모습을 탐색한다.

[6사03-02] 불국사와 석굴암, 미륵사 등 대표적인 문화유산을 통해 고대 사람들이 이룩한 문화의 우수성을 탐색한다.

특정 인물과 문화재를 구체적으로 기술했으며 이를 꼭 배울 수밖에 없습니다. 그런데 성취기준에 없는 내용이 교과서에 많이 있으며, 이 때문에 교과서 내용 체계와 성취기준이 딱 맞지 않습니다. 다른 나라의 역사 교육과정을 살펴보면 우리와는 다른 형태

BY THE END OF GRADE 4 STUDENTS WILL	BY THE END OF GRADE 8 STUDENTS WILL
B.4.1 과거를 이해하고 구성하기 위해 사용하는 정보들- 인공물, 문서, 서간문, 일기, 지도, textbooks, 사진, 그림, 건축물, 구전자료(oral presentations) -의 출처에 대해 조사하고 확인하도록 하라.	B.8.1 전기문, 일기, 일지, 인공물 목격담, 원사료와 같은 다양한 자료들을 이용해서 과거를 해석하고 사용된 자료들의 신빙성을 평가하라.
B.4.2 지역사회의 성장과 발전과 같이 과거와 현재의 변화의 예를 기술하기 위해 연표를 이용하라.	B.8.2 미국과 세계사에서 중요한 사건들이 과거와 현재에 어떻게 영향을 미쳤는지에 대해 설명하기 위해 인과관계적 논의를 사용하라.
B.4.3 평범한 사람과 비범한 사람의 삶을 이해하기 위해 민간설화나 내러티브, 이야기, 전기문 같은 것을 조사해 보고, 시대와 정황에 비추어 그들을 제자리에 놓아보고, 중요한 역사적 사건과 관련하여 그것들의 연관성을 설명해 보라.	B.8.3 미국과 세계사에서 일어난 전쟁들의 원인과 일련의 일들처럼 중요한 사건들 사이의 관계를 기술하라. B.8.4 참가자, 목격자, 기록자, 역사가들의 시각에 따라 사건이 어떻게 왜 다르게 해석되는지를 설명하라.

미국 위스콘신 주의 사회과 성취기준(왼쪽은 초등, 오른쪽은 중등)

를 띱니다. 특정 내용 중심이 아닌, 역사적 사고력을 기를 수 있는 방식으로 서술되어 있어요. 학생들이 배워야 할 내용은 교사가 선택하여 제공하며 학생들은 역사적 사실에 대한 암기보다는 탐구 활동에 집중하게 되지요.

어린 역사학자 되기 ✏️

역사학자는 역사적 사실 자료의 부족으로 과거의 사건 전체를 알 수는 없습니다. 수집한 모든 자료를 사용할 수도 없습니다. 역사학자는 의미 있는 역사책을 쓰기 위해서 수많은 자료에서 가장 신뢰할 만한 것들을 고릅니다. 이 과정에서 역사학자의 개인적 편견, 목적, 당시의 사회의 영향을 받습니다. 초등학생들은 '어린 역사학자'가 되어 역사학자와 같이 자료를 수집하고 선택하고 탐구살 수 있습니다. 역사 학습에서 탐구는 사료의 비판과 해석에 중점을 두어야 합니다.

이러한 학습 과정은 교과서만 활용해서는 수행하기 쉽지 않습니다. 교과서에는 합의된 내용만 압축적으로 나열되어 있기 때문에 읽는 이에 따라 다르게 해석할 만한 여지가 거의 없거든요. 역사 수업에서 학생들이 '어린 역사학자'가 되기 위한 첫 번째 조건은 선택하고 해석할 수 있는 다양한 자료의 제공입니다.

2장. 구석기 시대

구석기 사람들은
어떻게 살았을까?

선사시대를 글자 그대로 해석하면 '역사 이전의 시대'입니다. 즉, 역사책이 없던 시대이지요. 역사책이 없다는 것은 글자가 없었다는 뜻입니다. '글자'가 없는데 선사시대의 모습을 어떻게 알 수 있을까요? 당시에 사용했던 도구들을 통해 추측할 수 있습니다. 따라서 선사시대에 대한 수업은 구석기와 신석기 유물들을 활용해 수업하는 것이 좋아요. 유물의 이름과 용도를 바로 알려 주기보다는 질문을 통해 학생들이 직접 용도를 추측해 보게 하는 방식이면 더 좋고요.

수업에 구석기 시대 도입하기

처음부터 뗀석기 유물을 활용하여 수업을 시작하기보다는 당시 사람들의 생활 모습을 생각해 볼 수 있도록 '아프리카에 홀로 떨어지다'라는 주제로 가상 일기를 써 보았어요. 가상 일기를 통해 구석기 시대와 비슷한 상황에서 의식주를 어떻게 해결할지에 대해 다양한 답을 찾을 수 있어요. 아침시간에 다음과 같은 학습지를 학생들에게 미리 나누어 주면 시간을 절약할 수 있습니다.

아프리카에 홀로 떨어지다

가족과 여행을 가던 중 비행기가 추락했습니다. 정신을 차려 보니 아무도 없고 혼자 누워 있습니다. "여기는 도대체 어디야?" 넓은 땅에 나무들이 보이고 저 멀리 얼룩말이 있는 것 같습니다. '아, 배고파.' 배도 무척 고프고 옷도 다 찢어져서 아무것도 없습니다. 주변에 물건들이 하나도 없고 갑자기 무서워지기 시작합니다. 하지만 살아야 한다는 생각이 번쩍 들어서 어디론가 걷기 시작합니다.

앞으로 무엇을 먹고, 어디에서 자고 어떻게 살아가야 할까요? 일기 형식으로 적어 봅시다.

학생들이 쓴 가상 일기를 보면 척박한 상황에서 나름 의식주를 잘 해결하고 있지요? 학생들이 쓴 가상 일기 중 한두 작품을 골라 같이 읽은 뒤, 의식주를 어떻게 해결할지 물어봤어요. 발표 내용을 간략하게 칠판에 쓴 다음, 대화를 했어요.

학생이 쓴 가상 일기

의 : 가죽, 나뭇잎과 나뭇가지

식 : 열매, 사냥을 통한 고기와 생선

주 : 동굴, 바위 밑, 나무 위

교사: 이러한 것들을 얻으려면 무엇이 필요한가요?

학생: 도구가 필요해요. 무기도 필요해요.

교사: 주변에 그것들을 만들 수 있는 재료는 뭐가 있을까요?

학생: 돌 같은 것이요.

교사: 네, 좋아요. 그럼, 돌에 대해 좀 더 자세히 살펴보러, 고고!

구석기 사람들의 생활 모습 알기

학생들에게 PPT를 보여 주면서 다음과 같이 이야기를 나눴어요.

떼석기를 만드는 과정

교사: 두 개의 돌 중 어느 것이 더 위력적일까요?

학생: 오른쪽 돌이요.

교사: 왜 그럴까요?

학생: 훨씬 더 뾰족하기 때문입니다.

교사: 뾰족하게 만들려면 어떻게 해야 하는가요?

학생: 깨트려야 됩니다.

교사: 맞아요. 사진 속 사람들처럼 돌을 깨야 해요. 그래서 이렇게 깬 돌을 뭐라 부를까요?

학생: 뗴석기요!

교사: 맞습니다. 깨트려 떼어 낸 돌이라고 해서 뗴석기라고 부르며 구석기 시대 대표적인 유물입니다. 구석기 시대에 사용한 것이라 그냥 구석기라고도 부릅니다.

대화를 마치고 PPT 속 다양한 뗴석기와 구석기 사람들의 생활 모습을 보여 주었어요.

구석기

구석기 사람들의 생활 모습

Tip 수업 성찰

구석기 시대 사람들이 사는 집을 보통 움막집이라고 알고 있는데, 사실은 '움집' 따로, '막집' 따로입니다. 움집은 땅을 약간 파서 지은 집이고 막집은 그냥 평지에 막 지은 집이죠. 움집은 정착생활에, 막집은 수렵 및 이동생활에 적합했다고 볼 수 있어요. 엄밀히 시기를 구분하자면 막집은 구석기 시대, 움집은 신석기부터 청동기 시대의 대표적인 가옥입니다.

막집

역사 연표 활용하기

연표는 매우 중요합니다. 연표를 통해 역사적 사건의 흐름을 파악할 수 있기 때문입니다. 칠판 한쪽에 연표를 붙여 놓고, 지금 배우는 차시의 주요한 흐름을 알 수 있도록 했어요. 지나간 연표를 떼고 새로운 연표를 나눠 주면, 학생들이 그것을 각자의 사물함에 하나씩 부착하면서 즐거워합니다.

수업을 시작하기 전에는 옆의 사진에서 노란색 줄과 하얀색 삼각형만 붙어 있습니다. 교사가 수업을 하면서 주요 사건을 하나씩 붙입니다. 옆의 사진은 일제강점기를 배우는 수업의 연표 활용 예시입니다.

칠판에 부착한 연표

역사 이야기

선사시대에 대한 착각 ✏️

어릴 때 『고인돌』이라는 만화를 재밌게 본 적이 있습니다. 그 만화의 영향인지 선사시대라고 하면 사냥을 하고 맛있는 열매를 따 먹고 동굴에서 쿨쿨 자는 모습을 자연스레 떠올려요. 물론 틀린 것은 아니지만 자칫하면 선사시대는 평화로운 일상을 살아간 시대라고 착각할 수 있어요. 선사시대 사람들은 평균 수명이 20살이 채 안 되었어요. 그만큼 빨리 죽었다는 뜻이에요. 질병과 맹수들의 위협을 견디면서 하루하루 힘들고 배고프게 살았을 것입니다. 당시 사람들은 맨손으로 사냥 도구를 사용하였어요. 도구라고 해 봐야 뾰족한 돌덩어리 정도라 사냥하기에 쉽지는 않았죠. MBC 다큐멘터리 〈아마존의 눈물〉을 보면 작은 동물 한 마리 사냥하는 데도 몇 명이 달려들어 겨우 잡습니다.

구석기 역사를 다시 쓴 전곡리 주먹도끼 ✏️

구석기 시대 대표적인 주먹도끼는 아슐리안(Acheulian)입니다. 프랑스 솜므강 강변의 생 아슐(St. Acheul)에서 다량의 석기가 발견되면서 붙여진 명칭입니다. 아슐리안 주먹도끼는 한쪽 면은 날카롭고 다른 한쪽 면은 둥근 양날형 뗀석기입니다. 약 50만 년 전에서 10만 년 전 것으로 보이며, 아프리카에서 발견된 것은 약 100만 년 전 것으로 보기도 해요.

아슐리안 주먹도끼는 아프리카와 유럽, 서아시아에서만 발견되었어요. 그리고 동아시아에서는 한쪽 면만 날카로운 찍개형 주먹도끼만 발견되었지요. 그래서 하버드 대학의 모

전곡리 아슐리안 주먹도끼

비우스 교수는 인도를 기준으로 서쪽은 아슐리안 문화권, 그리고 동쪽의 동아시아와 아메리카는 찍개 문화권으로 분류하였습니다. 이것을 '모비우스 학설'이라고 하며, 아프리카와 유럽의 구석기 문화가 동아시아보다 더 뛰어나다는 주장에 대한 근거가 되었습니다.

그런데 1978년 주한미군 병사인 보웬이 연천 전곡리 한탄강 강변에서 뗀석기로 보이는 돌을 발견합니다. 고고학 전공자였던 보웬은 예사 돌이 아님을 직감했어요. 서울대학교 박물관장인 김원룡 교수의 발굴 조사가 시작되었고, 다양한 종류의 석기가 발견되었어요. 그 결과, 보웬이 발견한 돌은 아슐리안 주먹도끼로 드러났어요. 이 유물로 인해 세계 고고학사는 새롭게 쓰여지게 되었고, 모비우스 이론은 폐기 수순을 밟게 되었죠. 동아시아에도 우수한 초기 구석기 문화가 있음이 증명된 겁니다.

3장. 신석기 시대

간석기의
용도는 무엇일까?

신석기 시대에는 '신석기 혁명'이라 불리는 농사가 시작되었으며 이로 인해 농사와 관련된 간석기들이 많이 남아 있어요. 농사를 지을 수 있었던 이유로 기후의 변화도 한몫을 해요. 빙하기가 끝나면서 농사짓기 좋은 기후로 바뀌었으며 하천에서는 물고기도 쉽게 잡을 수 있었어요. 학생들에게 농사, 물고기잡이와 관련된 신석기 유물 사진을 나눠 주고 유물의 용도를 통해 당시의 모습을 추측해 보는 수업을 했어요.

뗀석기와 간석기의 차이점 찾기

PPT 속 사진을 보면서 왼쪽의 뗀석기에 비해 오른쪽 석기의 모양이 뭐가 다른지 찾아보라고 했어요. "깔끔해요", "매끈해요", "동글해요" 등 다양한 답변이 나왔어요. 학생들의 답변을 들어 보고 PPT를 보여 주면서 간석기에 대해 설명합니다.

교사: 뗀석기를 갈아서 만든 석기를 간석기라고
합니다. 구석기와는 다른 새로운 석기라고
해서 신석기라고도 합니다. 뗀석기보다 더
위협적이지 않은데, 왜 이렇게 갈았을까요?

학생1: 더 정밀하게 만들고 싶었기 때문입니다.

학생2: 다양한 모양으로 만들고 싶어서입니다.

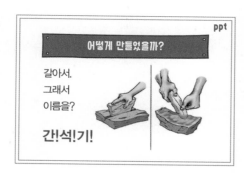

신석기 유물의 용도 유추하기

간석기에 대해 알아보았으니, 이제 다양한 신석기 유물을 관찰할 차례입니다. 각 모둠
에 신석기 유물 사진 5장을 주고 용도를 추측하여 써 보게 했어요. 갈판과 갈돌, 빗살무
늬토기는 대부분의 학생들이 잘 알고 있었어요.

신석기 유물	학생들이 추측한 용도	원래 용도
	• 약초를 가는 것 • 음식이나 단단한 것을 부수는 것	곡식을 가는 용도 (갈판, 갈돌)
	• 빗살무늬토기(음식을 보관, 냄비로 이용, 땅에 묻어서 그릇 안에 음식을 보관)	곡식을 보관하는 용기 (빗살무늬토기)
	• 돌도끼(나무를 패서 쓰러트릴 때) • 무엇을 빻을 때, 잡초를 캘 때	농사지을 때 땅을 파는 용도 (돌 보습)
	• 돈(위아래 구멍이 공통적인데, 이걸로 물건을 거래했을 것 같다.) • 동물을 때리는 용도	낚시 그물 끝에 다는 추 (돌 그물추)
	• 낚싯바늘 • 던져서 맞추는 것 • 장식품	낚싯바늘 (뼈 바늘)

유물 사진을 칠판에 붙인 후 학생들의 발표를 듣고 그 내용을 간단히 글로 써 주었어요. 학생들이 본래의 용도를 잘 추측하지 못한 유물은 추가 설명을 해 주었고, 학생들이 용도를 잘 찾은 것은 학생들의 의견을 그대로 반영했어요.

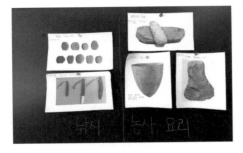

'낚시'와 '농사'로 분류한 유물들

오른쪽 사진처럼 2종류로 분류한 뒤, 공통점을 찾아보라고 했어요. 낚시 및 농사와 관련된 유물이라고 잘 찾아냈어요.

교사: 신석기 시대 유물의 용도를 살펴보니 어떤 것과 관련된 유물들이 많았어요?

학생: 낚시와 농사입니다.

교사: 그럼, 신석기 시대 사람들은 어떤 생활을 주로 했을까요?

학생: 물고기를 많이 잡고 농사를 지었을 것 같아요.

교사: 집은 어땠을까요?

학생: 농사짓고 살아야 했기 때문에 집을 잘 지어 놓고 머물러 살았을 것 같습니다.

"왜 집을 짓고 살았을까?"라고 질문하니 학생들은 신석기인들이 농사를 짓고 정착생활을 한다고 잘 답해 주었어요. 다양한 신석기 유물과 생활 모습을 사진으로 보여 주면서 학생들에게 그 특징을 말해 보게 하고 수업을 마무리했어요.

신석기 사람들의 생활 모습

움집

뗀석기, 간석기는 과연 만들기 쉬웠을까요? 학생들과 함께 만들기 활동을 해 보세요.

뗀석기 만들기

운동장에서 뗀석기 만들기 실시! 일단 밑에 받칠 큰 돌과 뗀석기로 사용할 돌, 그리고 두드려서 만들 작업용 돌. 이렇게 3개가 필요합니다. 학생들은 운동장을 돌아다니면서 돌을 하나씩 구해 왔어요. 그 돌을 가지고 운동장 한쪽 구석에서 열심히 뗀석기를 만들었어요. 대부분의 학생들은 처음 하는 것이라서 매우 서툴고 잘 못 만들었어요. 몇몇 학생들은 바닥에 돌을 놓고 두들겨 깨면서 정말 열심히 만들었어요. 참, 꼭 장갑을 준비하고 안전에 주의하세요.

뗀석기를 만드는 학생들

짜잔! 드디어 완성한 학생들의 뗀석기들. 제가 봤을 때는 그냥 돌과 다를 바가 없지만 학생들은 얼마나 애지중지 여겼는지 모릅니다. 이 활동의 목적은 멋진 뗀석기를 만드는 것이 아니라 뗀석기 만드는 활동을 추체험해 보는 것이라는 점을 명심하세요.

간석기 만들기

이전에 만든 뗀석기로 간석기를 만들어 보는 활동을 했어요. 뗀석기를 만들고 바로 하셔도 되고 다음 시간에 하셔도 상관없습니다. 학생들이 만든 뗀석기를 갈아서 뾰족하게 만들어 보는 활동입니다. 운동장 화단에 있는 큰 돌에 열심히 갈거나 복도 대리석에 대고 열심히 갈기도 하더군요. 하지만 생각보다 잘 갈리지가 않죠. 학생들은 '간석기 만드

는 것이 보통 힘든 일이 아니구나.' 하
는 것을 느끼게 됩니다.

아무리 갈아도 간석기를 만들지 못
하자 이번에는 나뭇가지와 줄기를 이용
하여 새로운 도구를 만들어 냈어요. 오
른쪽 사진에 보이는 것과 같은 돌도끼
예요. 진짜 박물관에 갖다 두어도 될 만

간석기를 만드는 학생, 그리고 나뭇가지와 줄기를 사용해 만든 돌도끼

큼 잘 만들어서 깜짝 놀랐어요. 실제 역사에서도 그랬지만 우리 반에서도 점점 기술이 진
보해 가는 것 같더군요. 한 학생이 돌도끼를 만들자 다른 학생들도 그 학생을 따라서 뗀
석기보다 발전한 도구들을 이것저것 만들기 시작했어요.

학생이 만든 석기가 박물관에 보관되어 있다면 이것이 운동장에서 주워 온 돌이라는
사실을 알 수 있을까요? 웬만한 학자들도 돌을 보고 뗀석기, 간석기를 구별하기는 여간
어려운 일이 아니라고 합니다. 박물관에 보관된 석기는 선사시대 유적지에서 발견되었
기 때문에 인정을 받는 거지요.

⊕ Tip 수업 성찰

석기 만들기 활동으로 학생들은 작은 석기를 만드는 것조차 너무 힘들다는 것을
알았지요. 힘들었으니까 수업 목표는 확실히 도달했어요. 또한 학생들은 엄청 재밌어 했어
요. 역사 수업을 시작한 지 얼마 되지 않은 시점에 이런 체험 활동까지 하고 나니, 학생들은
역사를 어렵게 생각하지 않고 흥미롭고 기다려지는 시간으로 생각하게 됩니다.

"옛날 구석기, 신석기 시대 사람들은 어떻게 간석기, 뗀석기를 만들었지? 이거 만든다
고 물집투성이겠지? 5시간은 걸렸겠지? 이런 생각이 많이 들었다. 내가 만약 이 시대에
살았다면 난 어떻게 되었을까? 이거 만들면서 '아, 뗀석기, 간석기 만드는 것을 얕보면 안
된다!' 하는 생각과 함께 물건을 아껴 써야겠다는 생각도 들었다. 이 경험을 해서 재밌었
고 간석기 가는 것이 무척 까다롭다는 것도 느꼈다." (○○○ 학생의 수업 일기)

추체험과 역사 수업

추체험의 사전적 의미는 '다른 사람의 체험을 자기의 체험처럼 느끼는 것'입니다. 학생들로 하여금 역사적 사건이나 인물에 대해 당시 그들의 생각을 미루어 짐작하게 함으로써 좀 더 생생한 역사 수업을 할 수 있어요. 추체험 역사 수업은 다음과 같이 이루어집니다. 첫째, 역사적 상황에 대한 맥락적 이해입니다. 이를 위해서 학생들에게 당시의 인물이나 사건을 구체적으로 알 수 있는 역사적 자료를 제공합니다. 둘째, 역사적 행위의 의도나 목적에 대한 이해입니다. 역사적 인물의 행동에 대하여 학생들이 감정이입을 하는 단계입니다. 셋째, 학습 활동의 표현입니다. 추체험 수업의 기법은 학습 활동의 표현 방법에 따라 달라집니다. 학습 활동은 크게 역할놀이, 글쓰기, 모형 만들기 등으로 다양하게 표현됩니다. 학급에서 실행한 추체험 역사 수업은 다음과 같습니다.

추체험 활동	수업 주제
역할놀이	삼국의 신분체험 활동, 후삼국 시대 연극, 상평통보를 활용한 시장놀이, 연극
글쓰기	고려청자의 우수성 알고 글쓰기, 가족 이야기 쓰기
모형 만들기	뗀석기 및 간석기 만들기, 청동기 만들기
의사 결정 수업	조선의 건국, 사육신과 생육신, 병자호란, 항일의병과 애국계몽운동

추체험 글쓰기

만약에 이랬다면?

5학년 4반 ○○○

내가 만드는 역사, 과거로 GO! GO! : 일제강점기 도시에 사는 사람이 되다

나는 지금 일본 때문에 발달된 도시 군산에 살고 있다. 지금은 일제강점기 시대여서 일본 마음대로 하고, 경성에는 일본인들이 있다. 왜 하필이면 우리나라가 국권을 상실해서 이런 일을 당하고 있어야 하지? 우리 군산에 살고 있는 사람들은 정말 불쌍한 것 같다. 왜냐하면 우리가 열심히 농사지은 쌀을 일본인들이 빼앗아서 일본에 가져가는 것도 모자라 강제로 군산에 살고 있는 사람들을 일에 동원하게 하고, 만약 불평하는 사람이 있으면 총으로 쏴서 죽여버린다. 저번에도 내 친구 개동이가 "아이 정말, 난 왜 이런 일을 해야 하지? 정말 짜증 난다." 이렇게 말했는데, 일본인이 총으로 개동이를 죽였다. 우리 조선인들의 생활은 이렇게 비참하다. 과연 다른 조선인들은 어디에 있을까? 아마 집에서 쫓겨나 땅바닥에서 자고 있겠지? 빨리 우리나라가 우리나라의 국권을 찾아서 광복이 되기를.

역사 이야기

구석기 시대에서 신석기 시대로 변화 ✏️

지금은 스마트 시대입니다. 태블릿PC, 스마트TV 등의 다양한 스마트 기기가 넘쳐납니다. 자율주행자동차도 등장했습니다. 그렇다고 모든 사람이 자율주행자동차를 가지고 있지는 않습니다. 아직까지 많은 사람들은 데스크톱 컴퓨터를 사용합니다. 스마트 시대로 변한다고 해서 모든 사람이 곧바로 스마트 제품을 쓰지 않고 서서히 사용하게 됩니다. 소수의 얼리어답터만 먼저 사용합니다. 구석기, 신석기 시대도 마찬가지였을 것입니다. 구석기 시대에는 뗀석기를 사용하다가 신석기 시대로 접어들면 간석기를 사용합니다. 일반적으로 약 1만 년 전부터 신석기 시대가 시작되었는데 그때부터 바로 뗀석기를 버리고 간석기를 사용했을까요? 아마 그렇지 않고 서서히 바뀌 나갔을 것입니다. 지금보다 훨씬 더 오래 걸렸을 것입니다. 신석기 시대가 시작되었다는 것은 최초로 신석기 시대의 모습이 나타나기 시작했다는 뜻입니다. 이 점을 학생들에게 꼭 설명해 주면 좋을 것 같습니다.

신석기 혁명의 아이러니 ✏️

'신석기 혁명'으로 수렵생활에서 정착생활로 바뀌고 농사를 짓기 시작합니다. 그러면서 인구가 기하급수적으로 늘어나게 되지요. 늘어난 인구 덕분에 사회가 복잡해지고 다양한 기술직, 전문직이 나타납니다. 이들은 직접 농사를 짓지 않아도 잉여 생산물을 이용하여 살아갈 수 있습니다. 비로소 문명이 탄생합니다.

하지만 신석기 혁명이 인류에게 있어 역사상 최대의 사기극일 수 있다는 주장이 있습니다. 유발 하라리의 『사피엔스(Sapiens: A Brief History of Humankind)』라는 책에 자세히 나옵니다. 조금 살펴볼까요?

"인간은 원래 사냥과 채집을 하면서 살았으나 농사를 시작하면서 아침부터 밤까지 농사일과 잡초 뽑는 노동에 등골이 휘게 되었다. 해충을 막아야 했고, 샘과 개울에서 물을 길어야 했다. 원래 인간은 농사에 적합한 신체가 아니었는데 농사를 지으면서 디스크 탈출증, 관절염, 탈장 등 수많은 병이 생기게 되었다. 또한 가축을 기르면서 가축에서 생기는 질병에 전염되어 죽기도 했다. 원래 잡식성이었던 인간은 농업혁명 이후 곡류 중심의 식단으로 바뀌게 되었고, 생명과 같은 식량을 지키기 위해 목숨을 걸고 싸우기도 했다. 농업혁명으로 인구가 늘고 문명이 시작되었으나 결국 더 열악한 환경에서 더 많은 사람들을 살도록 하였다."(『사피엔스』 '농업혁명' 부분, 요약)

여기서 농업혁명은 곧 신석기 혁명을 말하며, 농경과 정착이라는 토대 위에 질병, 전쟁 등의 아이러니를 내포하고 있다는 주장이 새롭게 다가옵니다. 다양한 시각의 역사 해석에 도움이 될 것으로 보입니다.

4장. 청동기 시대

고인돌 안에는 무엇이 있을까?

청동기 시대의 가장 큰 특징은 고인돌과 청동기의 등장입니다. 이것들을 통해 계급이 있었음을 알 수 있습니다. 보통 이 주제의 수업은 고인돌과 청동기에 대해 설명하는 방식으로 많이 합니다. 하지만 좀 더 실감 나는 수업을 위해 학생들에게 가상의 상황을 제공했어요. 고인돌 안에서 발견된 청동기 시대 유물 사진 몇 가지를 나눠 주고 '이것이 과연 무엇일지' 추측하는 고고학 탐험을 해요. 이를 통해 청동기 시대의 특징을 찾을 수 있어요.

고인돌에 대하여 이야기 나누기

고인돌 사진을 모둠별로 나눠 주고 무엇인지 질문했어요. 많은 학생들이 고인돌의 이름과 용도를 정확하게 알고 있습니다. 고인돌에는 누구를 묻었고 고인돌을 만드는 작업을 한 사람들은 누구이며 무덤 속에는 무엇이 있을지에 대해 모둠별로 이야기를 해 보라고 했어요. 약 5분간의 열띤 토의가 끝나고 모둠별로 결과를 발표했어요.

• 누구를? : 족장, 촌장, 왕, 높은 사람, 지배자, 위대한 사람

- 누가? : 마을 주민, 힘이 센 사람들
- 무엇을? : 족장의 물건, 무기, 옷, 장신구
- 어떻게? : 원래 있던 돌에 묻음

생각보다 잘 이야기합니다. 어떤 사람이 족장이 되었을지에 대해서도 이야기했어요.

교사: 청동기 시대의 대표적인 유적과 유물로 부족장의 무덤인 고인돌과 청동검, 청동거울이 있어요. 그런데 부족장은 어떤 사람이 되었을까요?

학생: 사냥을 잘 하는 사람, 농사를 잘 짓는 사람, 덩치가 크고 힘이 센 사람이요.

교사: 좋아요. 고인돌을 보니까 어떤 생각이 들었나요?

학생: 높은 사람이 나타난 것 같습니다.

고인돌에 관한 대화를 통해 청동기 시대에 신분이 있었다는 사실을 파악하고 고인돌 만드는 과정을 간단히 설명했어요.

1. 굄돌을 세우고 굄돌 주변에 덮개돌을 올릴 수 있도록 언덕을 만든다.

2. 덮개돌을 옮긴다.

3. 덮개돌을 얹는다.

4. 언덕을 치우고 시체와 부장품을 땅속에 넣고 흙으로 덮는다.

청동기 유물의 특징 찾기

"고인돌 안에는 무엇이 있을까?"라고 질문하니 학생들은 다음과 같이 대답했어요. 생각보다 답을 잘 찾아내는 것 같아요.

소중히 여기던 물건, 자주 입었던 옷, 장신구, 반지, 왕관, 식량, 사냥할 때 쓰던 도구

학생들에게 다음과 같은 사진을 나눠 주고 간단한 상상을 해 보자고 합니다.

청동기 유물(청동방울, 청동거울, 청동검, 반달돌칼, 화살촉, 민무늬토기)

"우리는 고인돌을 발견한 역사학자이며 고인돌에서 청동거울, 청동으로 만든 칼이나 화살촉, 그리고 민무늬토기 같은 유물을 발견했다고 상상해 봐요. 우리는 그 유물에 대해 함께 논의하고 해석하는 시간을 가져 볼 것입니다."라고 했어요.

학생들은 모둠별로 이야기를 나누면서 유물의 특징을 쓰기 시작했어요. 많이 쓴 모둠은 10가지 정도 썼네요. 마지막으로 청동기 시대 족장들이 청동기를 어떻게 사용했는지에 대한 내용을 담은 동영상과 다양한 청동기 유물 사진을 보여 주고 수업을 마무리했어요.

1. 새로운 재료가 생김
2. 엄청 정교함 (기술↑)
3. 토기 바닥 평평
4. 색깔 있는 유물
5. 새로운 용도 (장신구)
6. 신식무기 (화살)

학생들이 추측한 청동기 시대 유물의 특징

청동기는 거푸집을 이용하여 만듭니다. 거푸집은 물건을 만들 때 사용하는 틀이에요. 거푸집은 두 부분으로 되어 있는데, 만들고자 하는 도구의 모양을 파낸 뒤, 금속을 녹여서 그 안에 붓고 거푸집의 두 부분을 붙이게 되어 있어요. 그리고 거푸집을 가마에서 구워요. 다 구워진 후에 금속을 둘러싸고 있는 거푸집을 제거하면 청동기가 제 모습을 보입니다.

청동기를 만들 때 거푸집 재료로는 찰흙을 사용했어요. 그리고 액체 금속 대신에 양초를 녹여서 사용했고요. 학생 한 사람에게 찰흙을 2개씩 나눠 주고 양초는 각자 1개씩 준비해 오도록 했어요. 양초는 중탕으로 가열했는데, 뜨거우니 안전에 주의하세요.

청동기를 사용하는 족장

1. 거푸집 만들기

청동기를 만들려면 우선 거푸집과 청동이 있어야 하죠. 찰흙 2개씩을 주고 거푸집 만들기 시작! 크게 만들려면 찰흙을 4개씩 주세요. 크니까 훨씬 더 멋있어요.

음, 나는 청동검을 만들어 볼 테야. 밑그림을 다 그렸으면 속을 파내는 작업 실시. 아! 한 개 더 필요하겠네. 그개를 맞붙여야 하니까. 그개 완성!

이제 그개를 포개 보자. 틀 안에 청동을 넣으면 줄줄 샐 것 같아. 그래서 빈틈없이 꼼꼼하게. 그리고 나중에 청동을 부어 줄 입구 구멍도 꼭 만들기.

고대에서 조선 중기까지

2. 거푸집에 용융액 붓기

불을 사용하여 양초를 녹이는 것은 위험하니까 학생들을 대신해 선생님이 중탕으로
가열해요.

> 버너 2개에 하나는 양초와
> 황색 물감을, 다른 쪽은 양초와
> 청색 물감을 섞어서 색깔도 멋있게!
> 청색이 인기가 좋아요.

> 녹은 양초를 거푸집에
> 부어 주기. 음, 안 새고 좋은걸!
> 생각보다 뜨겁지도 않고.

3. 거푸집을 깨고 청동기 완성하기

5분 후에 찰흙을 떼어 내면 청동기가 제 모습을 드러냅니다. 짜잔~ 청동검 완성!

> 5분이 지났을까?
> 어디 한번 열어 보자.
> 으쌰, 으쌰~
> 잘 굳은 것 같네.

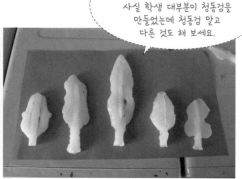

> 짜잔~ 청동검 완성.
> 베스트 청동검을 뽑아 주세요.
> 사실 학생 대부분이 청동검을
> 만들었는데 청동검 말고
> 다른 것도 해 보세요.

(+) Tip **수업 성찰**

청동기 만들기 활동을 끝내고 활동 소감을 나누거나 수업 일기를 쓰면서 학생
스스로 성찰하는 시간을 가져 봅니다.

역사 이야기

청동검은 누가 어떻게 사용했을까? ✏️

청동검은 신분이 높은 부족장들이 사용했습니다. 청동검의 길이가 너무 짧고 약해서 전쟁에서 사용하지 못하고 제사, 의례용으로만 사용했다고 해요. 그런데 최근 검날이 날카로운 청동검이 발견되어 실제 전쟁에서 사용했다는 주장이 제기되고 있어요. 하지만 모든 청동검이 전쟁에서 사용되었다고 볼 수는 없어요. 부장품으로 제작한 청동검과 무기용 청동검을 따로 제작하지는 않았을까 하는 의견도 있습니다.

청동거울로 얼굴을 볼 수 있을까? ✏️

저는 학창 시절에 청동거울의 용도는 얼굴을 보기 위한 것이라고 생각했습니다. 하지만 청동거울은 의례용으로 사용하거나 햇빛을 반사시켜 부족장의 위엄을 나타낼 때 사용했다고 합니다. 실제로 얼굴을 비추면 얼굴이 선명하게 보이지 않습니다.

청동거울의 뒷면

청동거울 중에 다뉴세문경이라는 거울이 있습니다. 거울 손잡이 쪽에 가느다란 줄무늬가 수없이 많이 있는데, 현재 기술로도 따라 하기 힘들 정도로 정교합니다. 청동기 시대라고 지금보다 수준 낮은 유물만 있었던 것은 아니었습니다.

청동기 색깔에 대한 오해 ✏️

박물관에서 청동기 유물을 보면 푸른빛이 맴도는 것이 참 아름답습니다. 하지만 원래 청동기의 색은 푸른빛이 아닙니다. 청동기의 원래 색깔은 10원짜리 동전과 비슷한 황색입니다. 공기 중에서 녹이 슬어 푸른빛으로 변한 것이지요. 아이러니하게도 청동기보다 더 단단한 철은 녹슬면 부식되어 형체가 사라지지만 그보다 더 약한 청동기는 녹슬어도 모양이 그대로 남아 있어요.

고인돌 🖊

고인돌은 청동기 시대 무덤으로 '괴어 있는 돌'이라는 뜻의 우리말입니다. 죽은 사람을 땅에 묻은 후 돌로 둘러막은 다음 큰 돌을 위에 얹었어요. 고인돌은 덮개돌 하나의 무게만 해도 수십 톤에 달하는 거대한 것들이 많아요. 또한 고인돌에서는 사람 뼈 외에 토기와 석기 및 청동기 유물이 함께 발견되기도 했어요. 이는 고인돌의 주인이 많은 사람을 동원하여 큰 무덤을 만들 정도의 힘을 가진 사람이었음을 뜻합니다. 우리나라 곳곳에 여러 가지 모양의 고인돌이 많이 남아 있는데 그중 고창, 화순, 강화 지역의 고인돌은 그 가치를 인정받아 2000년에 유네스코 세계문화유산으로 지정되었습니다.

탁자식 고인돌

바둑판식 고인돌

고인돌은 모양에 따라 탁자식, 바둑판식, 개석식 고인돌, 이렇게 3가지로 나눌 수 있습니다. 탁자식 고인돌은 아래에 받치는 큰 굄돌 사이에 무덤방이 있고 그곳에 시체와 부장품을 묻었습니다. 그리고 굄돌 위에 돌을 얹었어요. 우리나라 북쪽 지방에 많다고 해서 북방식 고인돌이라고도 합니다. 바둑판식 고인돌은 무덤방이 땅속에 있으며 굄돌이 작고 덮개돌이 매우 큽니다. 덮개돌의 모양이 마치 바둑판과 같이 생겼다고 해서 바둑판식 고인돌이라 불러요. 우리나라 남쪽 지역에서 많이 발견되어 남방식 고인돌이라고도 합니다. 개석식 고인돌은 땅속에 있는 무덤방 위에 바로 돌을 얹은 형태입니다. 그래서 얼핏 보면 그냥 큰 돌과 구분이 잘 되지 않습니다.

5장. 고조선

고조선,
그것이 알고 싶다

고조선 수업에 대한 3가지 활동을 준비했어요. 첫째, 고조선 건국 이야기의 숨은 뜻 해석하기, 둘째, 8조법을 보고 당시 생활 모습 유추하기, 셋째, 고조선의 영역 추측하기입니다. 한 차시에 다 하기엔 시간이 부족하여 한두 가지를 골라서 하는 것이 좋습니다. 모두 다 하고 싶으시면 1, 3번을 먼저 하시고 2번을 나중에 한 차시 하시면 됩니다.

고조선의 건국 이야기 해석하기

고조선의 건국 이야기를 함께 읽어 봅니다. 인터넷에서 관련 애니메이션을 찾아 보여 준 다음 책을 읽으면 더 좋습니다. 다 읽은 후, 건국 이야기를 바라보는 관점을 다음 3가지로 나누어 학생들의 생각을 물어봤어요. (건국 이야기는 '역사 이야기' 참고)

1. 역사책에 있는 것이니 당연히 사실로 믿는다.
2. 말도 안 된다. 모두 거짓이니 믿지 않는다.
3. 이야기 속의 숨은 의미를 찾으려고 노력한다.

학생들은 모두 3번을 선택했으며, 그에 따라 건국 이야기를 해석한 결과는 다음과 같아요.

건국 이야기	학생들의 해석
환웅은 비, 바람, 구름을 다스리는 신하와 자신을 따르는 무리 3,000여 명을 이끌고 하늘 아래 가장 아름다운 곳인 태백산에 내려왔다.	• 많은 사람에게 환영을 받았다. • 많은 사람이 따랐다. • 많은 사람을 다스렸다. • 비, 바람, 구름은 농사와 관련된 것이다. • 도움을 주러 왔다. • 인구가 3,000명 정도 되었다.
결국 호랑이는 참지 못하고 뛰쳐나가고 말았다. 하지만 곰은 잘 참아 내어 삼칠일(21일)만에 여인이 되었다.	• 참을성을 길러야 한다. • 곰을 섬기는 부족과 환웅 세력이 합치게 되었다. • 곰과 호랑이를 닮은 여인들이 있었다.
그 후 1500여 년 동안 나라를 다스렸다.	• 아들에서 아들로 총 1500년 동안 이어져 왔다. • 뛰어난 조상이라는 것을 강조하는 것이다. • 닮은 사람이 계속 연속해서 다스려 착각하였다.

학생들이 해석한 내용을 보면서 서로 이야기를 나눈 뒤, 역사학자나 교과서에서는 어떻게 해석하고 있는지 PPT를 통해 확인시켜 주었습니다. 추가 의문점이 있는지 물어보니 상당히 많았습니다. 모둠별로 하나씩 질문을 쓴 다음 서로 이야기를 통해 해석해 보는 시간을 가졌습니다.

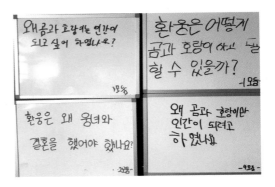

학생들이 더 알고 싶은 점들

8조법을 통해 고조선 사람들의 생활 엿보기

다음과 같은 대화로 수업을 시작했어요.

교사: 나라를 잘 다스리려면 법이 있어야 해요. 고조선의 법은 어떠했을까요?
학생: 단순했어요.

교사: 고조선의 법은 8개 조항으로 이루어져 있어서 8조법이라고 해요. 그런데 기록으로 남아서 오늘날까지 전해지는 조항은 3개뿐이어요. 한번 볼까요?

8조법을 보여 주고 다 같이 읽었어요. 8조법은 '팔조법금', '팔조금법', '금법팔조'라고도 하며, 8개 중 3개 조만이 『한서』 「지리지」에 전해집니다. 학생들에게 8조법을 살펴보고 어떤 점을 알 수 있는지 포스트잇에 써 보기 활동을 했어요. 1개 법에 대해서만 써도 되고 3개 법에 대해 다 써도 된다고 했어요.

학생들이 쓴 포스트잇을 칠판에 붙인 후, 비슷한 것끼리 분류한 다음 학생들에게 읽어 줬어요. 학생들 의견은 다음과 같았어요.

8조법 중 3개 조	학생들의 생각
사람을 죽인 자는 사형에 처한다.	• 목숨을 소중히 여겼다. • 사람을 죽이는 것은 엄청난 죄다. • 오히려 사람 목숨이 소중하지 않았다. • 사형제도가 있었다.
사람을 다치게 한 자는 곡식으로 갚는다.	• 곡식이 귀했다. • 농사짓는 것이 힘들었다. • 곡식을 돈처럼 썼다.
도둑질을 한 자는 노비로 삼으며 도둑질한 죄를 벗으려면 많은 돈을 내야 한다.	• 당시에 노비가 있었다. • 신분제도가 있었다. • 물건을 소중히 여겼다. • 옛날에는 감옥으로 보내는 대신 노비로 삼았다.

학생들이 쓴 내용에서 궁금한 점이 있으면 물어보고 답을 들어 봤어요. 발표를 하고 질문을 하는 과정에서 정말 참신하고 재밌었던 부분이 많아 잠시 소개해 드릴게요.

학생1: 왜 고조선 사람들이 정직하다고 생각했습니까?

학생2: 도둑질을 하면 노비로 삼으니까 노비가 되기 싫어서 정직하게 살았을 거라고 생각해요.

학생1: 왜 부자들에게 노비가 많았다고 생각하십니까?

학생2 : 도둑질은 보통 부잣집에서 하기 때문에 도둑질을 하다 걸리면 부자들의 노비
　　　　가 된다고 생각했습니다.

교사 : 왜 도둑질을 하면 돈으로 갚고, 상해를 입히면 곡식으로 갚지?
학생 : 도둑질을 하면 그 물건 값만큼 돈으로 주고 상해를 입히면 그 사람에게 곡식으
　　　　로 갚게 하여 몸을 보신하라고 그런 것 같습니다.

　학생들에게 3개의 법 조항과 고조선의 모습을 생각하면서 오늘날 전해지지 않는 5개
의 법 조항을 만들어 보라고 했어요. 학생들이 만든 법 조항, 어떤가요?

- 노비가 귀족한테 거역하면 사형에 처한다.
- 곡식이나 돈을 나라에 세금으로 낸다. (20%)
- 허락 없이 남에 집에 들어가면 감옥에 보낸다.
- 사기를 친 자는 돈을 배로 갚는다.
- 술을 팔면 많은 돈을 낸다.

유물을 보고 고조선의 영역 추측하기

　학생들에게 '영역'이라는 말의 의미를 물어보니 '자기의 땅'이라는 개념이 쉽게 나왔어
요. 그렇다면 '영역의 범위를 어떻게 알 수 있을지' 질문을 해 보았어요.

교사 : 고조선의 영역을 어떻게 알 수 있을까요?
학생1 : 울타리를 쳐 놓았을 것입니다.
학생2 : 땅 경계에 성을 지어서 그것을 보고 알 수 있을 것입니다.
학생3 : 고조선의 흔적을 찾아보면 될 것 같습니다.
학생4 : 고조선은 청동기 시대였으니까 고조선이 사용했던 청동기 유물을 찾아보면
　　　　될 것 같습니다.

고조선의 영역을 알 수 있는 유물들이 있으며 대표적인 유물은 고인돌, 비파형 동검, 미송리식 토기가 있다는 설명과 함께 유물 사진을 보여 주었습니다.

학생들에게 유물이 많이 나온 곳을 나타낸 지도를 1장씩 나눠 주었습니다. 이것을 보면서 고조선의 영역은 과연 어디까지일지 추측해 보고 이유도 적도록 했어요. 학생들은 다음과 같이 4종류의 영역을 추측했습니다. 저는 예전부터 한 가지의 전형적인 영역만 보아 온 터라 이렇게 다양한 추측이 나온 것에 참 신기하고 흥미로웠습니다.

고인돌, 비파형 동검, 미송리식 토기

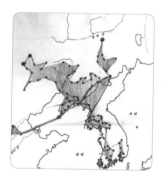

유물이 나온 곳을 선으로
죽 이은 곳이 고조선 영역이다.

북한 너머는 지금의 중국 땅이기 때문에
중국 땅을 제외한 곳이 고조선 영역이다.

유물이 집중적으로 많이
나온 곳이 고조선 영역이다.

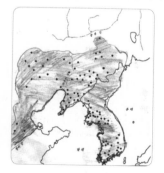

유물이 발견된 곳 부근을
빙 둘러싼 곳이 고조선 영역이다.

역사 노트 정리

역사 및 사회 공책 필기는 '코넬식 노트법'을 이용하는 경우가 많습니다. 코넬식 노트법은 1950년 코넬대학교 교육학 교수인 월터 포크(Walter Pauk)가 학생들의 학습 능력을 향상시키기 위해 고안한 노트 형식으로 크게 4칸으로 구분됩니다. 상단은 제목이나 단원, 가운데 좌측은 키워드, 가운데 우측은 가장 넓은 영역으로 필기를 하는 칸이며, 하단은 요약 및 정리를 하는 칸입니다.

교사가 칠판에 쓰는 학습 목표가 ❶에 해당하는 영역입니다. ❷번 영역은 수업 시간에 배운 내용을 필기합니다. 학습지를 붙이기도 합니다. 서술형으로 쓰지 않고 요약 형식으로 쓰면 좋습니다. ❹번 영역에는 알게 된 점이나 궁금한 점을 쓰도록 했습니다. 키워드 부분(❸)이 코넬식 노트의 핵심인데, 가장 마지막에 수업 내용을 보고 학생 스스로가 키워드를 써 보는 것입니다.

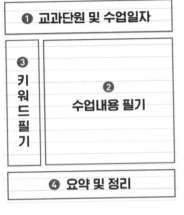

코넬 노트법

노트 정리의 장점도 많지만 시간이 많이 소요된다는 단점도 있어요. 그래서 필기 대신 학습지를 활용하고 그것을 폴더에 하나씩 끼워 보관하는 방법을 활용할 수도 있어요.

고조선의 명칭 이야기 ✏️

고조선(古朝鮮)은 이성계가 세운 조선과 구분하기 위해 앞에 예 '고(古)' 자를 붙인 것입니다. 그런데 고려시대에 쓴 『삼국유사』에 이미 고조선이라는 표현이 나옵니다. 일연은 미래에 조선이 또 세워질 것을 알고 이렇게 표현했을까요? 아닙니다. 고조선 안에 다시 두 개의 조선이 있다고 봤기 때문이에요. 단군왕검이 세운 조선과 위만이 세운 조선이 바로 그것입니다. 일연은 단군왕검이 세운 조선을 고조선 혹은 왕검조선이라고 표현했어요. 왕검조선에 대한 기록의 후반부를 보면 "주나라 무왕이 기자를 조선에 봉하니, 단군은 이에 장당경(藏唐京)으로 옮아 갔다."라는 표현이 나오는 것으로 보아, 기자조선의 존재도 확인할 수 있어요. 즉, 왕검조선–기자조선–위만조선의 순서로 조선이 있었으며, 왕검조선과 기자조선을 합쳐서 고조선이라고 표현한 것으로 보입니다. 고조선의 역사에 대한 구체적인 기록은 위만조선부터 시작됩니다.

고조선 건국 이야기 ✏️

고조선 건국에 대한 가장 오래된 기록은 『삼국유사』에 있습니다. 잠깐 살펴볼까요?

옛날 환인의 서자 환웅이 자주 천하에 뜻을 두고 인간 세상을 탐내어 구하였다. 아버지가 아들의 뜻을 알고는 삼위태백을 내려다보니 인간을 널리 이롭게 할 만하며, 즉시 천부인 세 개를 주어 내려보내 인간 세상을 다스리게 하였다. 환웅이 무리 3,000명을 거느리고 태백산 꼭대기 신단수 아래로 내려왔다. 이곳을 신시라 하고 이분을 환웅천왕이라 한다. 풍백, 우사, 운사를 거느리고 곡식, 생명, 질병, 형벌, 선악 등 인간 세상의 360여 가지 일을 주관하여 세상을 다스려 교화하였다. 그 당시 곰 한 마리와 호랑이 한 마리가 같은 굴속에 살고 있었는데, 항상 환웅에게 사람이 되기를 기원하였다. 이때 환웅이 신령스런 쑥 한 다발과 마늘 스무 개를 주면서 말하였다.

"너희가 이것을 먹되, 100일 동안 햇빛을 보지 않으면 곧 사람의 형상을 얻으리라."

곰과 호랑이는 그것을 받아 먹으면서 삼칠일 동안 금기했는데, 곰은 여자의 몸이 되었지만 호랑이는 금기를 지키지 못하여 사람의 몸이 되지 못하였다. 여자가 된 웅녀는 혼인할 상대가 없었으므로 매일 신단수 아래에서 아이를 가질 수 있게 해 달라고 빌었다. 환웅이 잠시 사람으로 변해 그녀와 혼인하여 아들을 낳으니 단군왕검이라고 불렀다. 단군왕검은 평양성에 도읍을 정하고 비로소 조선이라고 불렀다. 도읍을 백악산 아사달로 옮기니, 그곳을 궁홀산 또는 금미달이라고도 한다. 그는 1500년 동안 이곳에서 나라를 다스렸다.

건국 이야기는 비유적으로 표현된 부분이 많습니다. "풍백, 우사, 운사를 거느리고 곡식, 생명, 질병, 형벌, 선악 등 인간 세상의 360여 가지 일을 주관하여 세상을 다스려 교화하였다."는 비, 바람, 구름은 농사를 짓는 데 매우 중요한 요소이니 환웅의 무리가 매우 발달된 농사 기술을 가졌다고 해석할 수 있어요. 또 곰이 인간이 된 부분은 곰을 숭배하는 부족이 환웅 집단과 결합했다고 볼 수 있어요. 단군왕검이 1500년간 나라를 다스렸다는 것은 단군이 세운 고조선이 1500년간 지속되었다는 뜻이고요. 단군이라는 말도 '왕'을 의미하는 보통명사이며 왕검은 그중 첫 번째 왕의 이름이라 볼 수 있어요. 왕검의 뒤를 이어 수많은 단군들이 고조선을 다스린 거죠.

미송리식 토기 ✏️

미송리식 토기의 이름 앞에는 '미송리'라는 마을 이름이 붙어 있어요. 평안북도 의주군 미송리에 있는 동굴에서 처음 발견된 토기라서 이런 이름을 붙였어요. 미송리식 토기는 청동기 시대 대표적인 토기인 민무늬토기입니다.

미송리식 토기는 고조선 수업에서 상당히 중요합니다. 왜냐하면 이 유물의 출토 범위가 청천강 이북에서부터 중국 요령 등지에 걸쳐 있는데, 초기 고조선의 영역으로 추정되는 곳과 일치하기 때문입니다. 그래서 미송리식 토기가 나온 곳이 고조선의 영역일 것이라고 추정하고 있습니다.

미송리식 토기

6장. 삼국의 성립과 전성기

삼국이 서로
차지하려던 곳은?

삼국은 백제, 고구려, 신라 순으로 전성기를 맞았습니다. 각국 전성기의 공통점은 한강 유역을 차지했다는 점입니다. 한강 유역이 가진 많은 장점과 한반도의 중간이라는 위치의 특성 때문인 것 같아요. 이번 수업에서는 삼국의 전성기 지도를 투명종이에 그린 후, 서로 겹치는 부분이 한강 유역임을 찾아봅니다. 그리고 왜 이곳을 서로 차지하려고 했는지 탐구합니다.

삼국의 전성기 지도 본뜨기

삼국의 건국과 전성기에 대해서는 교과서를 읽으면서 파악했어요. 이 책의 '역사 이야기'를 참고하셔서 학생들에게 들려주셔도 될 것 같아요.

투명종이에 삼국의 전성기 지도를 본뜨도록 했습니다. 고구려, 백제, 신라를 각각

삼국의 전성기 지도 본뜨기

다른 종류의 선으로(가로, 세로, 빗금) 그은 다음 세 부분이 겹치는 곳을 찾도록 했어요. 학생들에게 겹치는 곳이 어떤 의미가 있는지 질문을 해 보았어요.

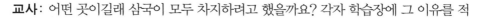

학생이 그린 결과물

> **교사**: 가로선과 세로선이 겹치는 부분은 어떤 곳일까요?
>
> **학생**: 고구려와 백제가 차지했던 곳입니다.
>
> **교사**: 그럼, 세 선이 모두 겹치는 부분은 어떤 곳이죠?
>
> **학생**: 삼국이 돌아가며 차지했었던 곳입니다.
>
> **교사**: 어떤 곳이길래 삼국이 모두 차지하려고 했을까요? 각자 학습장에 그 이유를 적어 볼까요?

학생들이 학습장에 적은 결과는 다음과 같았어요.

- 우리나라의 중심에 있기 때문에
- 평야가 넓기 때문에
- 한강이 흐르기 때문에
- 다른 나라(중국)와 무역 교류를 쉽게 할 수 있기 때문에

한강 유역을 차지하려던 근거 찾기

모둠별로 근거를 찾아보았어요. 사회과 부도를 통해 자신이 생각한 이유가 맞는지 확인하는 활동입니다.

> **교사**: 겹쳐진 부분이 평야가 넓기 때문이라고 다들 생각했네요. 그렇다면 진짜로 그 지역이 평야가 많다는 사실을 알려면 어떻게 해야 할까요?
>
> **학생**: 평야가 나오는 지도책을 찾아보면 됩니다.
>
> **교사**: 지도책 중에서 우리가 쉽게 볼 수 있는 것은 무엇이지요?

학생: 사회과 부도입니다.

교사: 지도를 보고 평야라는 것을 어떻게 알 수 있나요?

학생: 지도에서 초록색으로 되어 있는 부분이 평야입니다.

교사: 근거 자료를 이와 같은 방법으로 찾아보세요.

학생들은 근거 찾기 경험이 많지 않기 때문에 조금 서툴 수 있습니다. 그래서 한 모둠씩 찾아다니면서 이유에 대한 근거를 찾으려면 어떻게 해야 하는지 사회과 부도를 펼쳐 주면서 설명했어요. 학생들이 지도를 보면서 근거로 제시한 내용은 다음과 같아요.

- 한강 유역은 물이 충분하고 평지가 넓어 농사짓기가 편하다.
- 한반도의 중심에 위치하기 때문에 다른 나라를 공격하기 쉽다.
- 강과 산에 둘러싸여 있어서 적이 쳐들어왔을 때 방어하기가 쉽다.

⊕ Tip **수업 성찰**

삼국의 건국 이야기에 대한 수업을 하려면 '건국 이야기 알기(읽기 자료나 동영상 보여 주기) → 건국 이야기의 공통점 찾기(알에서 태어남, 알이 등장함) → 공통점(알)이 가지는 의미 찾기' 순서로 하시면 좋을 것 같습니다. 학생들은 알을 둥글게 생긴 태양을 의미한다거나 하늘을 날아다니는 위대한 존재로 추측하였어요. 현재 대통령을 상징하는 봉황도 이런 새와 관련 있다는 설명을 해 주었어요.

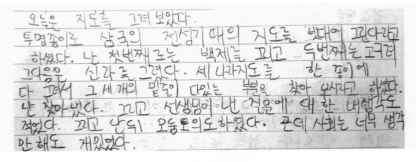

학생의 수업 일기

 ## 역사 수업에서 자료 수집 방법

학생들은 의문을 해결하기 위해 교과서와 더불어 인터넷을 활용합니다. 하지만 인터넷 활용을 통한 자료 수집은 생각보다 어렵습니다.

"○○와 관련된 자료는 인터넷으로 찾아보세요."

라고 하면 학생들은 어떤 모습을 보일까요? 무작정 검색을 시작합니다. "삼국이 한강 유역을 서로 차지하려던 이유는?"처럼 교사의 질문을 그대로 입력하여 검색을 합니다. 구체적으로 어떤 것을 검색할지 모르기 때문에 생기는 현상입니다. 핵심 키워드를 먼저 생각한 다음 검색하도록 하는 것이 좋습니다. 교사 역시 무작정 "인터넷에서 자료를 찾아보세요."라고 말하지 않도록 합니다. 예를 들면 정약용의 업적에 대한 자료를 수집한다고 할 때, 검색어에 '정약용'을 넣고 검색을 하여 정약용이 쓴 책 목록을 먼저 수집합니다. 그리고 그중에서 '목민심서'를 검색하여 그 책의 내용이 무엇인지 찾아봅니다. 그러면 정약용의 업적에 대한 구체적인 자료를 수집할 수 있어요.

좋은 자료를 찾았다고 할지라도 그 내용을 학생들이 읽고 파악하기에는 상당히 어렵고 복잡한 경우가 많습니다. 보통 학생들에게 바로 검색을 시키는 경우가 많은데, 반드시 교사가 먼저 검색을 하여 자료를 찾아보는 습관을 기르도록 하는 것이 좋습니다. 초등학생들의 눈높이에 맞는 자료를 찾는 것이 꽤 어렵습니다. 미리 검색하여 찾아낸 좋은 사이트를 학생들에게 알려 주는 것도 방법입니다. 검색하여 나오는 모든 내용을 자세히 읽을 필요는 없으며 무작정 내용을 베껴 쓰기보다는 키워드 중심으로 기록하는 것이 좋습니다.

검색어를 제대로 넣었다고 하더라도 지식in, 블로그, 카페 등과 같이 객관적인 자료로서 기능하기 어려운 내용들이 검색되는 경우가 많습니다. 처음부터 절대 이런 곳을 허용해 주지 않습니다. 이런 곳은 자료 수집 능력 향상에 도움이 되지 않으며 한두 번 허용하면 습관적으로 이곳만 이용하기 때문입니다.

> 학생들에게 자료 조사를 시키는 방법
>
> 1. 검색할 내용은 교사가 수업 전 미리 찾아본다. (검색어 수집)
> 2. 찾아서 정리하는 방법을 교사가 예를 들어 보여 준다. (1개 정도만)
> 3. 찾을 항목과 사이트는 구체적으로 알려 준다.
> 4. 찾을 내용은 짧고 명확해야 한다. (정리할 학습지나 표 제공)
> 5. 찾은 내용을 학생들이 이해할 수 있는 시간을 반드시 준다.

역사 이야기

고구려의 건국 이야기 ✏️

동부여의 금와왕은 태백산 남쪽에 있는 우발수라는 강을 지나가다 한 여자를 만났어요.

"저는 하백의 딸로 유화라고 합니다. 동생들과 놀고 있을 때 천제의 아들 해모수라는 남자를 만나 혼인을 했는데, 그가 떠나버렸습니다. 부모님께서 이 사실을 아시고는 허락도 없이 혼인하였다면서 저를 쫓아냈습니다."

금와왕은 그 이야기를 듣고 사정이 딱하여 유화를 궁궐로 데리고 왔어요. 그런데 얼마 후 유화가 알을 낳았어요. 사람이 알을 낳다니! 이를 불길하게 생각한 금와왕은 그 알을 가축에게 주었어요. 하지만 가축들은 알을 피해 다녔고 새들은 날개로 품어 주었어요. 어쩔 수 없이 알을 다시 유화에게 주었지요. 그리고 얼마 지나지 않아 아이가 알을 깨고 나왔어요. 체격이 좋고 영리하게 생긴 사내아이였어요. 아이는 7살부터 활을 쏘기 시작했는데, 백발백중이었습니다. 당시 활을 잘 쏘는 사람을 주몽이라 불렀기 때문에 아이 이름을 주몽이라 했어요.

금와왕에게는 7명의 왕자가 있었어요. 첫 번째 왕자가 "후환이 두려우니 제거함이 옳다."고 하였고, 결국 주몽을 죽일 계획을 세웁니다. 그 사실을 알게 된 주몽은 오이, 마리, 협보 등과 함께 궁에서 도망을 나옵니다. 왕자들은 주몽에게 군사를 붙여 추격합니다. 주몽 일행이 엄체수에 이르러 다리가 없어 건널 수 없게 되자, 주몽은 강을 보고 이렇게 소리쳤어요.

"나는 천제의 아들이자 하백의 손자입니다. 나를 쫓아오는 자들이 있는데 어찌해야 합니까?"

그러자 물고기와 자라들이 나타나 다리가 되어 주었어요. 주몽이 강을 건너자 이들은 곧 사라져 추격병들은 더 이상 쫓아오지 못하였어요.

주몽은 졸본에 이르러 나라를 세우고 고구려라 하였으며 자신의 성을 고 씨로 하였어요. 주몽은 40살에 죽었으며 시호는 동명성왕이에요.

이와 같은 고구려 건국 이야기는 『삼국사기』, 『삼국유사』에 자세히 나와 있습니다. 이에 따르면 주몽의 아버지는 천제의 아들인 해모수이며 유화는 하백의 딸입니다. 해모수는 북부여의 왕이고 하백은 물을 다스리는 부족의 우두머리로서 금와왕이 처음 유화를 만났던 우발수 지역의 지배자로 추정됩니다. 즉, 주몽은 북부여의 왕과 하백의 딸 사이에서 태어나 고구려를 세우게 되지요.

백제의 건국 이야기 ✏️

주몽은 동부여에서 도망칠 때 이미 결혼을 하여 아내가 있었습니다. 그런데 아내가 임신을 하여 함께 도망을 하기가 어려웠어요. 그래서 아내에게 사내아이를 낳거든 자신을 찾아오게 하라고 당부하면서 떠나왔습니다. 졸본에 온 주몽은 소서노를 만나 결혼을 하였습니다. 그리고 비류와 온조 두 아들을 낳았습니다.

어느 날 동부여에서 한 사내가 찾아왔어요.

"저는 아버지의 아들 유리라고 합니다. 어머니 말씀을 듣고 이렇게 찾아왔습니다."

동부여에 두고 온 아내에게서 태어난 아들이었어요.

갑자기 나타난 유리가 고구려의 태자가 되었기 때문에 비류와 온조는 신하와 백성들을 이끌고 남쪽으로 떠났습니다. 형 비류는 미추홀(인천)에 나라를 세웠고, 동생 온조는 위례성(한강 유역)에 도읍지를 정하고 나라 이름을 십제라고 하였습니다. 하지만 미추홀은 농사짓기에 적합하지 않아서 비류와 그 백성들은 온조의 나라로 옮겨 옵니다. 온조는 나라 이름을 백제라고 고쳤으며 부여를 계승했다는 의미로 성씨를 부여 씨로 했어요. 백제는 주변으로 세력을 넓혀 가며 점차 나라의 모습을 갖추어 나갔습니다.

신라의 건국 이야기 ✏️

지금의 경주 지역에 6개의 촌(村)이 모여 만들어진 사로국(신라의 옛 이름)이라는 작은 나라가 있었습니다. 왕 없이 여섯 촌장이 다스리는 나라였죠. 그러던 어느 날 나정이란 우물가에 하얀 말이 있는 것을 보았어요. 가까이 갔더니 말은 하늘로 날아가고 큰 알이 남아 있었어요. 그 알에서 나온 사내아이가 바로 혁거세입니다.

혁거세의 나이가 13세에 이르자 남달리 뛰어나고 성숙하였습니다. 사람들은 그 출생이 신비하다고 존경해 오다가 그를 임금으로 추대했습니다. 혁거세가 깨고 나온 큰 알이 마치 박처럼 생겼다는 이유로 그의 성은 박 씨가 되었고요.

혁거세가 왕이 된 지 5년째 되던 해, 혁거세는 알영을 왕비로 삼습니다. 그런데 알영의 탄생 설화 또한 신기합니다. 『삼국사기』에 따르면 용이 알영정(閼英井)에 나타나 오른쪽 옆구리에서 여자아이를 낳았는데, 이를 보고 이상히 여긴 어떤 할멈이 데려다 키웠다는 것입니다. 아이의 이름은 알영이 되었고요. 알영은 덕이 있고 용모가 뛰어나서 박혁거세가 왕비로 맞았다고 합니다.

삼국의 명칭 제대로 알고 있나요? ✏️

혹시 남부여라는 나라 이름을 들어 보셨나요? 생소한 나라죠? 남부여는 백제의 또 다른 국호입니다. 538년에 백제 성왕이 나라 이름을 남부여로 바꾸었습니다.

『삼국사기』를 보면 삼국 모두 국호가 계속 같지는 않았어요. 한두 번씩 변경되었으나 우리는 혼돈을 피하고자 그대로 고구려, 백제, 신라로 쓰는 거죠. 고구려의 나라 이름은 고구려, 고려, 구려 등 다양하게 불리다가 장수왕이 국호를 고려로 바꾸면서 주로 고려로 불립니다. 하지만 왕건의 고려와 구분하기 위해 현재는 고구려로 표기하지요.

백제는 온조가 처음 나라를 세울 때 열 명의 신하들과 함께 나라를 세웠다고 하여 나라 이름을 십제(十濟)라고 했어요. 하지만 비류의 합류로 나라 이름을 곧 백제로 바꿉니다. 다만 이것은 온조 중심의 건국 설화에 따른 이야기이고, 비류 중심 건국 설화에 따르면 비류와 온조는 형제가 아닌 두 집단의 연맹이며, 비류가 죽고 그를 따르던 무리가 온조에게 합류하고 나서 5대째 왕인 초고왕 때 국호를 백제로 개칭했다고 합니다. 그리고 538년에 성왕이 사비로 천도하면서 국호를 남부여로 바꿉니다.

신라의 나라 이름 변천사는 좀 복잡합니다. 우리가 잘 알고 있는 신라라는 국호는 503년 지증왕이 정한 것이고, 그전에는 신로, 시라, 서나, 서라벌, 사로 등 여러 가지 이름으로 불렸다고 합니다.

지리와 함께 생각하는
삼국의 전성기

사람들의 대이동이나 나라의 경계선은 산이나 강 같은 지리적인 요소의 영향을 많이 받습니다. 하지만 역사 지도는 백지도 형태이기 때문에 이러한 정보를 알기 어렵습니다. 그래서 각 나라의 영역을 아무런 맥락 없이 결과만 받아들입니다. 만약 역사 지도에 지리적인 요소가 가미되면 학생들은 더 많은 정보를 얻을 수 있을 거예요.

이번 수업의 흐름은 다음과 같습니다. 대한민국 지형도에 4세기 삼국의 영역을 그리고 각 나라 사람들의 삶을 추측해 봅니다. 그리고 5세기, 6세기의 지도로 바꿔 그리면서 삼국의 영역이 왜 그렇게 변하게 되었는지 지리적인 요소를 감안하여 추측해 봅니다.

백제의 전성기

전성기 지도 그리기

교과서나 백제의 전성기 지도를 참고하여 지형도에 보드마카로 경계선을 그려 보라고 했어요. 이때 학생들이 너무 정밀한 영역 표시에 집착하지 않도록 지도해 주세요. 경계선을 다 그린 뒤, 각 나라의 특징을 찾아 이야기를 나눴어요.

특징 찾기

- 백제는 거의 다 평야이다.
- 백제 사람들은 농사를 많이 짓고 살았을 것
  같다.
- 고구려의 도읍지 주변은 산이 많다. 고구려
  사람들은 사냥하고 살았을 것 같다.
- 경계선은 높은 산이다. 왜냐하면 서로 쳐들
  어오지 못하게 하기 위해서이다.
- 신라의 지형을 보면 산이 평야보다 많다.

백제의 전성기 영역

질문하기

"왜 백제가 제일 먼저 전성기를 맞이하게 되었을까?"

- 평야가 많아 농사짓기에 좋아서.
- 인구가 많았을 것 같다.
- 한강을 통해 무역을 할 수 있었을 것이다.

고구려의 전성기

전성기 지도 그리기

'만약 내가 광개토대왕이라면 어떤 곳으로 땅
을 넓힐지' 물어보니, 학생들은 모두 한강 유역으
로 진출하겠다고 했어요.(강원도는 산지가 많아서
이동하기에 불편하기 때문이지요.) 고구려의 전성기
때로 경계선을 바꿔 그린 뒤, 학생들이 찾아낸 각
나라의 특징은 다음과 같습니다.

고구려의 전성기 영역

특징 찾기

- 고구려 사람들은 평야 쪽으로 이동을 했다.
- 고구려가 도읍지를 평양으로 옮긴 이유는 예전 도읍지에는 산이 많아서 궁궐을 짓기가 불편한데, 평양 부근은 평야가 넓기 때문이다.
- 백제는 공주로 도읍을 옮겼다.

질문하기

"가야는 왜 신라에 무너져 멸망했을까?"

- 백제와 가야 사이에는 산이 높아서 백제가 도우러 가기에는 어려웠을 것이다.

"백제는 왜 공주에서 부여로 도읍지를 옮겼을까?"

- 공주보다 부여 주변이 평야가 훨씬 넓고 강이 있어서.

신라의 전성기

전성기 지도 그리기

'만약 신라의 진흥왕이라면 어떻게 땅을 넓혀갈지' 물어보니, 학생들은 모두 평양성이 있는 서해안 쪽으로 진출하겠다고 했어요. 실제로 신라 전성기 때의 경계선을 그리고 난 뒤, 학생들이 찾아낸 사실은 다음과 같았습니다.

신라의 전성기 영역

특징 찾기

- 신라는 동해안 쪽 평야로 진출을 하였다.
- 평양성 쪽으로 안 가고 다른 방향으로 땅을 넓혔다.

질문하기

"왜 평양 쪽으로 안 가고 오른쪽 위아래로 진출했을까요?"

- 동해안 쪽에도 평야 지역이 있어서.
- 평양성은 도읍지이기 때문에 군사가 많을 것이다. 그래서 상대적으로 군사력이 약한 오른쪽으로 진출했을 것 같다.

수업 성찰

지형도를 통해 삼국의 전성기를 살펴보면 다양한 맥락을 파악할 수 있어요. 삼국의 전성기 지도를 직접 그려 보고 특징을 찾아보는 활동에 대한 학생들의 반응은 다음과 같았습니다.

- 직접 그려 보니 어디에 어떤 도시가 있는지 알 수 있었다.
- 나라의 경계선이 왜 그렇게 바뀌었는지 이제 알 것 같다.
- 도읍지를 왜 그곳으로 옮기게 되었는지 알 수 있었다.

역사 지도

역사 수업에는 지도가 꼭 필요합니다. 지도 없이 나라의 영역을 이해하기란 정말 어렵기 때문입니다. 나라의 성립, 전쟁과 관련된 차시는 반드시 역사 지도가 등장하며 매번 칠판에 지도를 그려야 하는 불편함이 있습니다. 하지만 대형 롤자석을 이용하고 한반도 지도 하나만 만들어 놓으면 역사 시간마다 활용할 수 있습니다.

역사 지도 예시

역사 이야기

광개토대왕과 장수왕 ✏️

"만주 벌판 달려라 광개토대왕"이라는 글만 봐도 멜로디가 머릿속을 맴돌지 않으신가요? 〈한국을 빛낸 100명의 위인들〉이란 노래의 가사입니다. 광개토대왕의 이름은 담덕이고 우리나라 역사상 가장 넓은 영토를 개척했던 왕입니다. 정확한 호칭은 '국강상광개토경평안호태왕'이에요. 줄여서 광개토태왕으로 부르지만, 광개토대왕이라는 호칭을 더 많이 사용해요. 광개토대왕은 '영락'이라는 우리나라 최초의 연호도 사용했습니다.

광개토대왕은 왕이 되자마자 백제의 북쪽을 공격하여 10여 개의 성을 함락하였고, 396년에는 직접 수군을 거느리고 백제를 정벌하여 한강 유역의 땅을 차지했어요. 400년에는 신라 내물왕의 요청으로 5만의 원군을 보내 신라를 침입한 왜구를 격퇴하였으며, 동예와 동부여를 정벌하여 고구려의 영토로 만들었어요. 서쪽으로 후연을 격파하고 요동 지역을 확보함으로써 만주의 주인공으로 등장하였어요.

그 뒤를 이어 즉위한 장수왕은 중국 지린성에 광개토대왕의 업적을 새긴 광개토대왕릉비를 세웠습니다.

진흥왕과 순수비 ✏️

신라의 전성기를 이끈 왕은 진흥왕입니다. 진흥왕은 자신이 넓힌 영토를 기념하기 위해 개척한 국경 지역 여러 곳에 비석을 세웠어요. 이것을 진흥왕 순수비라고 해요. 진흥왕 순수비는 북한산비, 창녕비, 황초령비, 마운령비 등 4개가 있습니다.

북한산비는 국보이며 진흥왕 순수비 중에서 가장 유명한 비석입니다. 진흥왕이 한강 유역 영토를 차지한 뒤, 이 지역에 방문한 것을 기념하기 위해 세운 것이라고 합니다. 1816년 김정희가 이 비석을 조사하여 세상에 널리 알려지게 되었어요. 훼손될 것을 우려하여 지금은 국립중앙박물관에서 소장하고 있어요. 원래 자리에는 모조품을 만들어 놓았고요.

창녕비는 진흥왕이 가야의 여러 곳을 물리치고 창녕 지역을 순시하면서 설치한 비석입니다. 그리고 함경도 지역까지 영토를 넓힌 것을 기념하기 위해 세운 비가 황초령비와 마운령비입니다.

진흥왕 순수비

백제의 부활을 꿈꾼 성왕 ✏️

백제 성왕은 무령왕의 뒤를 이어 즉위했어요. 성왕은 538년 도읍을 웅진에서 사비(부여)로 옮기고 나라 이름을 남부여로 바꿨어요. 웅진은 도읍지로 하기에는 땅이 너무 협소하였으며 지방 귀족 세력이 강력했기 때문이에요. 이곳에서 성왕은 뛰어난 정치력과 외교력을 발휘하였고 백제는 제2의 전성기를 맞습니다.

성왕은 중국의 양나라, 일본과의 관계를 돈독히 했으며, 신라와 동맹을 맺고 고구려로부터 한강 유역을 되찾았습니다. 하지만 신라의 배신으로 한강 유역을 빼앗기게 됩니다. 분노한 성왕은 아들 부여창을 군 지휘관으로 보내 신라의 요충지인 관산성(충북 옥천)을 함락시켜요. 그리고 아들을 격려하기 위해 밤길을 달려가다가 신라군에 잡혀 죽음을 맞아요. 이후 백제는 신라에 크게 패하고 맙니다. 부여창은 성왕의 뒤를 이어 위덕왕이 되었습니다. 훗날 백제금동대향로가 발견된 곳에서 "창왕 13년(567년)에 왕의 누이인 공주가 공양한 사리"라는 글이 새겨진 석조사리감이 발견됩니다. 여기서 창왕은 위덕왕을 말해요. 즉, 이곳에 왕이 직접 관여한 중요한 사찰이 있었다는 뜻입니다. 위덕왕이 적극적으로 관여한 사찰에서 발견된 최고 수준의 금동대향로. 어쩌면 그것은 위덕왕이 안타깝게 죽은 아버지 성왕을 기리기 위한 상징물이 아니었을까요?

8장. 가야

가야는 왜
삼국에 끼지 못했을까?

고구려, 백제, 신라가 각축전을 벌인 삼국시대. 하지만 여기에 끼지 못하는 불쌍한 나라가 있었으니 그것은 바로 가야입니다. 엄연히 건국 이야기까지 등장하는데 가야를 삼국으로 넣지 않는 이유는 뭘까요? 그 이유는 바로 가야가 고대국가가 아니기 때문입니다. 가야는 무엇이 부족하여 고대국가가 아닐까요? 일단 고대국가의 개념과 조건을 살펴보도록 해요. 한국사에서 일반적으로 해석하기를, 고대국가란 왕을 정점으로 하는 중앙집권적 정치체제가 갖추어진 국가를 말하며 고대국가의 특징은 다음과 같습니다.

---

1. 활발한 정복 활동   2. 왕권 강화   3. 율령 반포   4. 불교 수용   5. 관제 정비

가야는 고대국가가 되기 전 단계인 연맹왕국이었어요. 가야 전체를 다스리는 강력한 왕이 존재하지 않고 여러 지역에서 각각 선출된 왕이나 족장이 자기 부족을 다스렸기 때문이에요. 그렇다고 학생들에게 다음과 같이 설명해 줄 수는 없겠죠?

학생 : 가야라는 나라가 있는데, 왜 사국시대라 하지 않고 삼국시대라고 해요?

교사 : 음, 그건 말이지, 가야는 고대국가가 아닌 연맹국가라서 그렇단다. 고대국가의
조건에는 활발한 정복 활동과 왕권 강화, 율령 반포, 불교 수용 등이 있는데, 가
야는 그게 없어.

학생 : 네? 무슨 말씀이신지…?

그래서 가야가 삼국이 아닌 까닭을 어렵지 않게 알 수 있는 수업을 구성해 봤습니다.

가야가 삼국에 끼지 못한 까닭 추측하기

가야가 삼국에 속하지 않는 까닭을 추측
하는 것으로 수업을 시작했어요. 각자의 생
각을 포스트잇에 써서 칠판에 붙이도록 하
였으며, 많이 나온 의견 순서대로 다음과
같이 나열해 보았습니다.

- 일찍 멸망하고 존재감이 없어서
- 영토가 좁아서
- 전성기가 없어서
- 왕이 없어서
- 나라의 힘이 약해서
- 여러 나라로 나뉘어 있어서
- 가야에 대한 역사 기록이 별로 없어서
- 가야의 존재가 밝혀진 지 얼마 되지 않
  아서
- 다른 나라와 교류를 하지 않아서

학생들이 자신의 생각을 써서 붙인 결과물

고대국가의 조건 검색하여 증명하기

학생들의 의견 중에서 '왕의 존재', '전성기의 유무', '영토의 유무' 등 고대국가와 연맹왕국을 구분 지을 수 있는 항목을 선정했어요. 하지만 그 외의 조건인 '불교'와 '법'은 학생들이 생각해 내기 쉽지 않은 항목이어서 선생님이 추가로 지정하여 조건에 넣을 수 있도록 했어요. 5개의 조건은 왕, 전성기, 법, 불교, 영토로 정했어요. 학생들은 다양한 자료를 바탕으로 가야가 삼국에 속하지 않는 이유를 찾아 표를 완성했어요.

	고구려	백제	신라	가야
왕	광개토대왕	근초고왕	진흥왕	김수로
전성기	5C	4C	6C	×
법 (율령)	373년 사회과 부도 ○○쪽	사회과 부도 ○○쪽	520년 사회과 부도 ○○쪽	×
불교	372년 사회과 부도 ○○쪽	384년 사회과 부도 ○○쪽	527년 사회과 부도 ○○쪽	×
영토	○	○	○	○

사회과 부도에서 정보를 찾은 결과

완성한 표를 바탕으로 학생들은 가야가 고대국가가 아닌 까닭을 다음과 같이 썼어요.

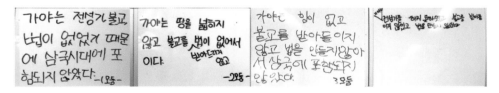

학생들이 생각한 가야가 삼국에 끼지 못한 까닭

해시태그 정리 활동

인스타그램의 해시태그(hash tags)에서 따온 활동입니다. 어떤 주제에 대하여 자신의 생각을 하나의 키워드로 압축해서 포스트잇에 적어서 붙입니다. 각자 키워드를 하나씩 써서 칠판에 붙입니다. 모든 학생들이 다 붙이고 난 뒤, 교사가 그것들을 비슷한 것끼리 묶어 정리하면 경향성을 파악할 수 있습니다. 다양하고 창의적인 아이디어를 모을 수 있으며 한눈에 파악도 잘 됩니다. 빅데이터 느낌도 살짝 납니다. 엄밀히 따지면 스몰데이터 정도라 할 수 있겠습니다.

세종시대 과학기구에 대한 해시태그

'세종대왕'에 대한 해시태그

수업 정리 활동에도 활용하실 수 있습니다. 수업이 끝날 무렵 학습 정리를 합니다. 보통 학생들에게 "오늘 배운 것 간단히 말해 볼 사람?" 하고 묻고 1~2명의 대답으로 정리되는 경우가 많습니다. 물론 시간이 부족하여 모든 학생이 다 대답하긴 어렵습니다. 하지만 이렇게 정리를 해 버리면 다른 학생들의 수업 이해 여부나 생각을 알 수 없습니다. 그래서 해시태그 활동으로 정리를 한다면 학생들의 생각을 알 수 있고 교사의 의도대로 수업을 잘 진행하였는지에 대한 점검의 기회도 됩니다.

역사 이야기

가야의 건국 이야기와 구지봉 ✏️

구지봉

거북아 거북아!
머리를 내밀어라.
만약 아니 내밀면
불에 구워 먹겠다.

많이 들어 보셨죠? 바로 '구지가'입니다. 구지봉은 바로 '구지가'와 연관 있는 곳이자 가야의 건국 설화가 전해지는 곳이에요. 『삼국유사』의 「가락국기」에 자세한 설명이 나옵니다.

옛날 이곳에는 아직 나라도 없고 임금이나 신하를 부르는 칭호도 없었지요. 아도간, 여도간, 피도간 등 간(干)이라고 불리는 9명의 족장이 통솔하여 다스리고 있었습니다. 어느 날 구지봉에서 (『삼국유사』에는 서기 42년이라고 나옵니다.)
"거기 누가 있느냐?"
라고 부르는 소리가 들렸지요. 그래서 9명의 간이 대답했어요.
"우리가 있습니다."
또 소리가 들렸어요.
"하늘이 나에게 이곳에 내려와 새로운 나라를 세워 임금이 되라고 명하였기 때문에 일부러 여기 온 것이다. 너희들이 봉우리 꼭대기의 흙을 파내면서 '거북아 거북아! 머리를 내밀어라. 만약 아니 내밀면 불에 구워 먹겠다.'라고 노래 부르면서 춤을 추어라. 그러면 대왕을 맞이하게 될 것이고, 이에 너희들은 매우 기뻐서 춤추게 될 것이다."
라고 했습니다. 그래서 9명의 간과 백성들이 모여 구지가를 부르면서 춤을 추자 하늘에서 자주색 줄에 매달린 황금 상자가 내려왔지요. 황금 상자를 열어 보니 황금알 6개가 있었고, 얼마 후 그 알에서 사내아이들이 태어났어요. 그중 처음으로 태어난 아이가 바로 수로왕입니다. 세상에 처음 나타났다고 하여 이름을 수로(首露)라 했어요. 수로왕이 다스린 나라의 이름은 가락국(금관가야)이며 바로 6가야 중 하나입니다. 나머지 다섯 사람도 각각 가야의 임금이 되었습니다.

6가야 🖊

가야의 건국 이야기에 따르면 6개의 알에서 태어난 임금이 각각 6개의 가야를 세웠다고 해요. 6개 가야는 김수로의 금관가야를 비롯하여 대가야, 아라가야, 고령가야, 성산가야, 소가야입니다. 초기에는 김해 지역의 금관가야가 맹주 역할을 했어요. 금관가야가 자리한 낙동강 하류 지역은 기름진 평야를 바탕으로 벼농사가 발달했으며 품질 좋은 철이 많이 생산되었기 때문입니다. 중국과 일본 사이에서 중계 무역을 하기에 좋은 교통의 요지이기도 했어요. 이러한 이유로 막강한 힘을 가질 수 있었으며 5세기에는 백제, 일본과 함께 신라를 공격하기도 했어요. 하지만 신라의 구원 요청을 받은 고구려의 공격으로 세력이 급격히 약해지며 고령 지역에 자리한 대가야에 맹주 역할을 물려줍니다. 532년 금관가야는 신라에 멸망당하였고 562년 대가야가 마지막으로 신라에 흡수되면서 가야는 역사에서 완전히 사라집니다. 다만, 한 가지 눈에 띄는 사실은 삼국통일에 앞장선 김유신이 김수로 왕의 12대손이라는 점이에요.

순장 🖊

순장이란 지위가 높은 사람이 죽었을 때 그를 위해 사람이나 동물을 함께 매장하는 장례 풍습입니다. 사람이 죽은 뒤에도 삶을 계속한다는 믿음으로 행해졌다고 해요. 주로 고대 국가에서 행해졌는데, 특히 대가야에서 가장 많이 이루어졌다고 합니다. 대가야의 대표적인 무덤군인 지산동 고분군의 44호분에서 약 40명을 순장했던 흔적이 발견되었습니

지산동 고분군 44호분 내부(좌) 모습과 박물관으로 만든 외부(우) 모습

다. 이는 우리나라 최대 규모의 순장묘이며 현재는 그 모습을 직접 관람할 수 있도록 박물관 형태로 만들어 놓았어요. 가야 순장과 관련된 내용은 김훈의 소설 『현의 노래』에 "순장자들의 구덩이는 왕의 관이 들어앉은 석실 주변에 부챗살 모양으로 배치되었다. 고귀한 자의 구덩이는 석실에서 가까웠으며 비천한 자의 구덩이는 멀었다. 순장자들은 왕보다 먼저 각자의 구덩이 속에 누워 왕의 하관을 맞았다. 늙은 부부가 머리와 다리를 거꾸로 포개고 한 구덩이 속에 누웠고 젊은 부부는 아이를 사이에 끼고 모로 누워 끌어안고 눈을 감았다."와 같이 매우 실감나게 묘사되어 있어요.

우록 ✏️

경남 고령에는 우록박물관이 있습니다. 가야금을 만든 우륵과 관련된 자료를 발굴, 수집, 전시한 박물관이에요. 『삼국사기』에 "가야국의 가실왕이 12현금을 만들어 열두 달의 음률을 나타냈으며 우록으로 하여금 곡을 만들도록 명했다."라고 기록되어 있는데, 여기서 12현금이란 오늘날의 가야금을 말해요.

당시 대가야의 가실왕은 여러 지역에서 사용되던 악기를 가야금 형태로 통일시키고 각 지역의 음악적 특징을 담은 12곡을 우록에게 짓게 했어요. 안타깝게도 우록이 만든 가야금 12곡은 현재 이름만 전하고 악보는 알 수 없어요. 우록은 대가야가 멸망하기 전 신라에 망명하여 신라 음악에도 큰 영향을 주었습니다.

9장. 삼국의 문화

삼국의 문화재는
어떤 특징이 있을까?

초등학생들은 생각보다 문화재 이름을 잘 몰라요. 사실, 저 또한 고등학교 때까지 정림사지오층석탑이 백제 것인지, 신라 것인지 헷갈렸어요. 문화재 이름도 잘 모르는데 곧바로 문화재의 특징을 배우면 학생들이 너무 힘들어합니다. 먼저 삼국과 가야의 대표적인 문화재를 알 필요가 있어요. 역사에서 암기는 기본 중 기본입니다. 물론 암기 자체가 목적이 아니라 탐구를 위한 암기라는 전제가 필수입니다. 암기에 대한 죄책감을 버리고 문화재 암기 수업을 한 시간 해 보세요. 그렇다고 무조건 외우라 하면 학생들에게 미안하고 재미도 없으니 게임을 활용해 보시기를 추천해요.

문화재 이름 찾기

나라별로 4개씩 총 16개의 문화재 사진을 프린트해서 모둠별로 나눠 줍니다.

- 고구려 – 광개토대왕비, 중원고구려비, 장군총, 수렵도
- 백제 – 금동대향로, 무령왕릉, 정림사지오층석탑, 서산마애삼존불

- 신라 – 대릉원, 첨성대, 금관, 천마도
- 가야 – 가야토기, 철갑옷, 금동관, 지산동고분군

각 문화재의 이름, 나라, 간단한 설명을 찾아 문화재 사진 뒷면에 쓰라고 했어요. 대부분은 교과서와 사회과 부도에 그 설명이 나옵니다. 더 자세한 정보를 찾기 위해 참고 도서, 스마트폰을 활용해도 좋다고 했어요. 선생님에게 나라별로 문화재 한 가지씩 물어보기 기회도 주었어요.

생각보다 학생들이 잘 찾아서 씁니다. 정림사지오층석탑은 '탑', 대릉원은 '왕족의 무덤' 정도로 간단히 쓰도록 안내하세요. 내용이 더 깊어지면 정해진 수업 시간이 부족할 수 있어요. 종종 틀리게 찾는 경우도 있기 때문에 마지막에 선생님과 함께 간단히 정리를 하고 넘어가도록 합니다.

각 문화재에 대한 설명을 찾는 학생들

문화재 정보를 다 찾았으면 선생님이 아래와 같이 정리해 주세요.

이름	광개토대왕비	중원고구려비	장군총	수렵도
용도	광개토대왕의 업적이 적힌 비석	충주 지역 점령을 기념한 비석	고구려 왕의 무덤	무덤 속 벽화
이름	금동대향로	무령왕릉	정림사지오층석탑	서산마애삼존불
용도	향을 피우는 향로	무령왕의 무덤	탑	불상
이름	대릉원	첨성대	금관	천마도
용도	왕족, 귀족의 무덤	천문 관측 기구	금으로 된 왕관	말의 안장 꾸미개
이름	가야토기	철갑옷	금동관	지산동고분군
용도	토기	갑옷	왕관	대가야 지배층 무덤

초등 한국사! 진짜 역사 수업을 말한다 1

문화재 암기하기

이제 암기할 시간을 줍니다. 물론 문화재에 대한 설명을 찾아 쓰면서 스스로 암기를 하는 학생도 있었지만 대부분의 학생은 머릿속에 넣지 못했기 때문이죠. 모둠별로 다 외웠으면, 게임을 시작합니다. 게임 방법은 다음과 같습니다. 자, 도전!

---

1. 선생님을 보고 한 줄로 서기
2. 선생님이 문화재 사진을 보여 주면 이름, 나라, 용도를 말하고 정답이면 모둠의 맨 뒤로 가서 다시 줄서기(틀리면 모둠 전체가 탈락)
3. 다음 사람이 앞으로 오면 선생님은 다른 문화재 사진 보여 주기
4. 문화재에 대한 설명을 모두 다 맞출 때까지 반복하기
※ 정답을 모를 때 1인당 1번씩 '패스' 가능, 2분 안에 16개를 다 맞추면 성공!

문화의 특징 알기

모둠별로 '문화재 미션'(옆의 사진 참고)을 나눠 주고 미션에 대해 이야기를 나누도록 했어요. 이야기가 끝났으면 모둠별로 포스트잇에 문화재의 특징을 씁니다. 단, 매직을 사용해 하나의 단어로 쓰도록 했어요. 모두 다 썼으면 포스트잇을 칠판에 붙입니다.

문화재 미션 학습지

나라별로 다른 색의 포스트잇을 주어 쉽게 구분되도록 했어요. 각 나라 문화에 대한 특성을 한 단어로 썼어요. 다 붙여 보니 얼추 공통점이 보였어요. 궁금한 것은 질문을 했어요.

교사 : (고구려) '무난'이라고 쓴 사람? 무슨 의미야?
학생 : 그렇게 아름답지도 않고 그렇다고 막 못하지도 않은 그저 그런 느낌이라서요.

교사: (신라) '번쩍'이라고 쓴 이유는 뭘까?

학생: 첨성대는 번쩍이는 별을 관측하고 신라 금관 역시 번쩍번쩍하니까요.

학생들이 각 나라 문화의 특징을 써서 붙인 결과(왼쪽부터 고구려, 백제, 신라)

문화의 특징으로 문화재 찾기

삼국과 가야 문화의 특징을 알아
본 다음, 망새 사진을 주고 어느 나
라 것인지 찾아보라고 했어요. 망새
란 건물의 지붕 양쪽 끝에 한 쌍씩 설
치한 장식품이며 나라마다 조금씩 그
모양이 다릅니다. 1, 2모둠이 정답입
니다. 고구려 망새는 평양 안학궁, 백
제 망새는 미륵사지, 신라 망새는 황
룡사지에서 발굴된 것이랍니다.

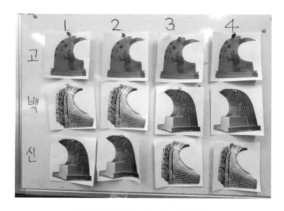

'나라별 망새 찾기' 모둠 활동 결과

모둠별로 각 망새가 만들어진 나라를 추정하고 그 이유를 발표했어요. 고구려의 망새
는 학생들이 보기에도 특징이 눈에 확 띄나 봐요. 모든 모둠이 맞추었어요. 고구려 망새
의 흐릿한 무늬를 보고 고구려 벽화가 생각났다던 모둠도 있었어요.

정답을 모두 맞춘 모둠은 그 이유를 이렇게 발표했어요.

"고구려 문화는 크게 화려하지 않아서 망새도 문양이 가장 단순한 것이 고구려의 것이라고 생각하였습니다. 백제는 삼국 중에 가장 예술적인 나라라서 문양이 섬세한 것을 골랐고, 신라는 별 관측을 좋아하는 것 같아서 망새에 별 모양이 있는 것을 신라 것이라고 생각했습니다."

⊕ Tip 수업 성찰

나라별로 문화재 사진을 4개씩 총 16개를 주었습니다. 하지만 수업 활동을 하기에 문화재 개수가 좀 많을 수도 있어요. 나라별로 2, 3개씩 제공하거나 교과서에 제시된 문화재 사진만 제공해도 좋습니다.

- 고구려 – 광개토대왕비, 장군총, 수렵도
- 백제 – 금동대향로, 무령왕릉, 정림사지오층석탑
- 신라 – 첨성대, 금관, 천마도
- 가야 – 철갑옷, 금동관

해시태그 활동은 고구려, 백제, 신라만 해도 될 것 같습니다. 가야까지 모두 하려니 많은 시간이 걸려서 정작 더 중요한, 각자의 생각을 나누는 발표 시간이 부족했습니다. 각 나라의 문화재에 대해 학생들의 의견을 나누는 방법으로 멘티미터(mentimeter.com)를 활용해도 좋습니다.

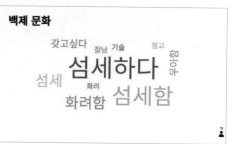

멘티미터를 활용해 의견 나누기

문화재 수업

교과서에 실린 문화재 사진으로는 문화재의 실제 크기를 알기 어렵고 자세히 관찰하기도 힘듭니다. 그 과정에서 필연적으로 왜곡이 생기며 학생들의 흥미 또한 떨어질 수밖에 없습니다. 역사 수업에서는 문화재 자료의 한계를 극복할 필요가 있으며, 문화재 사진을 보여 줄 때는 다음과 같은 원칙을 지킨다면 학생들과 훨씬 더 실감 나는 수업을 할 수 있습니다.

1. 문화재의 크기를 알 수 있도록 되도록이면 사람과 함께 찍은 사진 제공(크기)
2. 문화재의 특정 부분을 확대하여 자세히 관찰할 수 있도록 제공(세밀함)
3. 다양한 각도에서 찍은 사진을 제공하여 2차원을 극복(차원)
4. 같은 종류이지만 보편적인 문화재를 같이 보여 줌으로써 상대적 우수성 인식(상대성)

광개토대왕비(문화재 크기 확인)

황남대총 금관(세밀함 확인)

측우기(사진의 2차원성 극복)

금동대향로와 일반 향로(상대성 확인)

역사 이야기

장군총 ✏️

장군총은 중국 지린성에 있는 고구려 무덤이에요. 피라미드 형태로 생겼으며 한 변의 길이가 약 30m, 높이가 약 14m로 상당히 큽니다. 하지만 무덤 입구가 있는 돌무지무덤 형태이기 때문에 오래전에 모두 도굴당하여 무덤의 주인이 누구인지 모릅니다. 장수왕의 무덤이라고 추측되지만 정확한 것은 아니며 예전부터 장군총이라고 불렸습니다.

신라 금관 ✏️

신라의 대표적인 문화재 하면 많은 사람들이 신라 금관을 떠올립니다. 국보로 지정된 신라 금관은 총 3개로 천마총 금관, 금관총 금관, 황남대총 금관입니다. 3가지를 구분하는 방법은 다음과 같습니다. 금관을 정면에서 보면 한자로 '出(출)' 자 모양이 있는데, 4단으로 되어 있으면 천마총 금관이에요. 나머지는 모두 3단입니다. 금관총 금관은 정면에서 봤을 때 세로로 일자 형태이고 황남대총 금관은 위로 갈수록 좀 벌어져 보여요.

사극에서 신라 왕들이 금관을 쓰고 등장하기 때문에 금관을 머리에 썼다고 생각하는 경우가 많아요. 그런데 금관은 죽은 사람의 얼굴 부분에 씌어 놓고 윗부분이 서로 묶인 형태로 무덤에서 발견되었어요. 아마도 왕이나 높은 사람이 죽었을 때 얼굴에 씌우는 마스크였을 거라는 의견이 지배적입니다. 실제로 신라 금관은 소재가 얇고 지름이 커서 모자처럼 머리에 쓰기는 힘들다고 합니다.

첨성대 ✏️

첨성대는 신라시대에 별의 움직임과 별자리를 관측하던 천문 관측 기구입니다. 이름부터 '별을 본다'는 뜻을 담고 있어요. 동양 최초의 천문대로서 역사적으로 아주 의미가 있는 문화재입니다. 『동국여지승람』에 "사람이 가운데로 해서 올라가게 되어 있다."라고 쓰여 있는데, 첨성대 바깥쪽에 사다리를 놓고 창을 통해 안으로 들어간 후, 내부 사다리를 이용해 꼭대기까지 올라가 하늘을 관찰했던 것으로 추정됩니다.

하지만 첨성대에서 정말 별을 관측했을까 하는 의문이 종종 듭니다. 첫 번째 이유로는 첨성대에 대한 기록이 『삼국사기』에 전혀 나오지 않는다는 것입니다. 『삼국사기』에 황룡사구층탑, 분황사 등 선덕여왕 때 만든 문화재는 모두 나오는데 첨성대만 나오지 않습니다. 물론 첨성대가 세워진 이후 천문 관측 기록이 많이 늘어나기는 했습니다.

두 번째 이유는 별을 보기 위한 이동 구조가 너무 복잡하다는 것입니다. 첨성대 꼭대기로 올라가기에는 너무 불편한 구조입니다. 반면에 첨성대가 있는 곳은 넓게 탁 트인 곳입니다. 첨성대 위에 올라가지 않아도 별이 잘 보입니다. 만약 높은 곳에서 별을 보고 싶었다면 그냥 피라미드처럼 단을 높게 쌓아서 계단으로 올라가는 게 더 편하지 않았을까요? 일각에서는 선덕여왕 개인의 제단이었다고 주장합니다. 선생님들의 생각은 어떠신가요?

첨성대

천마도 ✏️

<천마도>는 무덤에서 발견된 벽화라고 생각하는 사람들이 많아요. 하지만 <천마도>의 정식 명칭은 <천마총 장니 천마도>로 말의 장니에 그려진 그림입니다. 장니는 말을 탄 사람의 발에 흙이 튀지 않도록 말안장 양옆으로 늘어뜨리는 가죽이에요. <천마도>는 꼬리를 세우고 하늘을 달리는 말의 모습을 담고 있으며 국립경주박물관에 전시 중입니다. 그리고 천마총은 <천마도>에서 그 이름을 따왔습니다. 경주 대릉원에 가면 천마총 내부를 구경할 수 있어요.

<천마도>와 천마총

무령왕릉 ✏️

충청남도 공주에는 백제시대 왕의 것으로 추정되는 큰 무덤들이 모여 있는 '송산리 고분군'이 있어요. 무령왕릉은 이곳에서 발견된 무덤이에요. 무덤 안에서 백제 무령왕의 이름이 적혀 있는 비석이 발견되어 무령왕릉임을 알게 되었어요.

무령왕릉은 중국 양나라 무덤 양식의 영향을 받아 만든 벽돌무덤입니다. 벽돌을 쌓아 무덤방을 만들고 관을 넣고 무덤방 위에 흙을 덮었어요. 도굴되지 않고 문화재가 잘 보존되어 있어서 백제를 연구하는 데 큰 도움이 되었습니다. 출토 유물은 모두 4,600여 점에 이르는데

무령왕릉 내부, 외부 모습

대부분 국립공주박물관에 전시 중입니다.

무령왕릉의 발굴은 우리나라 최대의 발굴이자 최악의 발굴이라고 합니다. 무령왕릉을 처음 발견했을 때 엄청난 취재진과 사람들이 모여들어 무덤이 훼손될 위기에 처했기 때문이에요. 그래서 몇 달 동안 꼼꼼히 해야 할 발굴을 단 하루 만에 끝내 버렸대요. 당시 발굴을 책임진 교수들도 너무 성급했다고 후회했다고 합니다.

금동대향로 ✏️

백제금동대향로는 백제의 멸망과 함께 땅속에 묻혔다가 1993년 발굴을 통해 세상에 아름다운 모습을 드러냈습니다. 용 모양의 받침과 연꽃잎으로 표현된 몸통, 여러 개의 산으로 이루어진 뚜껑이 있고 뚜껑의 꼭대기에는 봉황이 장식되어 있어요. 뚜껑에는 74개의 산봉우리를 배경으로 12명의 인물과 호랑이, 코끼리, 원숭이 등 42마리의 동물, 나무와 바위가 묘사되어 있어요. 봉황 주위에는 5마리의 새와 5명의 악사가 배치되어 있어

요. 악사는 서로 다른 5개의 악기를 연주하는 데 당시의 악기 모습을 아는 데 중요한 자료가 됩니다. 봉황의 가슴과 산악 사이사이에는 각각 10여 개의 구멍이 뚫려 있는데, 이는 향로에서 피워 올린 연기가 산간에서 피어나는 안개처럼 보이게 하기 위해서라고 합니다.

금동대향로

금동대향로의 몸통은 연꽃으로 표현되어 있으며, 꽃잎에 2명의 사람과 27마리의 동물이 조각되어 있습니다. 받침은 용 모양인데 아래쪽이 둥글게 감싸인 형태여서 쓰러지지 않도록 되어 있습니다.

정림사지오층석탑 ✏️

정림사지오층석탑은 익산의 미륵사지석탑과 함께 현재 2개만 남아 있는 백제시대의 석탑입니다. 목탑에서 석탑으로 넘어가는 시기에 만들어진 것으로 석탑의 시조라고 할 수 있어요. 완벽한 비례로 인해 실제로 보면 매우 안정되고 아름답게 보

정림사지오층석탑

정림사지오층석탑에 새겨진 글자

여요. 정림사지오층석탑의 1층 모서리 기둥을 보면 글자가 새겨져 있는데, 당나라 장수 소정방이 백제를 멸망시킨 일을 기념하여 새긴 것이라고 해요. 현재도 그 글자들을 볼 수 있어요. 그 때문에 한때는 '평제탑(백제를 멸망시키고 세운 기념탑)'이라고 불리는 수모를 겪기도 했지요.

10장. 삼국시대 사람들의 생활

벽화에서 고구려 사람들의 생활 모습 찾기

삼국시대 사람들의 구체적인 생활 모습은 역사학자들도 알기 어렵습니다. 유물이나 유적, 사료를 통해 추측을 할 뿐이죠. 다행히 고구려 무덤에는 당시 생활 모습을 알 수 있는 벽화들이 남아 있어요. 그래서 고구려 벽화를 보면서 당시 사람들의 생활 모습을 추측하는 수업을 구상했어요. 이번 수업은 '질문 중심 수업'(이 책 91쪽 참고)으로 준비를 했어요. 벽화를 보고 질문을 만들고 서로 이야기를 해 보는 것입니다. 질문을 주고받는 과정에서 다양한 역사적 상상을 할 수 있지요. 수업하기에 적당한 안악3호분 벽화와 〈접객도〉를 활용했습니다. '역사 이야기'를 먼저 읽으시면 도움이 됩니다.

벽화를 보고 이야기 나누기

학생들에게 안악3호분 벽화와 〈접객도〉 사진을 보여 주며 고구려의 벽화라고 알려 주었어요. 그리고 5분간 그림에 대해 자유롭게 이야기를 나눠 보라고 했어요.

교사: 그림을 충분히 봤지요? 이번 시간에는 삼국시대 사람들의 생활 모습을 알아볼

것입니다. 생활 모습의 대표적인 예에는 무엇이 있나요?

학생1: 먹는 것입니다.

학생2: 의식주입니다.

교사: 네, 좋아요. 그럼, 지금부터 그림을 보고 알 수 있는 의식주를 포스트잇에 써서 모아 볼까요?

그림을 보고 파악할 수 있는 생활 모습을 포스트잇에 쓰고 그것을 의식주로 분류해 보니 다음과 같았습니다.

- 의 – 천옷, 무늬바지(땡땡이), 머리를 묶음
- 식 – 동물들을 갈고리에 걸어 놓고 구워 먹음, 국을 끓여 먹음
- 주 – 나무집, 돌집, 주방이 있음
- 기타 – 개를 키움

벽화를 보고 질문 나누기

벽화에 대해 좀 더 심도 있는 대화를 나눌 시간입니다. 그림을 보고 궁금한 점이 있으면 질문을 1개씩 만들어 보라고 했어요. 단답형 질문보다는 여러 가지 이야기가 나올 만한 열린 질문 형식으로 만들도록 안내했어요. 각자가 만든 질문으로 모둠 내에서 서로 묻고 답한 뒤, 모둠별로 최고의 질문을 뽑도록 했어요.

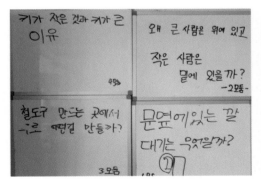

모둠별 최고의 질문을 가지고 서로 이야기 나누기

각 모둠에서 최고의 질문을 만든 학생이 모둠 대표로 나와서 전체 학생들과 질문을 주고받았어요. 참신하고 재밌는 대답이 정말 많이 나왔어요.

학생1: 저희 모둠에서는 이곳(안악3호분 벽화)이 철기를 만드는 곳이라 생각하였으며, '이곳에서 구체적으로 무엇을 만들었을까요?'를 최고의 질문으로 뽑았습니다. 이 질문에 대해 대답해 주세요.

학생2: 만약을 대비해서 무기를 만들었어요.

학생3: 장신구를 만들었어요.

학생1: 저희 모둠에서 뽑은 질문은 '⟨접객도⟩에서 사람들의 키가 작은 것과 큰 이유는 무엇인지'입니다. 여기에 대해 '성장 호르몬이 분비되지 않아서', '귀족이라서 크게 그렸다'라는 대답이 나왔습니다. 혹시 다른 대답 있나요?

학생2: 귀족인데, 노비와 같은 크기면 자존심이 상할 것 같아서 귀족을 크게 했어요.

학생3: 인물의 크기를 다르게 해서 신분의 차이를 표현했어요.

교사: 안악3호분 벽화에서 고기를 왜 위에 매달아 놨을까?

학생1: 매달아 놓고 필요한 부위를 칼로 자르려고요.

학생2: 밑에 숯이 있는데, 고기를 떨어뜨리면 숯이 묻을까 봐 매달아 놨어요.

학생3: 보관할 데가 없어서요.

교사: 아, 냉장고처럼. 만약 냉장고에 돼지가 3마리가 있어. 과연 집에 몇 명이 살까?

학생4: 20명? 30명?

➕ Tip 수업 성찰

질문을 만들어 보라고 하면 대부분의 학생들은 단답형 질문부터 먼저 만들어요. 예를 들면 '그림에 있는 사람은 몇 명인가요?'와 같은 질문이죠. 하지만 이런 질문보다는 답이 여러 개로 나올 수 있는 열린 질문을 만들 수 있도록 지도해 주세요. 그렇게 해야 대답을 자유롭게 하면서 많은 이야기를 나눌 수 있습니다.

신분 역할 정하기

삼국시대 신분제도를 간단히 살펴본 뒤, 반에서 3일 동안 신분 체험을 해 보았습니다. 당시 사람들은 태어나면서 신분이 정해졌지만 우리는 제비뽑기로 결정했어요. 신분을 정하기 전, 신분별로 해야 할 역할에 대해 토의를 했어요. 다음의 큰 원칙을 생각하면서 의견을 말해 보라고 했습니다.

- 교실에서 할 수 있는 활동
- 귀족은 특권을 누릴 수 있도록
- 평민은 농사일을 많이 하고 세금을 낼 수 있도록
- 노비는 힘든 일을 하고 물건과 같은 취급

학생들 의견은 다음과 같았습니다. 참고해서 활용해 보세요.

왕	• 선생님(절대 권력) • 선생님을 '폐하'라고 부름 • 선생님을 보면 '폐하 안녕하십니까' 하고 큰절을 함 • '~하옵니다'와 같은 극존칭을 쓰며 귀족만 말을 걸 수 있음
귀족	• 책상 2개를 붙여서 편하게 아무 곳에 앉음 • 학급의 중요한 일은 귀족 회의를 통해 결정함 • 급식을 자유롭게 남겨도 됨 • 반에서 하는 상벌제도를 운영함
평민	• 귀족, 왕에게 높임말을 씀 • 우리 반 1인 1역을 모두 나누어 함(농사일) • 스티커를 3장씩 받은 다음 귀족에게 1장 내고 세금으로 1장씩 냄 • 좁은 곳에 모여서 수업을 받음
노비	• 10분 일찍 등교하여 귀족의 자리를 정리함 • 귀족, 평민에게 높임말을 씀 • 귀족이 시키는 일을 함 • 교과실 이동 시, 맨 뒤에서 고개를 숙이고 걸음

평민의 비중은 약 50%로 정하였으며 귀족 1명당 노비를 2명씩 배정했습니다. 귀족은 2~4명으로 정했습니다. 신분 체험을 하기 전, 반드시 알림장에 수업 취지를 알려드리고 학부모 확인을 받도록 해야 합니다. 학생들에게도 서명을 받아 놓으시고 혹시 안 하겠다는 학생은 제외하고 하시면 좋습니다.

안내문 예시

> 학부모님, 안녕하십니까.
>
> 담임교사 ○○○입니다.
>
> 초등 역사 수업에서는 추체험이 상당히 중요합니다. 추체험이란 '다른 사람의 체험을 자기의 체험처럼 느끼는 것'입니다. 역사적 사건을 학생들이 직접 체험할 수 없기 때문에 추체험을 활용해 수업을 합니다.
>
> 이번에 삼국시대 신분제도 추체험 수업을 하고자 합니다. 반에서 귀족, 평민, 노비의 역할을 토의로 정한 뒤 제비뽑기로 신분을 결정합니다. 그리고 3일 동안 교실에서 각자의 신분에 맞는 역할을 합니다. 이러한 활동을 통해 학생들은 좀 더 생생하게 신분제도를 이해할 수 있습니다.
>
> 귀족은 어떠한 특권을 가졌는지, 평민들과 노비들은 어떻게 살았는지 등을 경험하면 추후 역사를 배움에 있어 상당한 도움이 될 것이라고 생각합니다.
>
> 다만, 활동을 진행하는 과정에서 신분 차이로 인해 학생들 간에 다소 갈등과 불만이 생길 수 있습니다. 이에 대하여 학생과 학부모께서 동의를 해 주신다면 의미 있는 추체험 수업이 진행될 수 있을 것이라고 생각됩니다.
>
> **추체험 활동에 열심히 참여하겠습니다.**
>
> 학생 (   )   학부모 (   )

신분 체험 해 보기

신분별 역할이 적힌 문서를 만들어서 교실에 게시해 놓았어요. 각자 신분에 맞는 명찰을 달았어요. 귀족은 크고 멋진 명찰을 달았으며 노비는 평범한 명찰을 달았어요. 신분별

로 책상 배열을 새로 했어요. 귀족
은 책상을 2개 붙여서 원하는 곳에
넓게 앉고 노비는 귀족 옆쪽 바닥
에 앉았어요. 책상 대신 의자를 책
상으로 사용했고 바닥에는 작은 돗자
리를 깔아 주었어요. 평민들은 뒤쪽에
좁게 앉았습니다.

신분별 역할을 쓴 문서

신분제도 추체험은 3일 동안 실시했어요. 3일 동안 교사의 말투도 마치 사극처럼 하면
학생들도 재밌어 하고 몰입하는 모습을 보입니다. 수업 시간에 귀족이 문제를 풀거나 발
표를 하면 평민들은 큰 소리로 박수를 쳐 주고 노비들은 공손한 자세로 들었습니다.

신분 체험 수업 심화 – 신라의 골품제도 알아보기

신분 추체험 3일째 되는 날, 신라의 신분제도인 골품제에 대해 간단히 설명해 주었어
요.('역사 이야기' 참고) 골품제는 골제(진골, 성골)와 두품제(6두품)의 합성어로 관직에 진출
할 수 있는 8개 신분을 말해요. 성골은 왕이 될 수 있는 자격을 가진 신라 최고의 신분이
고 진골도 본래 왕족으로 요직을 차지하다가 태종무열왕(김춘추) 때부터는 진골이 왕위에
올라요. 두품제는 6두품에서 1두품까지 있었는데 숫자가 클수록 신분이 높았어요.

 수업 성찰

신분 체험 수업의 목적은 평민과
노비는 정말 힘들게 살았고, 귀족은 신분적
특권과 동시에 경제적으로도 막대한 토지와
노비를 소유하고 편한 생활을 했다는 것을
간접적으로 느껴 보는 것입니다. 실제로 학
생들은 각 신분에 감정이입을 많이 하였습
니다.

학생의 수업 일기

질문 중심 수업

질문은 수업의 시작이자 끝입니다. 질문이 없는 수업은 존재하지 않습니다. 교사들은 항상 많은 질문을 하며 학생 또한 많은 질문을 합니다. 동기부여 강사이자 커뮤니케이션 컨설턴트인 도로시 리즈는 『질문의 7가지 힘』에서 다음과 같이 말했습니다.

1. 질문을 하면 답이 나온다. 질문을 받으면 대답을 하지 않을 수 없다. 이러한 의무감을 나는 응답반사라고 부른다.
2. 질문은 생각을 자극한다. 질문은 질문을 하는 사람과 질문을 받는 사람의 사고를 자극한다.
3. 질문을 하면 정보를 얻는다. 적절한 질문을 하면 원하고 필요로 하는 정보를 얻을 수 있다.
4. 질문을 하면 통제가 된다. 모든 사람은 스스로 상황을 통제하고 있을 때 편안하고 안전하게 느낀다. 질문은 대답을 요구하므로 질문을 하는 사람이 유리한 입장에 서게 된다.
5. 질문은 마음을 열게 한다. 사람들은 자신의 사연, 의견, 관점에 대한 질문을 받으면 우쭐해진다. 질문을 하는 것은 상대방과 그의 이야기에 관심을 보여 주는 것이므로 과묵한 사람이라도 자신의 생각과 감정을 드러낸다.
6. 질문은 귀를 기울이게 한다. 적절하게 질문을 하는 능력을 향상시키면 보다 적절하고 분명한 대답을 듣게 되고, 중요한 일에 집중하기 쉬워진다.
7. 질문에 답하면 스스로 설득이 된다. 사람들은 누가 해 주는 말보다 자기가 하는 말을 믿는다. 사람들은 자신이 생각해 낸 것을 좀 더 쉽게 믿으며, 질문을 요령 있게 하면 사람들의 마음을 특정한 방향으로 움직일 수 있다.

ㅡ 도로시 리즈, 『질문의 7가지 힘』, 2016

이러한 질문의 장점을 착안하여 하브루타교육협회의 김정완 이사는 학습자가 질문을 만드는 수업 모형을 만들었습니다. 한 문단을 가지고 10가지의 질문을 만들어 보는 것입니다. 이 방법을 통해 학생들은 '이렇게 많은 질문을 만들 수 있구나, 다양한 이야기로 끌고 갈 수 있구나.'를 알게 됩니다. 하나의 그림을 가지고 질문을 먼저 만들어 보는 것, 공부해야 할 단원의 질문을 학습자가 만들어 보는 것, 질문을 가지고 친구와 대화하는 것으로 발전하게 되었습니다. 질문하기 수업의 기본 모형은 다음과 같습니다.

질문 만들기 → 짝과 이야기하기 → 모둠에서 이야기하기 → 발표하기 → 정리하기

역사 이야기

고구려 고분과 벽화 ✏️

고구려 벽화는 모두 고구려 무덤 속 벽에서 발견되었어요. 무용총, 쌍영총, 각저총이 대표적인 고구려 고분입니다. '총'이라는 명칭은 주인을 알 수 없는 무덤을 일컫는 말이며 보통 '총' 앞에는 무덤 안에서 발굴된 유물 이름을 붙입니다. 무용을 하는 그림이 발견되어 '무용총'이라고 불리며 '쌍영총'은 무덤 속에 두 개의 기둥이 있다고 하여 붙여진 이름입니다. '각저총'의 각저는 두 사람이 씨름하듯이 맞붙어 힘을 겨루는 우리 고유의 운동을 일컫습니다. 노인을 심판 삼아 두 사람이 각저를 하는 벽화가 있어서 이러한 이름이 붙었어요. 고구려 고분에 있는 벽화는 당시 사람들의 생활 모습을 알 수 있는 아주 중요한 자료이지요.

접객도(출처: KBS역사스페셜)

〈접객도〉는 〈수렵도〉로 유명한 무용총에 그려진 벽화 중 하나입니다. 고구려 시대 집 내부의 모습을 담고 있는데, 그림에서 오른쪽에 크게 그려진 인물이 주인공이고 맞은편 2명은 부인(앞)과 첩(뒤)으로 추측됩니다. 주인공 앞과 뒤에는 시종들이 있고 탁자에는 음식이 가득 놓여 있습니다.

안악3호분 벽화(출처: 동북아역사재단)

안악3호분 벽화는 황해도 안악군에서 발견된 무덤 속 벽화입니다. 미천왕이나 고국원왕의 무덤으로 추측되지만 무덤의 정확한 주인은 모른다고 합니다. 5개의 방이 있는데, 방마다 벽과 천장에 여러 개의 벽화가 있습니다. 그 중에 부엌을 그린 벽화가 있는데, 기와

집 형태의 부엌 안에서 여인들이 부지런히 일을 하는 모습을 담고 있습니다. 그림의 오른쪽에 자리한 푸줏간에는 노루, 멧돼지 등이 쇠갈고리에 꿰여 있습니다.

삼국의 신분제도 🖊

삼국시대 사람들은 귀족, 평민, 노비로 신분이 정해져 있었습니다. 삼국시대에는 신분에 따른 차별이 엄격하여 사는 모습, 하는 일, 입는 옷 등에 차이가 있었어요. 귀족은 지배 계층으로 많은 토지와 노비를 가지고 있었으며 여러 가지 특권을 누렸어요. 그리고 귀족 회의에 참석하여 국가의 중요한 일을 결정했어요. 평민은 대부분이 농민이었고 농사를 지어 나라에 세금을 냈습니다. 또한 궁궐을 짓거나 성을 쌓는 등 나라의 큰 공사에 동원되었으며 전쟁이 나면 나가서 싸워야 했어요. 주로 보리, 조 등의 잡곡을 먹고 베로 만든 옷을 입었습니다. 갈댓잎이나 짚단으로 지붕을 얹은 초가집에서 살았습니다. 노비는 가장 낮은 신분이었어요. 태어날 때부터 노비인 사람 외에도 전쟁 노비, 형벌 노비, 부채 노비 등이 있었어요. 이들은 주로 귀족들의 시중을 들거나 농사를 지었어요. 노비는 주인의 소유물로 여겨져 주인이 사고팔기도 했습니다.

중국을 통일한 수나라는 고구려를 4차례나 침공했습니다. 하지만 고구려는 수나라의 113만 군을 살수대첩으로 물리쳤으며, 이후 수나라는 무너지고 당나라가 새롭게 등장합니다. 당나라는 초기에 고구려와 화친을 맺습니다. 신라는 백제와 동맹을 맺고 고구려를 공격하여 한강 유역을 함께 차지합니다. 하지만 백제를 배신하고 한강 지역을 독차지합니다. 이 때문에 신라와 백제는 동맹관계에서 앙숙으로 바뀝니다. 그 후 백제가 고구려와 동맹을 맺자 신라는 위기를 느껴 당나라와 동맹을 맺습니다.

삼국의 대외관계를 잘 파악하면 삼국의 통일 과정을 더 쉽게 이해할 수 있어요. 삼국 시대 대외관계 연표를 보고 삼국의 대외관계 지도를 그리는 수업 방법이 효과적이에요. 특히, 신라의 삼국통일에 대한 수업을 하기 전 이 수업을 한다면 삼국통일에 대한 사전 지식을 쌓을 수 있습니다.

연표를 보고 삼국의 대외관계 파악하기

삼국시대 대외관계에 대한 연표를 보고 좋은 관계는 파랑, 나쁜 관계는 빨강으로 밑줄을 그으며 짝끼리 대외관계에 대한 이야기를 나눕니다.

〈삼국시대 후반의 대외관계 연표〉

연도	나라	내용
554년	백제 / 신라	관산성 전투에서 백제 성왕이 신라 군사에게 잡혀 죽음
589년	수	수나라가 중국을 통일함
598년	고구려 / 수	수나라 군사 30만 대군이 고려로 쳐들어왔다가 큰 피해를 입고 철수함
611년	백제 / 신라	가잠성 전투에서 백제가 승리하고 신라 장수 찬덕 전사함
612년	고구려 / 수	수나라가 113만 대군으로 고구려를 침공했는데 고구려의 을지문덕이 수나라 군대를 크게 이김 (살수대첩)
613년	고구려 / 수	고구려가 수나라의 3번째 침입을 물리침
614년	고구려 / 수	고구려가 수나라의 4번째 침입을 방어함
618년	수 / 당	고구려 공격 실패로 수나라가 멸망하고 뒤를 이어 당나라가 세워짐
622년	고구려 / 당	당이 고구려에 화친을 요구하고 고구려는 이를 받아들인 대신 포로를 돌려받음
629년	고구려 / 신라	신라의 진평왕 때 김유신이 고구려의 낭비성을 함락시킴
631년	고구려	고구려가 당의 공격에 대비하여 천리장성을 만들기 시작함 (연개소문이 감독함)
638년	고구려 / 신라	고구려가 신라를 공격했으나 신라 장군 알천에게 패배함
	고구려 / 당	당 태종이 고구려에 머리를 숙일 것을 요구하고 고구려 영류왕은 당과 친하게 지내는 것으로 결정함
642년	고구려	연개소문이 당과 친하게 지내려는 귀족과 영류왕을 죽임 권력을 잡은 연개소문은 당에 머리를 숙이지 않음
	백제 / 신라	백제 의자왕이 신라를 공격하여 40여 성을 빼앗음
	고구려 / 신라	신라 김춘추가 고구려에 도움을 요청하러 갔지만 거절당함
643년	고구려 / 백제	백제 의자왕은 한강 유역을 되찾기 위해 고구려와 동맹을 맺음
645년	고구려 / 당	당 태종이 10만 대군으로 고구려를 침입함 고구려가 승리하고 당이 퇴각함 (안시성전투)
648년	신라 / 당	김춘추가 당나라로 가서 당 태종과 동맹을 맺음 (나당동맹) 김춘추는 백제, 고구려를 멸망시킨 후 대동강 위쪽의 땅을 당나라에 주겠다고 약속함
654년	신라	김춘추가 신라의 태종무열왕으로 즉위함

교사 : 좋은 관계의 예는?

학생 : 화친을 맺었다.

교사 : 그럼, 나쁜 관계는?

학생 : 전쟁이요.

교사 : 이번 시간에 삼국의 대외관계를 알아볼 것입니다. 먼저 연표를 같이 살펴볼까
요? 첫 번째 줄의 내용을 보니 신라와 백제가 어떤 것 같아요?

학생 : 전쟁을 했어요. 사이가 나빠요.

교사 : 사이가 나빴던 내용이면 빨간색으로 밑줄을 그으세요. 사이가 좋았으면 파란색
으로 긋고요. 상관없는 내용이면 줄을 긋지 않아도 됩니다. 이런 식으로 연표를
읽고 줄을 그으면서 서로 간의 관계를 살펴봅시다.

"고구려와 백제는 관계가 어때요?"라고 물었을 때 학생들이 "관계가 좋습니다. 왜냐하
면 서로 동맹을 맺었기 때문입니다."라고 말할 수 있을 때까지 충분히 이야기하도록 시
간을 줍니다.

교실을 돌면서 학생들에게 질문을 던
져 보았어요. 얼핏 보면 잘 아는 것 같지
만 실제로 질문을 해 보면 대답을 잘 못
하는 학생들이 많았어요.

연표를 보고 대외관계도를 그리는 학생

교사 : 고구려와 백제는 관계가 어떤
것 같니?

학생 : 어… 좋았어요.

교사 : 어떤 이유로?

학생 : ….

교사 : 이유를 간단히 설명할 수 있도록 연표를 다시 한 번 읽어 보세요.

백지도에 삼국의 대외관계도 그리기

연표에서 파악한 내용을 바탕으로 백지도에 삼국시대 대외관계도를 그려요. 화살표를 사용하여 관계도를 그리되, 그 근거도 연표에서 찾아보고 해당 연도를 표시하도록 하세요.

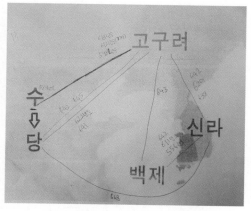

삼국시대 대외관계 지도

삼국의 대외관계도 발표하기

모둠별로 앞에 나와서 발표를 했어요. 나라 간 관계와 그 근거를 한 가지 이상 넣어서 발표하라고 했어요. 예를 들면 다음과 같아요.

"고구려와 수나라는 사이가 좋지 않았습니다. 을지문덕의 살수대첩만 보아도 알 수 있어요. 신라와 당나라는 김춘추가 당 태종과 동맹을 맺었기 때문에 사이가 좋았습니다."

삼국의 대외관계는 신라의 삼국통일에 대한 탐구 수업을 위한 기본 지식입니다. 그래서 학생들이 확실히 이해할 수 있도록 한 팀씩 모두 나와서 간단히 설명을 해 보게 했어요. 총 8팀이라서 팀당 1~2분씩 총 20분 정도 걸렸어요. 발표를 하다 말문이 막힌 팀은 자리로 돌아가서 더 공부하고 다시 발표하도록 하니 시간이 좀 걸리더군요. 그래도 모든 학생들이 삼국의 대외관계에 대해 바르게 이해하고 나라 간에 관계를 맺고 끊고 하는 이유도 잘 알게 되었답니다. 다양한 방법으로 발표하는 시간을 갖도록 하세요.

 탐구에서 자료 이해의 중요성

수업 시간에 자료를 수집하여 표에 정리하는 활동을 많이 합니다. 표에 정리를 잘 한다고 하여 학생들이 잘 이해하고 있을까요? 학생들이 자료를 수집, 검증하는 과정을 분석하면 다음 4가지 유형으로 나눌 수 있습니다.

유형	자료 수집	자료 이해	검증, 해석
A. 완벽형 (자기화하여 이해한 뒤 검증과 해석)	○	○	○
B. 이해 부족형 (검증은 했으나 자료 이해 부족)	○	×	○
C. 자료 수집형 (자료만 열심히 수집함)	○	×	×
D. 미흡형	×	×	×

여기에서 중요한 것이 '자료 이해'의 단계입니다. 학생들이 검증하여 기록한 결과를 보면, 자료에 대해 완벽히 이해한 것 같습니다. 하지만 검증과 해석을 완료했다고 생각한 학생에게 말로 설명해 볼 것을 요구하면, 대답을 못하는 이해 부족형이 많았습니다. 기록한 내용이 머릿속에서 정리가 되지 않기 때문입니다.

대부분의 자료는 텍스트 형태로 존재하기 때문에 원하는 자료의 수집을 위해서는 많은 자료를 읽을 수밖에 없습니다. 교사는 반드시 학생들이 자료를 읽고 이해할 만한 충분한 시간을 제공해 주거나 점검을 할 필요가 있습니다. 베이어(Beyer)는 '가설 검증' 단계는 증거 수집, 증거 정리, 증거 분석이라는 3가지 단계가 필요함을 밝히며, 특히 증거 정리 단계는 학생들이 수집한 자료를 학생들 자신의 언어로 이해하고 재구성하는 것을 의미한다고 하였습니다.

어마어마한 100만 대군의 규모, 감이 오시나요? ✏️

살수대첩, 잘 알고 계시지요? 수나라 양제가 612년 113만 대군을 이끌고 고구려를 침공하였을 때의 전투입니다. 중국 특유의 과장 때문에 다 믿기는 어렵지만, 『수서(隋書)』에 113만 3,800명으로 기록된 것을 봤을 때는 사실이지 않을까 합니다. 수나라 육군은 요하를 건너 고구려 요동성을 포위했으나 수개월이 지나도록 함락시키지 못했어요. 그리고 수군은 바다를 건너 대동강으로 쳐들어와 평양성을 공격하였으나 고구려군에 크게 패했어요. 요동성 전투가 장기화되자, 우중문과 우문술은 별동대 30만 5,000명을 이끌고 압록강을 건너 평양성을 향해 쳐들어옵니다. 그런데 을지문덕의 지략으로 평양성 부근에서 고립되고 맙니다. 식량 조달도 제대로 받지 못합니다. 결국 우중문과 우문술은 퇴각을 결정하지요. 을지문덕을 이를 다 예상하고 살수에 병력을 매복해 둡니다. 그리고 퇴각하던 수나라 군대를 칩니다. 고구려는 대승을 거둡니다. 『삼국사기』에 따르면 요동으로 돌아간 수나라 군사가 2,700명이었다고 해요. 30만 명이 몽땅 죽은 것이지요.

113만 대군, 말로만 들으니까 별 느낌 없으시지요? 이게 얼마나 어마어마한지 한번 생각해 봅시다. 전쟁을 하면 병사 말고도 식량과 군수 물자를 담당하는 보급병 등이 필요한데, 이 수가 보통 군사의 수만큼 된다고 합니다. 그렇다면 약 200만 명이 됩니다. 이 병

사들이 길을 따라 죽 걷는다 생각해 봅시다. 당시에는 길이 그다지 넓지 않았기 때문에 옆으로 10명씩 서고 앞뒤로 2미터씩 잡아 볼까요? 그러면 자그마치 400km입니다. 그 길이가 서울에서 부산까지입니다. 실제 기록에서도 수나라 군대의 선두와 후미 사이의 거리가 960리에 걸쳤다고 합니다.

억울한 의자왕 🖊

삼천궁녀와 의자왕 이야기는 많이 들어서 알고 계시죠? 백제가 멸망할 때 낙화암에서 뛰어내려 스스로 목숨을 끊은 의자왕의 궁녀가 3,000명에 이른다는 얘기입니다. 그만큼 의자왕이 향락에 젖어 있었다는 뜻이지만, 사실이 아니며 백제를 멸망으로 이끈 의자왕을 폄하하기 위해 만들어진 이야기입니다. 기록에 따르면 의자왕은 어릴 때부터 효성이 지극했고, 신라를 공격하여 백제의 영토도 많이 넓혔다고 합니다.

　백제의 궁녀가 3,000명이라는 것도 말이 안 됩니다. 백제 멸망 당시에 사비성의 인구는 5만 명 정도였다고 해요. 5만 명에서 남자를 제외하면 여자는 모두 2만 5,000명이고, 10대와 20대가 1만 명이라고 잡으면 젊은 여성의 3분의 1이 궁녀였다는 뜻이거든요. 백제보다 훨씬 인구가 많았던 조선시대에도 궁녀의 수는 600명밖에 안 되었다고 합니다. 게다가 실제 낙화암에 가 보면 길이 좁고 경사가 심해 3,000명이 한번에 몰려 온다면 몇백 미터까지 줄을 서서 자기 순서를 기다려야 합니다. 그뿐 아닙니다. 당시 기록물에도 삼천궁녀에 대해 언급한 부분은 어디에서도 찾아볼 수 없어요.

김유신과 천관녀 🖊

삼국통일의 일등 공신이 김유신이라는 사실에 다들 이의가 없을 것입니다. 김유신에 대해 간단히 소개해 볼까요? 김유신은 가야 시조 김수로의 후손으로 가야 멸망 후 태어났어요. 15살에 화랑이 되고 여러 전쟁에서 승리를 거두었으나 가야 출신이라는 이유로 차별 대우를 받았어요. 그래서 왕족인 김춘추와 가까운 관계를 맺고자 노력했어요. 어느 날 김유신은 김춘추를 집으로 불러 공차기를 하다가 일부러 그의 옷고름을 밟아 떨어트렸어요. 그리고 여동생 문희를 불러 옷고름을 달아 주게 했어요. 이를 계기로 김춘추와 문희는 결혼을 하게 되었고 김유신과 김춘추는 사돈이 됩니다. 김춘추는 훗날 태종 무열왕이 되었고 김유신과 함께 힘을 모아 삼국을 통일합니다.

김유신은 청년 시절에 수련을 게을리하고 천관이라는 여성에게 흠뻑 빠져서 살았다고 합니다. 이 때문에 어머니에게 크게 꾸중을 들었지요. 김유신은 마음을 다잡고 열심히 수련만 하기로 결심을 했어요. 그러던 어느 날 김유신이 술에 취한 채로 말을 타고 가다가 깜빡 졸았는데, 말이 습관적으로 천관의 집으로 가 버린 겁니다. 오랜만에 천관을 보니 반갑기도 했지만 김유신은 말의 목을 베어 버리고 집으로 돌아왔어요. 참 영리한 말인데, 안타깝죠? 그 뒤 천관은 속세를 떠나 중이 되었다고 합니다. 유명한 '말의 목을 벤 김유신' 일화입니다. 김유신은 삼국통일 후, 미안한 마음에 천관의 집터에 천관사라는 절을 지었다고 해요.

천관에 대해서는 다양한 설이 있습니다. 이름으로 보아 토속신을 모시는 여사제였다는 설, 김유신이 가야 출신이라 미천한 기녀와 결혼하면 신분 상승이 어렵다고 판단해서 그녀를 떠났다는 설 등이 있습니다. 하지만 김유신의 러브스토리는 『삼국사기』, 『삼국유사』에 모두 안 나옵니다. 고려시대 인물인 이인로의 『파한집』이라는 책에 나옵니다. 그리고 이와 유사한 내용이 『신증동국여지승람』과 『각간선생실기』에 기록되어 있어요. 하지만 2000년에 천관사 절터가 실제로 발견되었다고 하니, 해석은 각자에게 맡기겠습니다.

연개소문 🖋

신라의 김춘추, 김유신, 백제의 계백, 의자왕 등은 우리에게 익숙합니다. 그들의 전기에 대해서도 한 번쯤 들어 봤을 것입니다. 그러면 고구려의 대표 인물인 연개소문에 대해서는 익히 알고 계신가요? 상대적으로 많이 접하지 못했을 것입니다.

연개소문에 대한 기록은 『삼국사기』에 나옵니다. 고구려 영류왕과 신하들이 연개소문의 성품을 두려워하여 죽이려 모의했는데 연개소문이 이것을 사전에 눈치채고 쿠데타를 일으키지요. 연개소문은 영류왕을 죽이고 그의 조카를 보장왕으로 세웁니다.

연개소문이 쿠데타를 일으킨 이유에 대해서는 당나라에 저자세를 취한 영류왕에 대한 반감이 원인이었다는 주장도 있습니다. 당나라 기록에는 연개소문이 매우 포악한 인물로 나오는데, 보통 중국 사서에서는 자신들과 적대시한 인물을 그런 식으로 표현합니다. 그만큼 연개소문은 당나라에 맞서 자주적인 고구려를 꿈꿨다고 볼 수 있어요. 연개소문이 살아 있을 당시 고구려는 당나라의 공격을 수차례 막아 냈으나, 그가 죽고 2년 만에 고구려가 멸망한 것을 보면 연개소문의 뛰어난 능력을 간접적으로 확인할 수 있어요. 하지만 그의 아들 연남생, 연남산 사이의 내분으로 고구려가 멸망한 것에 대한 책임에서는 자유롭지 않지요.

12장. 삼국의 통일

나라면 삼국을
어떻게 통일할까?

삼국을 통일하는 과정은 수많은 사건의 연속입니다. 사건이 많아지면 설명이 길어지고 암기를 할 수밖에 없어요. 하지만 사건보다 인물에 중점을 두면 학생들이 맥락을 쉽게 이해하고 감정이입이 가능합니다. 삼국통일 과정에서 등장하는 인물들이 많습니다. 신라에는 김춘추와 김유신, 백제는 계백과 의자왕, 고구려에는 연개소문이 있어요. 특히, 김춘추는 신라가 삼국을 통일하는 데 큰 역할을 한 주인공 같은 인물이에요. 그는 백제의 위협으로 신라가 위기에 처하자 고구려에 동맹을 맺으러 갔다가 실패합니다. 하지만 나당연합에 성공하여 삼국통일의 밑거름을 마련하죠. 그래서 김춘추가 되어 '나라면 어떻게 하면 삼국을 통일할 수 있을지' 전략을 짜 보는 수업을 준비했어요.

백지도에 인물 카드, 말풍선 붙이고 읽기

백지도, 인물 카드(당태종, 김춘추, 계백, 연개소문), 말풍선을 나눠 주고 제 위치를 찾아 붙여 보라고 했어요. 그리고 나서 모둠별로 한 사람씩 정해서 말풍선 속 글을 실감 나게 읽어 보았어요. 글을 읽으면서 간단히 당시의 상황을 파악했어요.

연개소문

"수나라가 우리를 공격하다가 멸망하고 당나라가 새로 들어섰구나. 당나라의 공격을 수차례 막아 냈지만 우리도 피해가 막대했었지. 백성들이 많이 죽고, 논밭도 사라지고…. 최근 영류왕을 비롯한 귀족들이 당나라와 사이좋게 지내고 나를 죽이려 하기에 내가 먼저 다 없애고 고구려 최고 권력자가 되었어. 다시 당나라와 전투를 할 준비를 해야겠다. 하지만 밑에서 자꾸 공격해 오는 신라군이나 나를 싫어하는 귀족들이 신경 쓰인단 말이야."

당태종

"눈엣가시 같은 저 고구려를 무리하게 공격하다가 수나라가 멸망했지! 저 고구려 땅을 어떻게 차지할까? 고구려를 공격하자니 지형도 험하고 성문을 닫고 버티면 성문 밖에 있는 우리 군대는 춥고 배고파 안시성 싸움처럼 또 질 것 같단 말이야. 아! 마침 신라의 김춘추가 우리와 손잡자고 왔는데 신라를 이용하면 고구려를 쉽게 해결하겠군! 신라가 통일을 하게 되면 대동강 이북 땅도 준다 했고, 군사와 식량도 지원해 준다 했고…. 이거야말로 일석이조구나! 크하하!"

김춘추

"백제가 하루가 멀다 하고 공격을 퍼부어 대는구나. 성도 40개나 뺏기고 얼마 전에는 대야성에서 우리 사위가 죽기도 했었지. 백제 이놈들! 고구려에 손잡자고 했더니만 동맹의 조건으로 신라의 북쪽 땅을 돌려달라니. 그 땅이 어떤 땅인데 돌려준단 말인가. 이거야말로 진퇴양난이군. 당나라의 동맹 조건은 그래도 고구려보단 나으니 손을 잡아야겠어. 삼국통일 후에 대동강 이북 땅을 주더라도 우리에게 위협적인 고구려, 백제만 없어진다면야. 당나라와 손잡은 후에는 어디부터 공격해서 삼국을 통일할까?"

계백

"강력한 리더십을 가진 의자왕께서 즉위하시자마자 귀족의 반대를 물리치고 신라로

부터 40개나 되는 성을 빼앗다니, 대단하시단 말이야. 근초고왕 때처럼 백제의 전성기를 다시 보는 느낌이었지. 얼마 전에는 고구려와 동맹을 맺어 신라를 칠 절호의 기회를 만드셨지. 하지만 요즘 들어 너무 자만해져서 그런지 궁녀들과 놀고 잔치를 밤낮으로 여시는 것 같아 걱정이야. 이럴 때일수록 더 나라를 살피셔야 하는데….”

각 나라의 상황 파악해서 통일 전략 세우기

각 나라의 상황을 살펴본 뒤, 그 나라 기준으로 좋은 상황이라고 생각되면 파란색 포스트잇, 나쁜 상황이면 분홍색 포스트잇에 간단히 써서 백지도에 붙여 보도록 했어요.

나라	좋은 상황	나쁜 상황
고구려	• 수나라의 공격을 잘 막아 냄	• 잦은 전쟁으로 백성들이 힘듦 • 귀족들의 불만이 많음
백제	• 고구려와 동맹을 맺음 • 신라의 성 40여 개를 빼앗음	• 의자왕이 나라를 잘 돌보지 않음 • 다른 나라에 비해 나라가 작음
신라	• 당나라와 동맹을 맺을 수 있음	• 백제에 40여 개의 성을 빼앗김
당	• 신라와 동맹을 맺어 대동강 이북의 땅을 획득할 수 있음 • 신라를 이용할 수 있음	• 고구려 공격에 실패함 • 지형이 불리함 • 고구려가 방어를 잘해 공격을 못 하고 있음

학생들이 각 나라의 상황을 파악한 결과물

각 나라의 상황을 파악한 뒤, ‘만약 내가 신라의 김춘추라면 어떻게 삼국을 통일할 것인가?’에 대해 이야기를 나누었어요. 모둠에서 자신의 생각을 이야기하고 자신이 생각한 통일 과정을 4~5개 단계로 나누어 쓰도록 했어요.

> **학생1**: 당과 손을 잡고 고구려를 친 후 백제를 멸망시키는 것이 좋을 것 같다.
>
> **학생2**: 지금 나라를 살피지 않는 의자왕을 먼저 공격해서 백제를 함락시킨 뒤 고구려를 공격하고, 당나라에 고구려 땅을 좀 주면서 합의한다.

삼국통일 과정을 쓴 포스트잇을 옮겨 붙이며 왜 그렇게 되는지 학생들이 그 이유를 탐구할 수 있도록 하세요.

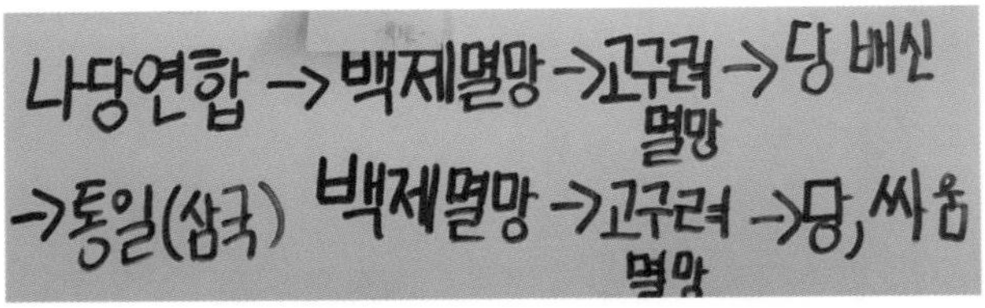

모둠별로 삼국통일 전략

삼국통일 전략

을 발표한 후 간단한 질문을 받았습니다. 학생들에게 삼국통일 과정을 설명해 주고 교과서에 나오는 삼국의 통일 과정을 읽으면서 수업을 마무리했습니다.

➕ Tip 수업 성찰

삼국통일 과정에서 유의미한 사건 5개를 주고 통일 전략을 세워 보라고 했어요. '당나라에 첩자를 보낸다', '백제와 거짓으로 동맹을 맺는다' 등의 대답이 나왔는데 창의적이기는 했지만 전략이 너무 지엽적이고 역사적 사실과 맞지 않았어요. 그래서 첫 사건은 '나당연합'으로 시작하고 마지막은 '삼국통일'로 끝나되, 가운데 사건 3개만 비워 두고 탐구 수업을 하니 훨씬 좋았어요.

앞서 배운 내용을 복습하는 의미에서 연표 만들기 활동을 간단하게 해 보세요.

삼국시대 사건 카드를 오려서 학생들에게 나눠 줍니다. 이전에 배운 내용을 생각하면서 각 사건을 시간 순서대로 배열하기 실시! 학생들은 서로 열심히 이야기를 나누면서 배열합니다. 삼국시대 사건 배열을 완료한 학생은 선생님을 향해 "콜!" 하고 외쳐요. 그러면 선생님은 정답인지, 오답인지 확인해 줍니다.

사건 순서가 다 맞으면 도화지에 사건 카드를 순서대로 붙여서 연표를 만듭니다. 연표를 다 만든 다음에는 눈을 감고 입으로 말하며 암기하고 누가누가 빨리 말하나 경쟁도 해 봐요. 이런 식으로 삼국시대부터 통일신라를 거쳐 고려 건국까지, 또 고려시대, 조선시대 등 시대별 연표도 만들 수 있어요. 삼국시대에서 조선시대까지 한꺼번에 연표를 만들어 봐도 됩니다.

사건의 흐름을 정리하면서 순서대로 붙이는 학생들

| 신라 건국 | 고구려 건국 | 백제 건국 | 가야 건국 | 백제 전성기 | 고구려 전성기 | 신라 전성기 |

삼국시대 연표(일부)

역사 이야기

매소성과 기벌포 전투 🖊

삼국통일 과정에서 벌어진 대표적인 전투에는 관창의 죽음으로 계백을 물리쳤던 황산벌 전투, 고구려의 내분으로 마무리된 평양성 전투가 있어요. 하지만 이것 못지않게 중요한 전투가 바로 신라와 당 사이에 있었던 매소성 전투, 기벌포 전투예요. 고구려가 멸망한 뒤, 당이 신라까지 차지하려 들면서 두 나라 사이에 나당전쟁이 시작됩니다. 무려 7년간 계속된 전쟁이에요. 만약 신라가 이 전투에서 승리하지 못했다면 삼국의 영토는 모두 당나라의 것이 되었을 거예요.

매소성의 정확한 장소는 현재는 알 수 없는데『삼국사기』에 따르면 고구려 매성현에 있었다고 해요. 당나라 장군 이근행이 20만 대군을 이끌고 매소성으로 쳐들어오자, 신라군이 크게 격파하여 말 3만 필과 많은 무기를 빼앗는 전과를 올리지요. 육지로는 공격이 어렵다고 생각한 당나라는 이번에는 설인귀를 앞세워 서해로 공격해 옵니다. 당나라군이 금강 하구에 있던 기벌포를 침범하자 신라도 배를 띄워 맞서 싸웁니다. 무려 22번의 싸움 끝에 신라군은 당나라군 4,000명을 죽이고 승리를 차지해요. 기벌포 전투의 승리로 신라는 당나라를 몰아내고 실질적인 통일을 이룩하게 되지요.

이정기의 소왕국 🖊

당나라의 역사서『구당서』에 이정기라는 인물이 나옵니다. 이정기는 당으로 간 고구려 유민인데, 안사의 난 때 그 잔당을 토벌하는 데 공을 세우면서 두각을 나타냅니다. 이후 그는 산둥의 6개 주를 관장하는 절도사가 되는데(이정기의 원래 이름은 희옥인데, 이때 당 조정으로부터 관직과 함께 '정기'라는 이름을 받음), 이 지역은 토지가 비옥하여 농업 생산량이 많고 거대한 염전이 있으며 발해와 신라, 당나라의 교역 중심지입니다. 이정기는 이곳에서 군사력과 경제력을 키워 산둥 일대 15개 주를 복속시키고 10만이 넘는 대군에 540만 명 인구를 가진, 사실상 독립된 소왕국의 왕처럼 군림합니다.

왜 소왕국이라는 표현을 썼냐고요? 이정기는 큰 영토를 가진 강력한 번진(절도사를 최고권력자로 하는 지방지배체제)이었기 때문이에요. 당시에 절도사들은 군사, 재정, 행정, 사법 등의 권력을 독자적으로 행사했고, 심지어는 절도사 지위를 세습하고자 했어요.

산동에서 힘을 키운 이정기는 절도사 세습 문제를 두고 당 조정과 부딪치면서 다른 절도사들과 함께 군대를 일으켜 낙양을 공격합니다. 심지어 초기에는 이 싸움에서 이깁니다. 그러나 갑작스런 이정기의 죽음으로 낙양 공격은 좌절되고, 이정기의 아들 이납이 관찰사가 됩니다. 산동 지역은 이정기 가문에 의해 60여 년간 세습, 유지됩니다.

이정기는 고선지와 더불어 역사에 이름을 남긴 고구려 유민입니다. 다만, 고선지가 그의 아버지를 따라 당나라의 충실한 장군이 되어 공을 세웠다면, 이정기는 당 조정에 맞서 싸울 정도로 독립적이고 새로운 나라를 꿈꿨다는 점에서 좀 더 부각될 필요가 있어 보입니다.

통일신라가 맞는가? 🖉

삼국시대 이후 우리나라 땅에는 통일신라와 발해가 들어섭니다. 고구려와 백제를 통합한 신라를 우리는 통일신라라고 부르지요. '통일'은 여러 개로 나뉜 것을 합해서 하나가 되었다는 뜻입니다. 그런데 통일신라는 삼국을 합한 것의 반도 안 될 정도로 불완전한 통일이었어요. 고구려 땅의 대부분과 고구려 유민은 발해가 가져갔어요. 상황이 이렇다 보니, 학계에서는 과연 신라에 '통일'이라는 단어를 쓰는 것이 맞는지에 대한 논의가 아직도 분분해요. 그리고 근래에는 우리 땅의 남쪽과 북쪽에 각각 신라와 발해가 있었다는 뜻으로 '남북국 시대'라는 표현을 많이 쓰지요.

그런데 우리나라에서는 남, 북 순으로 쓰지만 북한에서는 북, 남 순으로 쓰기 때문에 북한에서는 이를 북남국 시대라고 하겠죠? 이렇게 되면 나중에 통일되었을 때 헷갈릴 수 있습니다. 어떤 학자들은 두 개의 나라라는 뜻으로 '양국 시대'라는 용어를 사용하자고 주장하는데, 어떻습니까? 괜찮은가요?

13장. 통일신라 문화

국보를 통해 통일신라 문화의 특징 찾기

통일신라 문화의 특징에 대한 교과서 내용은 항상 같은 흐름입니다. 불국사, 석굴암 등 불교 문화재에 대한 설명과 사진만 가득 나옵니다. 이 때문에 특정 문화재에 대한 우수성을 찾는 활동만 하다 끝날 수 있어요. 모둠별로 문화재를 하나씩 조사하여 보고서를 쓰는 수업도 단골 메뉴입니다. 통일신라는 불교가 매우 발달하였으며 불교 문화재가 상당히 많습니다. 삼국통일 후에 사람들의 마음을 하나로 모을 필요도 있었죠. 불교 문화재를 하나하나 학습하기보다 불교가 더 발달했다는 역사적 흐름을 파악하는 것이 중요합니다. 그래서 신라와 통일신라의 문화재 분류 후 통일신라의 불교 문화재가 많고 불교가 발달했다는 지식을 구성하는 수업을 준비했어요.

국보 목록을 보고 분류 기준 정하기 (비조작 자료 확인)

교사: 어떤 나라의 옛 문화를 알려면 문화재를 살펴보는 것이 가장 좋습니다. 문화재 개수가 많기 때문에 대표성을 가지는 국보를 살펴보는 것이 좀 더 효율적입니다. 이번 시간에는 국보를 통해 통일신라 문화의 특징을 살펴볼 거예요. 어떤 것

의 특징을 알기 위해서는 다른 것과 비교하면 쉽게 알 수 있어요. 통일신라 문화의 특징을 알기 위해 어떤 나라와 비교해 볼까요?

학생들: 신라요.

학생들에게 신라와 통일신라의 국보 목록을 나눠 주었어요. 국보 목록은 문화재청 홈페이지에서 시대별로 내려받을 수 있어요. 신라와 통일신라의 국보 목록을 내려받으니 그 개수가 100개 정도 되었어요. 수업 시간에 다 다룰 수 없을 것 같아서 그 경향성이 훼손되지 않는 선에서 각각 20개를 추렸어요.

신라시대 국보	
1	서울 북한산 신라 진흥왕 순수비
2	경주 분황사 모전석탑
3	경주 첨성대
4	창녕 신라 진흥왕 척경비
5	금관총 금관 및 금제 관식
6	금관총 금제 허리띠
7	경주 부부총 금귀걸이
8	도기 기마 인물형 명기
9	울주 천전리 각석
10	구미 선산읍 금동보살입상(1976-1)
11	구미 선산읍 금동보살입상(1976-2)
12	천마총 금관
13	천마총 관모
14	천마총 금제 허리띠
15	황남대총 북분 금관
16	황남대총 북분 금제 허리띠
17	경주98호 남분 유리병 및 잔
18	황남대총 남분 금목걸이
19	토우장식 장경호
20	단양 신라 적성비

통일신라 시대 국보	
1	보은 법주사 쌍사자 석등
2	충주 탑평리 칠층석탑
3	보령 성주사지 낭혜화상탑비
4	남원 실상사 백장암 삼층석탑
5	구례 화엄사 각황전 앞 석등
6	안동 법흥사지 칠층전탑
7	영주 부석사 무량수전 앞 석등
8	경주 불국사 다보탑
9	경주 불국사 삼층석탑
10	경주 불국사 연화교 및 칠보교
11	경주 불국사 청운교 및 백운교
12	경주 석굴암 석굴
13	경주 태종무열왕릉비
14	경주 불국사 금동비로자나불좌상
15	경주 불국사 금동아미타여래좌상
16	경주 백률사 금동 약사여래입상
17	성덕대왕신종
18	창녕 술정리 동 삼층석탑
19	구례 화엄사 사사자 삼층석탑
20	상원사 동종

교사: 분류를 하려면 먼저 무엇을 해야 할까요?

학생1: 분류 기준을 정해요.

교사: 분류 기준을 정했으면 그 다음은?

학생2: ….

교사: 분류 항목을 알아야 해요. 문화재 목록을 살펴보고 분류 기준과 항목을 어떻게 정할
지 논의해 보세요.

학생들은 재료, 종류, 지역, 모양 등 다양한 분류 기준을 발표했어요. 학생들과 협의를 하여 문화재를 종류별로 분류하기로 약속했어요. 대답이 안 나오면 그냥 종류별로 해 보자고 하셔도 됩니다. 분류 항목은 '탑, 종, 석등, 불상, 비석, 장신구, 기타'로 협의하고 안내했어요.

학생들이 발표한 분류 항목들과 표

국보 분류하기 (자료 조작하기)

국보의 종류는 태블릿PC나 스마트폰을 이용하여 확인했어요. 국보 이름을 검색하여 그 사진을 보면 종류를 쉽게 알 수 있어요. 모둠원이 합의하여 그 종류를 쓰도록 하세요. 그렇지 않으면 협의 없이 각자 검색만 하기 바쁘거든요. 문화재 종류를 다 썼으면 종류별

스마트폰으로 문화재 검색

모둠별 논의와 기록

개수를 확인하여 학습지와 칠판에 쓰기 시작!

국보의 종류를 분류한 결과가 모둠별로 조금씩 달라요. 전체 학생들과 대화를 통해 합의를 했어요. 딱 떨어지는 합의를 이끌어 내지는 못했지만, '불교'라는 경향성은 나왔어요. 합의가 잘 안 되면 다음 단계로 넘어가셔도 됩니다. 합의를 못해서 모둠별로 한두 개 차이가 나도 해석에는 큰 문제가 없기 때문입니다.

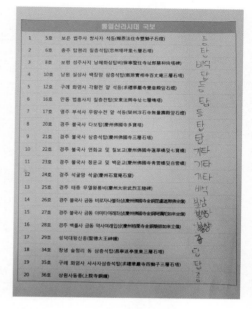

'학습지에 종류를 써요' 활동

〈석굴암 분류에 대한 학생들의 논의〉

학생1: 석굴암 석굴은 '불상'이라고 생각합니다. 커다란 불상이 있기 때문입니다.

학생2: 석굴암은 불상만 있는 것이 아니라 석굴 전체를 말하는 것 같습니다. 그래서 이것은 '기타'로 하는 것이 맞다고 생각합니다.

통일신라 문화의 특징 찾기 (해석하기)

자, 이제 결론을 지어야 할 시간입니다. 시간을 줄이기 위해 모둠별로 결론을 정리해 보라고 했어요. 모둠별로 정리를 하는 대신에 학생들의 의견을 들어 보고 해시태그 활동을 통해 정리해 보아도 좋아요.

'모둠별 결과를 칠판에 기록해요' 활동

교사: 신라에 비해 특히 늘어난 것은 무엇이 있나요?

학생: 탑, 석등, 종이요.

교사: 이것들은 무엇과 관련 있을까? 어디에서 이것을 볼 수 있을까? 쉿! 말하지 말고

각자 한번 생각해 보세요. 생각을 다 했으면 모둠별로 같이 써 볼까요? 통일신라 문화는 어떤 특징이 있는지 간단히 한 문장으로요.

통일신라 시대에 불교가 발달했다는 사실을 학생들이 잘 찾아냈어요. 마지막으로 교과서를 보면서 통일신라의 불교 문화재를 확인했어요. 그리고 학생들에게 "왜 통일신라는 불교가 발달했을까?"라고 질문을 했어요. 이유는 삼국통일 이후 출신 국가가 다른 사람들의 마음을 하나로 모을 필요성이 가장 컸기 때문이겠죠.

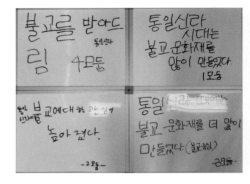

통일신라 문화의 특징을 모둠별로 적은 결과

〈통일신라의 불교 발달 이유에 대한 학생들의 답변〉

- 불교를 믿는 사람이 훨씬 많아져서
- 불교의 소중함을 깨닫거나 믿음이 강해져서
- 고구려, 백제, 신라의 불교가 서로 달라서
- 그 전까지는 전쟁한다고 바빠서

(+Tip) 수업 성찰

탑, 석등, 불상, 종은 절에서 볼 수 있고 불교와 관련되어 있다는 사실을 기본적으로 알고 있어야 의미 있는 해석이 가능합니다. 수업을 시작하면서 넌지시 한번 물어보세요, 절(사찰)에 가면 무엇을 볼 수 있는지. 신라와 통일신라의 국보에서 종이나 비석을 빼도 결론에 큰 상관이 없고 시간을 단축할 수 있습니다. 의미 있는 탐구는 기본 지식을 바탕으로 한 걸음 더 나갈 때 빛을 발합니다.

학생의 수업 일기

신라시대 유물 중 장신구가 많은 이유는 무덤 구조와 관련이 있어요. 신라시대는 도굴하기 힘든 돌무지덧널무덤 구조였기 때문에 장신구를 비롯한 문화재가 많이 남아 있어요. 현재 남아 있는 신라 국보의 대부분은 돌무지덧널무덤에서 발굴된 것입니다.

✕ 이런 수업도 있어요: 백제와 고구려의 국보 분류 활동

백제와 고구려의 국보를 분류하여 신라와 비교해 보는 활동을 해 보았어요. 학생들에게서 궁금하다는 의견이 빗발쳤기 때문이죠. 모둠별 탐구 수업에 들어가기 전, 학생들에게 백제와 고구려의 문화재를 분류하면 어떤 결과가 나올지 예상을 해 보라고 했어요.

나라	학생들의 예상(중복 대답)
고구려	**비석이 가장 많을 것이다.** • 문화재 중에 큰 비석이 많은 것 같아서 • 광개토대왕비나 중원고구려비 등 비석이 많아서 • 넓은 영토를 비석을 통해 기념하려고 **불교 문화재가 가장 많이 나올 것이다.** • 신라보다 불교를 빨리 받아들였기 때문에 **금으로 만든 문화재는 거의 없을 것 같다.** • 고구려 문화재를 봤을 때 거의 다 돌이었기 때문에
백제	**불교 문화재가 가장 많을 것이다.** • 신라보다 불교를 빨리 받아들였기 때문에 **장신구가 많이 나올 것이다.** • 백제의 문화재는 예술적이기 때문에 • 백제의 금동대향로나 무령왕릉 때문에 **신라와 비슷할 것 같다.** • 신라 옆에 붙어 있기 때문에

공통적으로 불교 문화재가 많을 것이라고 예상했어요. 그 이유는 고구려와 백제가 신라보다 먼저 불교를 받아들였다는 지식이 학생들에게 있었기 때문이에요. 그리고 고구려는 광개토대왕비에 대한 인상이 크게 남아서인지 비석이 많을 것이라고 예상했어요.

자료 조작하기(백제, 고구려의 국보)

문화재청에서 고구려와 백제의 국보 목록을 내려받아 학생들에게 제시해 주었어요. 같은 방식으로 수업을 해 보았기 때문에 학생들은 익숙하게 분류 활동을 했어요.

고구려의 국보가 중원고구려비 1개밖에 없는데, 이에 대해 학생들이 어떤 추측을 할지 궁금했어요. 백제는 예상한 대로 불

문화재	신라 (20개)	고구려 (1개)	백제 (22개)
탑	1개	0개	3개
장신구	9개	0개	9개
불상	2개	0개	5개
비석	3개	1개	1개
기타	5개	0개	4개

교 문화재가 신라보다 많았으나 제일 많은 것은 장신구였어요.

자료 해석하기

학생들은 문화재 분류 결과를 보고 다음과 같이 생각했어요.

고구려	백제
• 전쟁 때문에 문화재가 많이 사라져서 그럴 것이다. • **북한에 고구려 국보가 많이 있을 것이다.** • 전쟁을 자주 해서 문화재를 많이 만들지 못했을 것이다. • 아직 발굴이 덜 되어서 그럴 것이다.	• 내 예상과 비슷하게 불교 문화재가 신라보다 더 많았다. • 기술이 많이 발달하여 장신구가 더 많은 것 같다. • 무령왕릉의 영향으로 장신구가 더 많다. • 왕들이 꾸미기에 바빠서 장신구가 많다.

학생들은 백제가 기술이 발달하여 장신구가 많다고 생각했어요. 사실, 백제 장신구의 대부분은 무령왕릉에서 출토된 유물들입니다. 또한 학생들은 고구려 문화재가 1개밖에 없는 이유는 고구려의 문화재 대부분이 북한과 중국에 있기 때문이라고 추측했어요.

추가 자료 조작과 해석하기(북한의 고구려 국보)

더 많은 고구려 문화재를 알아보기 위해 '북한문화재자료관'이라는 사이트에서 북한의 국보를 검색하여 그 자료를 학생들에게 나눠 주고 분류 활동을 하게 했어요. 학생들이 분류한 결과를 보면 다음과 같아요.

무덤	성	절	탑	기타
15	14	3	1	3

학생들은 이것을 통해 다음과 같이 생각했어요.

- 전쟁으로 죽은 사람이 많아서 무덤이 많은 것 같다.
- 땅이 넓어 다른 나라의 침입을 막으려고 성이 많은 것 같다.
- 전쟁 때문에 성이 많은 것 같다.
- 북한에 비석이 별로 없는 까닭은 중국 땅에 많이 있어서 그런 것 같다.

마지막으로 교사의 발문과 간단한 토의로 수업을 마무리했어요.

교사: 장신구는 보통 무덤 속에서 발굴됩니다. 삼국 모두에 무덤이 많은데 왜 유독 고구려에만 장신구가 없을까요?

학생1: 북한 사람들은 가난하기 때문에 무덤에 있는 장신구들을 다 훔쳐 가서 그런 것 같습니다.

학생2: 신라나 백제의 무덤은 눈에 잘 띄지 않는 곳에 있지만 고구려의 무덤은 사람들 눈에 잘 띄는 곳에 있어서 그런 것 같습니다.

학생3: 경주에 가 보면 신라의 무덤들도 쉽게 찾을 수 있습니다.

학생4: 고구려의 무덤에는 입구 근처에 귀중품이 있지만 신라나 백제는 무덤 가운데에 귀중품이 있어서 그런 것 아닐까요?

학생5: 제 생각에는 고구려의 무덤은 장신구를 훔쳐 가기 쉬운 구조이지만 신라의 무덤은 귀중품을 훔쳐 가기 어렵게 되어 있어서 그럴 것 같습니다.

신라의 무덤은 도굴하기 어려운 구조이며 백제는 운 좋게도 무령왕릉이 도굴되지 않아서 그 장신구들이 대부분 국보로 지정되었다는 설명으로 수업을 마무리했어요.

비조작 자료

비(非)조작 자료라는 용어는 「비조작 자료와 사회과 지식 구성의 관계」(정혜정, 2007)라는 논문에서 처음 사용되었으며, 사회과에서 공식적으로 통용되는 용어는 아닙니다. 비조작 자료는 조작되기 전의 자료를 의미합니다. 예를 들어 30명의 학생들을 대상으로 설문을 하였다면, 30장의 설문지가 비조작 자료가 됩니다. 그런데 이 설문지들을 분석하여 학생들이 도표로 나타내었다면, 그 도표는 조작 자료가 됩니다. 예를 들어 신라와 통일신라의 국보 목록이 비조작 자료라면, 이것을 종류별로 분류하여 정리한 표는 조작 자료가 됩니다.

비조작 자료	조작 자료
임진왜란 중에 일어난 사건 목록	임진왜란 중에 일어난 사건을 연도별로 붙여 정리한 연표
국보 목록	종류별로 분류한 국보 목록

비조작 자료는 탐구와 해석 중심의 역사 수업에 활용하기 아주 적합한 자료입니다. 조작의 형태는 '스티커 붙이기, 색칠하기, 분류하기, 그래프 그리기' 등으로 나타납니다. 학생들은 그래프 등의 조작 자료를 보고 해석을 하거나 의문을 갖게 되며 그 과정에서 탐구와 지식의 구성이 일어나게 됩니다. 비조작 자료 활용 수업의 절차는 다음과 같습니다.

> 주제 선정(교사) → 비조작 자료 개발(교사) → 비조작 자료 조작(학생) → 조작 자료 해석
> (학생) → 지식의 구성(학생) → 평가(교사)

이 책에서 비조작 자료를 활용한 수업은 다음과 같습니다.

『초등 한국사! 진짜 역사 수업을 말한다』 1권에서는 13장 통일신라 문화, 19장 고려의 불교, 20장 고려의 대외관계, 30장 임진왜란에 대해 배우는 수업에서 비조작 자료를 활용했습니다.

『초등 한국사! 진짜 역사 수업을 말한다』 2권에서는 5장 신분제도의 변화, 7장 실학, 16장 항일의병운동, 22장 일제강점기 사람들의 생활에 대해 배우는 수업에서 비조작 자료를 활용했습니다.

역사 이야기

신라인들의 술자리 게임 🖉

안압지에서 발견된 신기한 주사위가 있어요. 일반적인 6면체 주사위가 아니라 무려 14면체 주사위입니다. 정사각형이 6면, 육각형이 8면이며 각 면에 한자가 4글자씩 적혀 있어요. 각각의 뜻을 풀이하면 소리 내지 않고 춤추기, 아무나 지목해서 노래 부르게 하기, 여러 사람으로부터 코 맞기, 혼자 노래 부르고 술 마시기 등입니다.

어떤 용도인지 감이 오시나요? 바로 술자리 게임용 주사위입니다. 주사위의 정식 이름은 '안압지투자'입니다. 요즘 술자리에서 게임을 하듯 신라 사람들도 술 게임을 했던 것 같습니다. 더 웃긴 것은 '추물막방'이라고 적힌 면인데, 풀이하면 '더러워도 버리지 않기'라는 뜻입니다. 술에 더러운 것을 넣어도 다 마신다는 뜻으로 소위 '생일빵'의 기원이 통일신라부터였나 봅니다.

에밀레종의 진실 🖉

국립경주박물관에 도착하면 제일 먼저 보이는 것이 성덕대왕신종입니다. 성덕대왕신종은 에밀레종으로 더 잘 알려져 있는데, 에밀레종 이야기, 다들 알고 계시죠? 두 가지의 설화가 전해지는데 그중 하나를 간단히 소개하겠습니다.

봉덕사라는 절에서 종을 만드는 데 계속 실패하여 재료가 모자라게 되자 스님이 시주를 받으러 다닙니다. 한 집에 갔더니 여인이 아기를 업고 나와

"제가 줄 것은 이 아이밖에 없는데요."

라고 말했어요. 후에 아이를 쇳물에 넣고 종을 완성했는데 그 종소리가 '에밀레 에밀레' 하면서 아이가 엄마를 원망하여 구슬프게 우는 소리처럼 들렸다고 합니다. 물론 종의 성분을 조사하니 뼈에 해당하는 인(P) 성분이 들어 있지 않았고, 함부로 생물을 죽이지 않는 불교 문화 하에서는 말도 안 되는 일이라 생각됩니다.

최근 이 설화에 대해 『에밀레종의 비밀』(성낙주, 2008)이라는 책에서 아주 새로운 해석

을 합니다. 이에 따르면 성덕대왕신종은 성덕왕의 아들인 경덕왕 때 만들기 시작해서 그 아들인 혜공왕 때 완성됐습니다. 그런데 혜공왕은 너무 어린 나이로 왕이 됐기 때문에 어머니인 만월부인 김씨가 외사촌인 김옹과 함께 정사를 쥐락펴락했습니다. 심지어 만월부인 김씨는 아들인 혜공왕을 배신하고 김옹에게 왕위를 넘기려다 반란군에게 둘 다 죽임을 당합니다. 다만, 이 이야기는 하나의 추정입니다.

성덕대왕신종

이 책에 준하여 에밀레종 설화를 해석하면 에밀레종 이야기 속의 아이는 혜공왕이며 아들을 갖다 바친 무자비한 엄마는 만월부인, 자식이 죽는데도 끝까지 등장하지 않는 아버지는 일찍 죽은 경덕왕이라고 볼 수 있어요.

김대성 이야기 ✏️

김대성이 불국사와 석굴암을 건립한 이야기는 너무나 유명합니다. 자세한 내용은 『삼국유사』에 나오지만 직접 읽지 않아도 한번은 들어 봤을 거예요. 『삼국유사』에 나오는 불국사, 석굴암 연기 설화를 한번 볼까요? 참고로, 연기 설화란 어떤 사물의 기원과 관련된 설화를 말해요.

모량리에 경조라는 여인이 있었습니다. 그녀에게는 아이가 있었는데, 머리가 크고 이마가 평평한 것이 마치 성(城)과 같아서 이름을 대성(大城)이라 지었습니다. 대성의 집은 몹시 가난하여 마을의 부잣집에서 품팔이를 하며 힘겹게 살았습니다. 어느 날 스님이 대성이 일하는 부잣집에 와서 시주를 부탁했습니다. 주인이 베 50필을 시주하니 스님이 축문을 읽으며 축원했습니다.

"하나의 보시로 만 배를 얻고 안락하게 장수하소서."

대성이 이를 듣고 어머니께 가서 말했습니다.

"어머니, 스님이 축원하시는 소리를 들으니 하나를 보시하면 만 배를 얻는다고 합니다. 생각해 보니 우리가 이렇게 가난한 까닭은 전생에 선한 일을 못했기 때문인 것 같습니다. 지금 또 보시하지 않는다면 다음 생애는 더욱 가난하게 살 것입니다. 제가 일하면서 얻은 밭을 보시하면 어떨까요?"

그 말을 들은 어머니도 옳다고 생각하여 스님에게 밭을 보시했습니다. 그런데 대성이 갑자기 죽어 버렸습니다. 그날 밤 신라의 재상 김문량의 집에 하늘의 외침이 있었습니다.

"모량리 대성이란 아이가 지금 너의 집에 태어날 것이다."

그 소리를 들은 집안 사람들은 깜짝 놀랐습니다. 혹시나 하는 마음에 모량리에 사람을 보내 조사하니, 대성이라는 아이가 죽었으며 마침 그날이 하늘에서 소리가 나던 때와 같았습니다. 그 뒤 신기하게도 김문량의 아내가 아이를 낳았는데, 아이가 왼손을 꼭 쥐고 있다가 7일 만에 펴니 손에 '대성'이라고 두 자를 새긴 금색 종이가 있었습니다. 김문량은 아이의 이름을 대성이라 지었으며 죽은 대성의 어머니를 데려와 부양했습니다.

어느덧 세월이 흘러 대성은 청년이 되었습니다. 사냥을 무척 좋아한 그는 토함산에 올라 곰 한 마리를 잡고 산 밑 마을에서 잠을 잤습니다. 꿈에 곰이 귀신으로 변하여 시비를 걸며 말했습니다.

"네가 어찌하여 나를 죽였느냐. 내가 너를 잡아먹겠다."

대성이 두려워 용서를 빌자 귀신은,

"네가 나를 위하여 절을 세워 줄 수 있겠느냐?"

라고 말했습니다. 대성은 그렇게 하겠다고 맹세를 한 후 꿈에서 깨어났습니다. 얼마나

불국사

긴장을 했는지 땀이 자리를 흠뻑 적실 정도였다고 합니다. 그날 이후로 대성은 사냥을 끊고 곰을 잡은 자리에 장수사라는 절을 세웠습니다. 그리고 현세의 부모를 위해서는 불국사를 짓고 전생의 부모를 위해서는 석불사를 창건했습니다. 석굴암이 있는 곳이 바로 석불사입니다.

14장. 발해

발해가 고구려를
계승했다는 증거 찾기

발해와 고구려의 비교를 통해 그 유사점을 찾는 방법으로 수업을 진행했어요. 중국의 동북공정 문제를 가지고 와서 이에 반박할 만한 증거를 찾는다는 큰 틀로 시작을 하니 학생들이 훨씬 더 적극적인 태도를 보였습니다. 수업을 들어가기 전, 학생들이 발해에 대해 전혀 모르는 상태라면 교과서나 읽기 자료를 통해 대조영이 발해를 건국한 과정을 간단히 살펴보면 좋습니다.

중국의 주장에 대해 반론하기

다음과 같은 PPT 자료를 보여 주면서 중국의 주장을 선생님이 대변하듯 읽어 줍니다. 학생들은 반박하려고 벌써부터 엉덩이가 들썩들썩하네요.

교사: 중국의 말이 맞는 것 같나요?

ppt

발해에 대한 중국의 생각

- 발해가 있었던 곳은 현재 중국의 땅이고 당나라의 지방 정권이다.
- 발해를 세운 사람들은 말갈족이다.
- 발해는 당나라 문화와 비슷하다.

따라서 발해는 중국의 역사이다.

학생: 아니요!

교사: 그냥 '아니오' 하지 말고 구체적인 증거를 말해 줘~.

이런 대화 후에 학생들이 내세운 반론은 다음과 같아요.

- 발해 문화가 고구려 문화와 비슷하다.
- 발해를 세운 사람은 고구려 사람이다.
- 원래 그 땅은 고구려 땅이었다.
- 중국의 논리대로라면 옛 고구려 땅의 역사는 계속 우리나라의 역사이다.

지리적인 근거와 대조영이 고구려 출신이라는 것 정도는 쉽게 근거로 댈 수 있었어요. 하지만 학생들에게 고구려 문화와 비슷한 발해 문화에 대한 구체적인 증거를 말해 보라니 묵묵부답이었어요. 물론 "교과서에 있어요."라고는 잘 대답합니다. 그래서 학생들에게 구체적인 자료를 주고 증거를 찾아보라고 했어요.

구체적인 증거 찾기

학생들에게 고구려와 발해의 수막새, 온돌, 치미 사진을 나눠 주고 고구려와 발해의 문화를 비교해 보라고 했어요. 또 발해의 외교문서도 제공해 주었어요.

반박하는 글쓰기

학생들이 직접 찾은 증거를 바탕으로 동북공정에 반박하는 글을 써 보도록 학습지를 나눠 주었어요. 글을 쓰기 전, 증거 사진 자료를 붙이고 비교, 분석을 먼저 해 보

<고구려 수막새> <발해 수막새>

<고구려의 치미> <발해의 치미>

고구려와 발해의 수막새, 치미

라고 했어요. 마치 개요를 써 보는 활동과 같아요. 학생들은 학습지에 작은 사진을 오려 붙이면서 글감에 대한 생각을 정리했어요.

글쓰기 시간에는 칸이 모자란다고 다들 난리가 났어요. 글을 쓸 공간을 너무 적게 주었던 모양입니다. 글을 쓸 소재가 많으면 글을 잘 쓰는 것 같아요.

학생들이 쓴 글 몇 편을 골라 읽어 주었어요. 그러고 나서 "현재 중국에서 전략 지역인 동북 지역, 특히 고구려, 발해 등을 중국의 역사로 만드는 연구 프로젝트를 하는데, 이를 '동북공정'이라고 해요. 여기에 대해 지금처럼 너희들이 근거를 제시하며 논리적으로 반박하면 정말 멋지겠구나."라고 하면서 수업을 마쳤습니다.

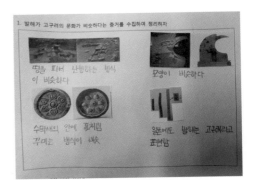

사진을 붙여서 비슷한 점을 분석한 결과

학생이 쓴 반박하는 글

⊕ Tip 수업 성찰

고구려와 발해의 문화를 비교할 자료를 4가지 정도 주었는데, 4가지 다 살펴보고 논의하고 글을 쓰기에는 시간이 좀 모자랐어요. 4개 자료 중에서 2~3가지 정도만 근거 사진으로 붙이고 글을 쓰게 하면 좋을 것 같습니다.

역사 이야기

해동성국 발해 🖊

고구려 멸망 후, 고구려 유민들은 잃어버린 나라를 되찾기 위해 당나라에 거세게 저항했습니다. 이에 당나라는 고구려 유민들을 당나라 땅 여러 곳에 옮겨 살게 합니다. 그런데 얼마 지나지 않아 거란의 난이 일어났고 그 틈을 타서 고구려 유민과 말갈족은 함께 요동으로 내려옵니다. 그러자 당나라군이 추격해 옵니다. 대조영은 두 무리를 통합하여 당나라군에 맞서 일전을 치르고, 마침내 동모산 근처에 이르러 도읍을 정하고 나라를 건국했어요. 이 나라가 바로 발해입니다. 대조영의 뒤를 이은 무왕은 발해가 고구려를 계승한 나라임을 주변국에 알리고 옛 고구려 영토를 회복해 나갔어요.

발해는 네 번이나 도읍을 옮겼는데 그중 상경은 가장 오랫동안 발해의 도읍지였어요. 상경 부근에는 넓은 평야가 펼쳐져 있고 물이 풍부하여 농사짓기에 적합하였으며 다른 나라와 교역을 하기에 유리했어요. 발해는 건국 초기 당나라와 적대적인 관계였지만, 이후 당나라와 활발하게 교류하고 신라에도 사신을 파견했어요. 발해는 동쪽의 융성한 나라라는 뜻의 '해동성국'이라는 말을 들을 정도로 강력한 국가로 성장했어요.

발해 멸망과 백두산 폭발설 🖊

228년간 지속된 발해는 926년, 거란이 공격한 지 3일 만에 멸망합니다. 그토록 강력했던 발해가 3일 만에 무너졌기 때문에 발해 멸망에 대해서는 여러 가지 설이 있어요. 그중 하나가 바로 백두산 화산 폭발설입니다. 세계적인 학술지인 『사이언스 어드밴시스』에 발표된 내용에 따르면 발해가 멸망한 시기에 엄청난 규모의 백두산 화산 폭발이 있었다고 합니다. 하지만 최근 국제 공동연구팀이 백두산 화산 폭발 시기를 946년이라고 정확히 측정하여(화석의 방사능 탄소 동위원소 측정) 발표함으로써 발해 멸망 원인이 백두산 폭발이라는 주장은 근거를 잃게 됩니다. 그리고 『고려사』에도 946년 개성 하늘에서 커다란 천둥소리가 들렸다는 기록이 있습니다.

15장. 후삼국 시대

통일신라 말기는
어떤 상황이었을까?

후삼국 시대는 갑자기 등장한 것이 아니라 통일신라 말기의 혼란스러운 상황 속에서 자연스럽게 시작됩니다. 그래서 신라 말기의 상황을 제대로 이해하는 것이 중요해요. 먼저 '신라 왕조 계보'를 보면 신라 말기에 왕이 자주 바뀌었으며 이를 통해 정치적으로 매우 혼란스러웠음을 이해합니다. 또한 '자연재해 통계표'를 보면 신라 말기에 자연재해가 많았음을 알게 됩니다. 이를 통해 신라 말기는 상당히 혼란스러웠으며, 그럼에도 불구하고 귀족들은 사치스러운 생활을 했다는 사실을 이해합니다.

시대와 장소를 불문하고 모든 나라는 흥망성쇠의 과정을 겪습니다. 전성기가 있으면 쇠퇴기도 반드시 오기 마련이죠. 쇠퇴기가 오면 대개 잦은 왕권 다툼이나 반란을 동반합니다. 최후에는 나라가 멸망하거나 여러 나라로 갈라지게 됩니다. 갈라진 나라들은 강력한 힘을 가진 세력에 의해 다시 통일됩니다. 통일된 나라는 다시 흥망성쇠의 과정을 반복합니다. 지금 우리가 배우는 통일신라 말기는 쇠퇴하고 갈라지는 과정입니다. 이는 마치 인간이 자라서 어른이 되고 노인이 되어 가는 과정처럼 매우 자연스러운 현상입니다. 수업을 시작하면서 이런 흐름을 꼭 설명해 주세요.

통일신라의 상황 알기

수업 시작하면서 칠판에 아래와 같은 그림을 그렸어요. 그림에 대해 질문을 하고 대화를 통해 수업을 진행했어요.

그림 1. 나라의 전성기   그림 2. 나라가 나뉘었다가 통일하기를 반복함

교사: 모든 나라의 흥망성쇠는 그림과 같이 표현될 수 있어요. (그림 1을 가리키며) 이 그림은 무슨 뜻일까요?

학생: 삼국의 전성기처럼 나라가 올라갈 때랑 내려갈 때가 있다는 뜻입니다.

교사: 와우! (그림 2를 가리키며) 그러면 이 그림은 어떤 뜻일까요?

학생: 나라가 흩어졌다가 합치기를 반복한다는 것입니다.

교사: 맞아요. 모든 나라는 이러한 과정을 거쳐요. 이번 시간에 배우는 것은 통일신라 말기의 상황입니다. 이 그림에서 어디쯤일까요?

첫 번째! 자주 바뀌는 왕권

신라의 왕조 계보를 나눠 주고 학생들에게 신라 중기와 신라 말기 왕의 수와 재위 기간을 찾아보라고 했어요. 이때 신라 중기는 태종무열왕부터 시작이고 신라 말기는 제37대 선덕왕부터라고 추가 설명을 해 주세요. 신라 말기는 왕권 다툼으로 왕의 교체가 잦았어요. 학생들 역시 신라 말기에 서로 왕을 하려고 싸웠으며 나라가 혼란스럽다는 것을 쉽게 찾아냈어요.

시기	왕의 수	기간	평균 재위 기간
신라 중기	8명	126년	약 15년
신라 말기	20명	155년	약 8년

고대에서 조선 중기까지

교사: 신라 말기에 왕들은 왜 8년 정도밖에 다스리지 못했나요?

학생1: 신라 중기의 왕은 오래 살았고, 신라 말기의 왕은 일찍 죽어서 그렇습니다.

교사: 왜 일찍 죽었다고 생각하지요?

학생1: 신라 말기에는 전쟁이나 반란이 많기 때문입니다.

학생2: 서로 왕이 되려고 싸우다가 그렇게 되었습니다.

학생3: 암살당해서 그런 것 같습니다.

두 번째! 자연재해

학생들에게 자연재해 통계표를 나눠 주고 자연재해가 가장 많이 발생한 때가 언제쯤인지 살펴보게 했어요. 대충 700년대 중반부터 800년대 후반까지 자연재해가 많았는데, 학생들은 신라 말기라는 사실을 쉽게 찾아냈어요.

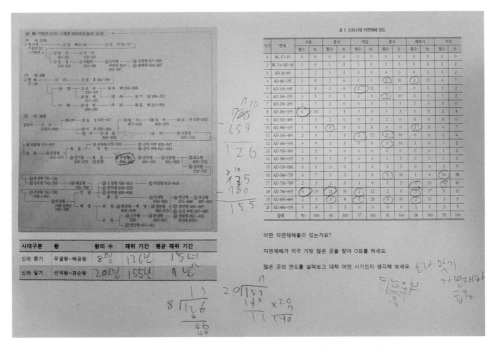

왕조표와 자연재해에 관한 학습지(참고: 윤순옥 · 황상일, 2009)

마지막! 귀족의 사치스러운 모습

신라 왕궁을 재현해 놓은 화려한 집, 금성의 화려한 모습, 안압지 등 각종 자료를 보여 주고 신라 말기는 어떠했을지 질문을 하니 다음과 같이 대답했어요.

통일신라 당시 금성의 모습

- 평민들은 힘들게 살지만 귀족들은 편안하게 살았을 것이다.
- 백성들이 많이 힘들었을 것이다.
- 너무 힘들어 반란을 일으켰을 것이다.
- 자연재해가 많아 농사짓기 힘들었을 것이다.
- 다른 나라로 도망가거나 도둑질을 할 것이다.

후삼국 성립 과정 알기

후삼국 성립에 관한 스토리텔링 활동을 하였습니다. 스토리텔링 자료는 『한권으로 읽는 고려왕조실록』, 『한국사 편지』, 『궁예, 왕건, 견훤의 열정의 시대』 등의 책을 참고해 학생 수준에 맞게 정리해서 나눠 주었어요.

수업 성찰

스토리텔링 자료는 천천히 읽으면 15분 정도 걸립니다. 스토리텔링 내용은 '역사 이야기'를 참고하세요.

 ## 역사 내러티브(스토리텔링)

내러티브는 '이야기하기' 또는 '스토리텔링'으로 통용됩니다. 하지만 내러티브를 단순한 이야기라고 생각한다면 매우 협소하게 바라보는 것이며, 이야기 그 이상의 의미를 지니고 있습니다. 특히, 내러티브는 역사에 대한 지식이 부족한 초등학생의 사고력 발달단계에 매우 적합하며 교과서 텍스트보다 훨씬 효과적입니다. 내러티브는 초등 역사교육에서 다음과 같은 유용성을 가진다고 합니다.

1. 학생들에게 흥미를 유발시켜 학습의 효율성을 높일 수 있다.
2. 시간적 계기성(어떤 일이 일어나게 되는 원인이 되는 성질)을 인식하는 데 효과적이다.
3. 역사적 맥락과 사회적·문화적 가치를 자연스럽게 수용할 수 있다.
4. 현실의 다양성과 의미의 변화를 비판적·주체적으로 인식할 수 있다.
5. 학생들이 가지는 흥미는 역사적 개별 사실에 대한 기억력을 높여 준다.

내러티브는 사건을 다룰 때 주로 활용합니다. 교사가 알고 있는 역사를 즉흥적으로 이야기하다 보면 필수적인 사건이 생략되거나 불필요한 내용이 삽입되는 경우가 많습니다. 사전에 이야기해 줄 내용을 대본화하여 익혀 둔다면 내실 있는 수업이 될 수 있습니다. 다양한 동영상과 사진을 곁들이면서 이야기를 한다면 훨씬 더 흥미롭습니다. 수업의 전제로 내러티브에 맞는 동영상과 사진의 수집은 필수적입니다. 이 책에서 내러티브 활동이 주가 되는 수업은 다음과 같습니다.

1. 삼국의 성립과 전성기
2. 후삼국 성립과 통일
3. 거란의 침입과 극복
4. 몽골의 침입과 극복
5. 조선의 건국
6. 임진왜란, 병자호란
7. 정조가 수원화성을 만든 까닭
8. 민주화 운동 3가지

역사 이야기

견훤 ✏️

견훤의 부모님이 어린 견훤을 나무 아래 두고 농사일을 하고 있을 때 호랑이가 나타나 견훤에게 젖을 먹였다는 기록이 『삼국사기』에 있습니다. 어릴 때부터 견훤은 범상치 않았으며 힘이 세고 용감하여 곧 신라의 장군이 되었어요. 그리고 892년 5,000명의 군사를 이끌고 무진주(광주)에 내려가 왕이 됩니다. 이때 그의 나이가 불과 26살밖에 되지 않았다고 해요. 그로부터 8년 뒤에는 완산주(전주)에 도읍지를 정하고 후백제를 세웁니다. 그런데 그는 백제 사람도 아닌데 왜 나라 이름을 '백제'라고 지었을까요? 그 이유는 나라를 세운 곳이 옛 백제의 땅이었기 때문에 사람들의 마음을 쉽게 모으기 위해서였습니다.

『삼국유사』에도 견훤에 대한 일화가 전해집니다. 광주 북촌 부잣집에 예쁜 딸이 있었는데, 밤마다 자주색 옷을 입은 사내가 다녀갔답니다. 딸이 이 사실을 아버지에게 고했더니, 아버지가 화들짝 놀라면서 "그 남자가 또 찾아오거든 실을 꿴 바늘을 남자 옷에 찔러 놓아라."라고 말했어요. 그날 밤 딸은 그녀를 찾아온 남자의 옷자락에 바늘을 꽂아 두었어요. 그리고 다음 날 실이 이어진 길을 따라가 보니, 놀랍게도 바늘이 지렁이 허리춤에 찔려 있었어요. 그 뒤에 딸이 아기를 낳으니, 이 아이가 바로 견훤입니다.

몇몇 역사학자에 따르면, 견훤의 이름은 견훤이 아니라 진훤이라고 합니다. 안정복도 『동사강목』에서 '진훤'이라 하였고, 전주 견씨 족보에도 원래 '견'이 아닌 '진'이었다고 합니다. 그리고 안동 병산 전투 현장에서 견훤과 관련된 모래를 '진모래', 견훤의 묘소를 '진헌이무덤'이라 했는데, 견훤의 출생과 관련된 지렁이 이야기와 연관된 것으로 보입니다.

궁예 ✏️

궁예에 대한 기록은 『삼국사기』에 나오는데, 아버지가 신라 헌안왕이라는 설, 경문왕이라는 설, 신무왕의 숨겨진 아들이자 장보고의 외손이라는 설 등이 있어요.

궁예는 5월 5일에 태어났는데 지붕에 흰빛이 무지개처럼 비치었다고 해요. 이에 일관

(日官)이 말하기를 5가 둘 겹친 날에 태어난 데다 빛이 지붕에 비치고 날 때부터 이가 있어서 불길하다고 했어요. 왕은 어린 궁예를 죽이라 했고 궁예는 높은 누각에서 아래로 던져졌는데, 다행히 유모가 몰래 궁예를 받아내 살렸어요. 그런데 유모가 아기를 받을 때 실수로 한쪽 눈을 찔러서 궁예의 한쪽 눈이 멀게 됩니다.

유모는 궁으로부터 멀리 도망가서 궁예를 키웠어요. 궁예는 어려서 말썽을 많이 부렸다고 해요. 그러다 10여 세 나이에 출가하여 스님이 되었어요. 그즈음 나라가 몹시 혼란스러워 곳곳에서 반란이 일어났어요. 그중에는 세력이 쟁쟁한 사람들도 많았어요. 891년 궁예는 절에서 나와 기훤의 휘하로 들어갑니다. 그러나 기훤은 궁예를 푸대접했고, 궁예는 기훤을 떠나 양길의 부하가 됩니다. 양길 휘하에서 승승장구하며 힘을 키웠어요. 곧 장군으로 추대되었고 대규모 병력을 갖게 됩니다. 송악 지역의 호족인 왕건도 부하로 받아들입니다. 이제는 오히려 양길의 군대를 넘어서 무너뜨립니다.

궁예는 드디어 스스로 나라를 세웁니다. 901년 송악에 도읍을 정하고 나라 이름을 고려라고 했습니다. 904년에는 도읍을 철원으로 옮기고 나라 이름을 마진으로 바꾸었습니다. 911년에는 나라 이름을 태봉으로 바꾸었습니다. 그러나 시간이 지날수록 궁예는 포악해지고 신하들을 함부로 죽였습니다. 심지어 자신의 부인과 아들까지 죽였습니다. 이에 왕건은 궁예에 맞서 반란을 일으키고, 쫓겨난 궁예는 도망 중에 백성들에게 맞아 비참한 죽음을 맞습니다.

왕건 ✏️

왕건은 자라서 아버지를 따라 후고구려의 장수가 되었어요. 그리고 궁예 휘하에서 여러 전투에 나가 혁혁한 공을 세우고 높은 벼슬에 올랐어요. 903년에는 함대를 이끌고 후백제의 금성군(지금의 나주 지역)을 점령하여 후백제에 큰 타격을 주기도 했어요.

그런데 후고구려의 세력이 커지면서 궁예는 호족의 힘을 누르고 왕권을 강화하고자 합니다. 왕을 중심으로 강력한 나라가 되어서 후삼국을 통일하겠다고 생각한 것이지요. 하지만 호족들의 생각은 달랐습니다. 왕의 힘이 강력해지면 상대적으로 호족들의 힘이 약해지기 때문에 궁예에게 반발했습니다. 게다가 궁예는 주위 사람들을 함부로 대하며 크고 작은 실정을 거듭하였어요. 그러자 홍유, 배현경, 신숭겸, 복지겸 등의 장수가 왕건에게 궁예를 몰아내자고 설득합니다. 왕건은 궁예를 내쫓고, 918년 국호를 고려, 연호를 천수라 하고 새 왕조의 왕이 됩니다.

후고구려? ✏️

후삼국의 나라 이름은 원래 백제, 고구려, 신라인데 삼국시대와 구분하기 위해 '후' 자를 붙여 구분한다고 다들 알고 계실 것입니다. 하지만 『삼국유사』나 『삼국사기』의 어디를 봐도 궁예가 고구려를 세웠다는 기록은 없고 『삼국유사』의 연표에는 고구려가 아닌 고려라고 나옵니다. 많은 사람들이 고려라는 나라 이름을 왕건이 처음 사용한 것으로 알고 있지만 실제로는 궁예가 나라를 세울 때 이미 고려라는 명칭을 사용했으며, 그보다 훨씬 오래전 고구려 장수왕도 국호로 같은 이름을 사용했습니다.

그렇다면 왜 궁예가 세운 나라를 후고구려라고 했을까요? 두 가지로 생각해 볼 수 있는데, 첫 번째는 후삼국이라는 시대 구분을 위해 역사학자들이 후고구려라는 용어를 사용하였고, 두 번째는 왕건이 세운 고려와 구분하기 위해서라고 볼 수 있습니다.

16장. 후삼국 통일

후삼국 통일의
의의는 무엇일까요?

후삼국 성립에 이어 후삼국 통일도 스토리텔링으로 수업했어요. 견훤이 신라 서라벌을 함락시키자 신라를 지원하기 위해 나섰던 왕건이 공산전투에서 패했다는 말에 아쉬워하는 학생들이 참 많았어요. 무의식적으로 왕건을 응원하고 견훤과 궁예를 '악'으로 보는 것 같았어요. 두 번째 수업 활동으로는 신라의 통일과 고려의 통일을 비교해 보았어요.

신라와 고려의 통일 과정 비교

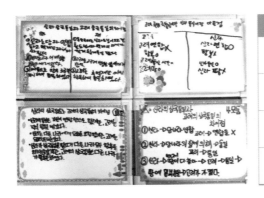

다른 점
신라는 당나라와 연합을 했지만 고려는 스스로 통일하였다.
신라는 전투를 통해 통일을 했지만 고려는 항복을 받은 나라도 있었다.
신라의 통일은 오래 걸렸지만 고려의 통일은 많이 걸리지 않았다.
신라는 땅이 줄어들었지만 고려는 통일 후 땅이 줄지 않았다.

신라의 통일과 고려의 통일을 비교하는 토의를 했습니다. 이를 통해 고려의 통일은 어떤 의미가 있는지 살펴보았죠.

학생1: 고려의 땅이 줄어들지 않았다는 것을 어떻게 알았나요?

학생2: 신라는 통일하고 나서 땅을 다 차지하지 못했지만 고려는 책을 보면 나옵니다.

교사: 구체적으로 몇 쪽인지 말해 주세요.

학생2: 사회책 ○○쪽을 보면 나옵니다.

학생3: 결국 통일 후 땅은 비슷하지 않습니까?

학생4: 신라는 당나라에 의해 고구려의 땅을 많이 빼앗겼지만, 고려는 꾸준히 고구려 땅을 회복해서 공민왕 때는 쌍성총관부 지역을 모두 탈환합니다.

☎ 이런 수업도 있어요: 후삼국 통일에 대한 연극 수업

왕건의 후삼국 통일에 대한 연극을 해 보자는 학생 의견이 나왔어요. 마침 국어 교과에 연극 단원이 있어서 통합 수업을 했어요. 모둠별로 연극 대본을 쓰고 선생님의 피드백을 받아 수정, 보완했어요. 그리고 모든 팀의 대본을 모아서 대본집(책)으로 제작했어요. 그림을 잘 그리는 학생이 멋진 표지도 만들었지요. 대본집은 학생 한 명당 한 부씩 선물로 나눠 주었어요. 학생들이 쓴 대본 중 한 편을 소개합니다. (전체 대본은 '관쌤의 역사수업 연구소' 블로그 참고)

왕건의 부활

이○○, 박○○

등장인물: 견훤, 왕건, 궁예, 신숭겸, 신하1,2,3, 백성1,2,3, 병사1,2,3, 신검, 경순왕, 신검 부하, 신검 병사

장소: 성, 공산, 고창

제 1 장 (성)

신하1: (한숨을 내쉬며) 요즘 우리 임금님 궁예가 나라를 잘 다스리지 못하여 백성들이 힘들어 한다고 합니다.

신하2: (수염을 쓰다듬으며) 아, 그렇소. 어서 궁예를 내쫓고 다른 왕을 세워야 하는데….

신하3: (생각을 하는 표정으로) 아, 우리 신하들 중에 왕건이라는 신하가 있지 않은가?

신하2: 아, 그렇소. 왕건은 머리가 똑똑하고 지혜로울 뿐만 아니라 마음씨가 착하기도 하여 백성들을 잘 다스릴 것 같소. 왕건을 왕으로 세웁시다.

신하1,3: 일단 왕건한테 갑시다.

(신하들이 이야기했던 것을 왕건에게 말해 주었다.)

왕건: 음, 근데 제가 잘 다스릴 수 있을까요?

신하1,2,3: (맞장구를 치며) 그럼, 너는 잘할 수 있을 거야.

(그리하여 신하1,2,3은 병사들을 모아 궁예에게 쳐들어가 궁예를 내쫓았다.)

궁예: (울 것 같은 목소리로) 아, 내가 성에서 쫓겨나다니.

백성들: (화난 목소리로) 앗! 저기 궁예다. 돌을 던져 저 몹쓸 궁예를 죽이자!

(궁예가 죽고 왕건은 왕이 돼서 백성들의 세금을 줄여 주고 백성들이 살기 편하게 만들었다.)

왕건: 이젠 나라 이름을 고려라고 지어야겠군.

… (중략) …

제 4 장 (후백제의 성)

견훤: 음, 이제 왕위를 물려줄 때가 됐군그래. 똑똑한 넷째 아들 금강에게 주어야겠군.

(견훤이 넷째 아들에게 왕위를 물려줘서 화가 난 신검은 금강의 목을 베고 견훤을 금산사에 가두었다.)

견훤: 네 이놈! 네가 어떻게 이 아비를 가둘 수 있단 말이냐?

신검: (화가 난 듯이) 그럼 맨 처음부터 저한테 물려주면 되지 않사옵니까?

견훤: (씩씩거리며) 하지만 너보단 금강이 더 똑똑하다!

신검: (칼을 들며) 네 이놈! 닥치거라. 너는 여기에서 가만히 있는 것이 일이다.

(견훤은 금산사에서 탈출하고 후백제를 무너뜨리게 도와달라고 왕건에게 부탁하였다. 왕건이 알았다고 하자 함께 후백제를 무너뜨리러 갔다.)

신검 신하: (큰일 난 목소리로) 전하, 지금 고려군이 쳐들어오고 있습니다.

신검: 그럼 가만히 있을 순 없지. 가자! 고려를 물리치러!

　　(신검과 왕건, 견훤이 만났다.)

견훤, 왕건: 우리는 꼭 통일을 할 것이다. 각오하거라.

신검: 그건 우리가 할 말이다. 자, 후백제군들이여 돌격하라!

신검 병사: (다급하게) 전하, 지금 저희 군사들이 얼마 남지 않았습니다.

　　(계속 밀리던 신검은 결국 왕건과 견훤에게 죽고 왕건은 후백제의 땅을 손에 넣었
　　다. 그리하여 왕건은 후삼국 통일을 하였다.)

연극 대본 모음집

연극 장면

역사 이야기

후삼국 통일 과정 ✏️

926년 왕건과 견훤이 본격적으로 전쟁에 돌입했을 때, 만주 땅에서 엄청난 사건이 발생합니다. 바로 발해가 거란족에 의해 멸망하게 된 것입니다. 발해가 멸망하자 발해 사람들은 고려로 내려옵니다. 왕건은 발해 유민을 따뜻하게 맞이해 주었어요. 이유는 두 가지입니다. 발해와 고려 모두 고구려를 계승했고 발해 유민들로 병사의 수를 늘릴 수 있기 때문이었습니다.

927년 견훤은 신라의 경주를 공격합니다. 견훤은 포석정에서 신라 경애왕을 죽이고 퇴각합니다. 그러다 신라를 도와주러 오던 고려군과 대구 공산에서 만납니다. 결과는 어떻게 되었을까요? 고려군이 크게 패합니다. 고려의 신숭겸, 김락 등 모두 8명의 장군이 목숨을 잃습니다. 이를 공산전투라고 하며 8명의 장군이 죽었다고 해서 현재 공산은 팔공산으로 불립니다.

공산전투를 계기로 견훤의 후백제가 크게 세력을 넓히게 돼요. 하지만 얼마 뒤 고창(지금의 안동)에서 견훤과 왕건이 크게 싸웁니다. 이번에는 유금필 장군의 활약으로 고려군이 크게 이깁니다. 이 전투가 고창전투이며 고싸움이 이 전투에서 유래되었다고 해요. 고싸움 위에 있는 두 사람은 왕건과 견훤이래요.

그 후, 935년 견훤은 후계자를 정합니다. 견훤은 넷째 아들 금강을 매우 좋아했어요. 그래서 왕위를 큰아들 신검이 아닌 넷째 아들에게 물려주었지요. 그러자 신검이 반란을 일으켜 금강을 죽이고 견훤을 금산사에 가둡니다. 신검은 스스로 왕이 됩니다. 금산사에 갇혀 있던 견훤은 고려로 도망을 쳤고 왕건은 그를 후하게 대접해 주었어요. 그리고 얼마 뒤, 신라 경순왕이 신하들을 이끌고 와서 왕건에게 항복을 했어요.

936년 일선군(지금의 구미)에서 고려와 후백제의 마지막 전투가 벌어졌습니다. 왕건은 견훤과 함께 전투에 나왔고 후백제에서도 신검이 맞서 싸우러 나왔습니다. 이 싸움에서 고려가 승리하여 드디어 후삼국은 통일이 되었습니다.

완사천과 장화왕후 ✏️

나주 완사천은 태조 왕건의 두 번째 부인인 장화왕후 오씨의 전설이 깃든 곳입니다. 이곳에 전해지는 전설은 누구나 한 번쯤 들어봤을 법한 이야기인데, 다음과 같습니다.

완사천 공원의 왕건, 장화왕후 동상

한 사내가 길을 가다가 너무 목이 말라 주변을 두리번거리는데 마침 우물가가 눈에 띄었어요. 반가운 마음에 우물가로 달려가니 웬 처녀가 우물에서 물을 뜨고 있었어요. 사내가 처녀에게

"실례지만 시원한 물 한 바가지 주겠소?"

완사천

라고 하니 처녀는 부끄러운 듯 말을 못하고 바가지에 시원한 물을 가득 떠서 사내에게 주었지요. 바가지를 건네받은 사내가 고맙다는 말과 함께 물을 마시려는데, 물 위에 버드나무 잎이 두어 개 떠 있었어요. 사내는 버드나무 잎이 행여나 입으로 들어갈까 후후 불어 가면서 물을 마셨어요. 물을 다 마신 사내는 갈증 때문에 물을 허겁지겁 마셔서 탈이 날까 봐 처녀가 일부러 잎을 떨어뜨려 놓았다는 사실을 알게 되었어요.

이 이야기에서 사내는 바로 태조 왕건이고 처녀는 장화왕후 오씨입니다. 처녀가 물을 떠 준 우물이 바로 나주 완사천이고요.

17장. 고려의 건국

왕건이 후삼국을
통일할 수 있었던 까닭은?

왕건, 궁예, 견훤의 업적을 비교하여 왕건의 어떤 점이 우수하였는지 비교하는 수업 활동을 했습니다. 이 수업에서 또 하나 관심을 가져야 할 점은 왕건, 견훤, 궁예의 업적은 고려시대 사람들이 기록한 것으로 당연히 왕건은 좋은 인물로, 다른 사람들은 포악한 인물로 기록했다는 거죠. 역사는 승자의 기록이기 때문이에요. 왕건의 우수한 점을 찾되, '역사는 선택과 해석의 결과'라는 사실 또한 학생들에게 설명해 주면 좋을 것 같습니다.

연표를 보고 인물의 업적 이해

수업을 시작하면서 학생들에게 왕건이 통일을 할 수 있었던 이유를 질문했어요. 학생들의 대답은 다음과 같았어요.

- 능력이 우수하여
- 어쩌다 보니
- 다른 나라의 도움을 받아서

- 발해 유민을 받아들였기 때문에

- 다른 나라들이 워낙 막장이라서

- 다른 나라 사람들을 받아들였기 때문에

자신의 생각이 맞는지 수업을 통해 살펴보자고 했어요. 왕건, 궁예, 견훤의 업적이 쓰인 연표를 주고 모둠원(짝)과 연표를 읽고 이야기를 나눠 보라고 했어요. 이처럼 역사 탐구를 위해서는 텍스트 읽기가 기본 중 기본입니다.

각 인물의 장단점 찾기

연표를 충분히 읽은 후, 각 인물의 장단점을 포스트잇에 써서 표에 붙였어요. 모둠별로 잘 상의하여 각 인물의 장점과 단점이라 생각되는 것을 간단하게 쓰라고 하세요.

후삼국 시대 연표(견훤, 궁예, 왕건의 활동)

연도	인물	활동
892년	견훤	농민의 아들 출신으로 용맹스럽게 전쟁에서 싸우다 스스로 왕위에 오름
894~901년	궁예	신라 왕족 출신으로 부하들과 같이 고생하고 공평하게 대함
898년	궁예	전쟁에서 죽은 장병들의 영혼을 위로하는 팔관회를 개최함
900년	견훤	완산주(전주)에 도읍지를 정하고 스스로 후백제 왕이라 칭함
901년	궁예	송악(개경)에 도읍지를 정하고 후고구려를 세움
901~918년	궁예	신분보다는 실력을 중시해서 관리를 뽑음
900~935년	견훤	백성들의 부담을 줄이기 위해 군대가 직접 농사를 짓게 함
		호족과의 관계 유지를 위해 여러 명의 부인과 결혼을 함
905년	궁예	신라에서 오는 사람을 모조리 죽임
911년	궁예	스스로를 미륵부처라고 하고 불경 20여 권을 지음
915년	궁예	관심법(마음을 보는 법)을 이용하여 많은 부하와 부인, 아들을 죽임
918년	왕건	궁예를 내쫓고 철원을 도읍지로 삼고 고려를 세움
		3년 동안 백성들의 세금을 줄여 줌
		노비로 전락한 100명의 사람을 다시 양인으로 만들어 줌
919년	왕건	도읍지를 송악(개경)으로 옮기고 10개의 절을 짓고 불교를 중요시함

926년	왕건	거란(요나라)에게 멸망한 발해의 왕자 대광현과 발해 유민들을 받아들임
927년	견훤	신라를 공격하여 경애왕을 죽이고 경순왕을 왕으로 세움
		공산에서 왕건의 고려군을 맞아 크게 승리함 (공산전투)
	왕건	후백제의 공격을 받은 신라를 도우려고 군사를 보냄
		공산에서 견훤과 싸워 크게 패하고 겨우 도망감
930년	왕건	고창(안동) 호족들의 도움으로 견훤의 후백제에 크게 이김 (고창전투)
935년	견훤	넷째 아들 금강에게 왕위를 물려주려 하자 첫째 아들 신검이 반발하여 견훤을 금산사에 가두었으나 탈출하여 고려 왕건에게 감
	왕건	후백제의 견훤이 고려에 도망 오니 극진하게 대우함
		신라 경순왕이 나라를 바치자 경순왕이 계속해서 경주 지역을 다스릴 수 있도록 해 줌 (신라 멸망)
896~943년	왕건	호족과의 관계를 유지하기 위해 29명의 부인과 결혼함
936년	견훤	왕건과 함께 후백제와의 전쟁에 참가함
	왕건	후백제를 멸망시켜 후삼국 통일을 함 (후백제 멸망)

왕건의 우수성 찾기

포스트잇에 쓴 각 인물의 장점 중에서 다른 인물이 가지지 못한 왕건만의 장점을 골라서 맨 밑으로 옮겨 붙이라고 했어요. 학생들이 옮겨 붙인 왕건의 우수성은 다음과 같아요.

〈왕건의 우수성〉

· 발해 받아들임

· 신라 받아들임

· 견훤을 받아들임

· 신라를 구하려고 군사를 보냄

· 노비를 다시 양인으로 만듦

· 백성들의 세금을 줄임

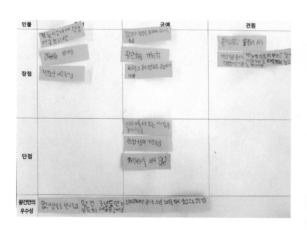

각 인물의 업적을 포스트잇에 써서 옮겨 붙인 결과

'왕건이 후삼국을 통일한 힘' 해시태그 활동

이쯤 되면 왕건의 우수성이 슬슬 드러나기 시
작해요. 마지막 활동으로 모둠별로 찾은 내용을
바탕으로 후삼국을 통일할 수 있었던 왕건의 우수
성을 한 단어로 써서 붙이는 해시태그 활동을 했
어요. 대부분의 학생들은 '착함', '백성 이해'라고
썼어요.

'왕건이 통일할 수 있었던 힘' 해시태그

마지막으로 학생들과 다음과 같은 대화를 하며
수업을 마무리했습니다. 사실 이번 수업의 가장 큰 목적 중 하나이지요. 역사는 바로 승
리자의 기록이며 패배자는 악한 사람으로 표현된다는 점이죠.

교사: 왕건만 이렇게 착하고 백성을 이해했을까요? 견훤과 궁예는 나쁜 사람이었을
까요?

학생: 아니오.

교사: 그럼, 왜 왕건만 이렇게 좋은 사람으로 기록되었을까요?

학생: 왕건이 승리자였기 때문이에요.

학생: 견훤과 궁예의 업적이나 좋은 글을 모두 없애 버렸어요.

교사: 맞아요. 물론 왕건이 아주 훌륭한 인물이라는 점은 틀림없어요. 하지만 다른 인
물들도 나라를 세울 만큼 훌륭한 점이 많았을 것입니다. 그럼에도 고려 사람들
은 고려를 세운 왕건 중심으로 역사를 기록해서 왕건은 장점이, 견훤과 궁예는
단점이 부각될 수밖에 없었을 거예요. 대부분의 역사책도 마찬가지입니다.

역사 서술에서 선택과 해석

"역사는 승자의 기록이다."라는 말이 있습니다. 역사의 패배자는 악하게 표현되고 승리자는 신격화됩니다. 패배자에 대해 우호적으로 쓴 기록이 있으면 불태워 버리기도 합니다. 그래서 패배자는 대부분 폭군이거나 무능한 자로 기록됩니다. 후삼국 통일 과정에서도 이런 모습이 드러납니다. 견훤과 궁예는 패배자이기 때문에 견훤과 궁예에 대한 기록은 안 좋은 점들이 부각됩니다. 궁예는 백성들이 던진 돌에 맞아 죽었다고 기록될 정도로 비참하게 생을 마감합니다. 분명 나라를 세울 정도로 뛰어난 역량을 가진 인물임이 틀림없었는데 말입니다.

이를 역사에서는 '선택과 해석'이라고 합니다. 역사가는 역사책에 담길 내용을 개인적, 사회적인 판단에 의거하여 선택하는데 그 과정에서 역사가의 '해석'이 가미될 수밖에 없다는 뜻입니다. 하지만 잘못된 것은 아닙니다.

분량이 제한되어 있고 사람이 기록하는 것이기 때문에 당연히 서술자 및 국가적인 요구에 따라 선택적으로 기록될 수밖에 없습니다. 그래서 우리는 역사의 기록을 있는 그대로 믿기보다는 그것을 다시 '해석'을 할 필요가 있습니다. 이것 또한 역사 공부의 매력이라고 볼 수 있습니다.

역사 이야기

고려시대 관료의 삶 🖉

고려에는 1만 7,000명의 관료가 있었다고 합니다. 이들 관료의 삶은 어떠했을까요?

관직의 높고 낮음에 따라 옷 색깔을 다르게 입었습니다. 자주색이 가장 높은 신분의 옷이고, 그 다음은 붉은색, 진홍색, 녹색 순입니다. 옷뿐만 아니라 허리띠의 색도 차등을 두었지만 나중에는 실용성을 위해 모두 검은색으로 통일했다고 합니다. 관료들은 항상 궁궐에 머문 것이 아니라 오늘날의 직장인처럼 출퇴근 시간이 정해져 있었는데, 아마 당시에도 칼퇴근은 힘들었겠죠? 월급은 토지(전시과)와 녹봉으로 받았습니다. 전시과는 농사를 지을 수 있는 땅인 전지와 땔나무를 베어 낼 수 있는 시지가 있었고 녹봉은 쌀로 받았다고 합니다.

고려장은 고려의 풍습인가요? 🖉

아주 오랜 옛날에 늙고 힘없는 부모를 산에 버리는 장례 풍습이 있었다고 합니다. 그러한 관행에 따라 아들은 늙은 아버지를 지게에 지고 산에 올랐어요. 아들은 아버지를 땅에 내려놓고 지게에 약간의 음식을 두고 산을 내려오려 했어요. 그러자 그를 따라왔던 어린 아들이 그 지게를 다시 지고 왔어요. 어린 아들에게 왜 지게를 지고 오느냐고 묻자,

"아버지도 늙으면 이 지게에 실어서 버리려고요."

라고 대답했어요.

그 말에 아들은 크게 뉘우치고 늙은 아버지를 다시 집으로 모셔 왔어요.

다들 잘 알고 계시는 고려장 이야기입니다. 고려라는 말이 들어가서 당연히 고려시대 풍습이라고 생각할 것입니다. 하지만 고려장은 우리나라에만 전해 오는 이야기도 아니고 고려시대 장례 풍습은 더더욱 아닙니다. 고려장 풍습은 일부 설화에만 존재합니다. 실제 고려시대 장례 풍습은 오늘날과 크게 다르지 않았고 불교의 영향으로 화장이 많이 이루어졌다고 합니다.

왕건은 유언으로 훈요10조를 남겼습니다. 훈요10조 속에는 고려라는 나라의 정체성이 그대로 들어가 있다고 해도 과언이 아닙니다. 불교 숭상, 연등회와 팔관회, 외교정책, 관리 등용 에 관한 내용이 나옵니다. 고려를 이해하기 위해 훈요10조를 읽고 그 속에 숨은 의도를 해석하는 수업을 준비했어요.

훈요10조에 대해 알아보기

훈요10조에 대한 읽기 자료를 제공했습니다. 훈요10조는 인터넷을 검색하면 쉽게 찾을 수 있지만 한자 용어가 많다 보니 해석이 어렵습니다. 학생들에게 나눠 주는 읽기 자료는 이해하기 쉬운 말로 바꿔 주어야 합니다.

훈요10조를 남긴 이유 탐구하기

모둠 토의를 통해 왕건이 왜 이런 유언을 남겼는지 그 이유를 알아보았습니다. 학생들은 궁금한 것이나 모르는 것이 있으면 스마트 기기를 사용하여 스스로 찾았어요. 정보를 잘 찾아냈고 잘 해석했습니다. 학생들이 잘 해석할 수 있었던 원동력은 후삼국의 성립과 통일 과정을 탐구하는 수업에서 쌓은 많은 사전 지식 덕분이에요. 탐구와 해석의 원동력은 '기본 지식'이라는 사실을 새삼 느꼈습니다. 훈요10조 중에서 2조는 학생들에게 좀 어렵고 9, 10조는 큰 의미가 없기 때문에 내용만 제시하고 해석은 하지 않도록 했습니다.

〈훈요10조를 학생들이 해석한 결과〉

훈요10조	해석(색 글씨는 학생들이 뽑은 것 중 합리적인 해석)
1조. 불교를 발전시켜라.	• 백성들의 마음을 하나로 모으고 왕권을 강화하기 위해 • 고려는 불교의 나라이기 때문에 • 부처님께 나라를 지켜달라고 하기 위해
2조. 풍수 사상에 따라 절을 지어라.	(해석 생략)
3조. 왕위는 맏아들이 잇는 것을 원칙으로 하되, 맏아들이 어질지 못하면 그다음 아들에게 전해 주어라.	• 견훤의 사례처럼 되지 않게 하기 위한 조치 • 더 믿음직한 사람을 왕으로 삼기 위해 • 나랏일을 못하면 나라가 망하기 때문에
4조. 중국 문화를 반드시 따를 필요가 없으며, 거란과 친하게 지내지 마라.	• 거란은 발해를 멸망시킨 나라이기 때문에 • 당이 고구려를 멸망시켰으니 중국을 따라 하지 않으려고 • 고려만의 문화를 만들기 위해서
5조. 서경(평양)을 중시하라.	• 옛날 고구려의 수도였기 때문에 • 서경의 공기가 좋아서 • 평양은 교류하기 쉬워서
6조. 연등회와 팔관회를 성실하게 열어라.	• 부처님에게 나라를 지켜달라고 하기 위해 • 고려에서 불교를 많이 받아들여서 • 불교를 중요하게 여겨서
7조. 왕은 바른말에 귀 기울이고 남을 욕하는 자를 멀리하라. 또한 백성의 용역과 세금을 가볍게 하라.	• 농민들이 반란을 일으킬 수 있기 때문에 • 나라를 잘 다스려서 백성들이 편하게 지내게 하기 위해
8조. 차현 이남과 공주강 밖의 사람은 쓰지 마라.	• 신검을 따르는 사람이 있을 수 있기 때문에 • 옛 백제와 신라의 땅이라서 • 후백제 유민들이 복수할까 봐
9조. 관리의 월급은 함부로 깎지 마라.	(해석 생략)
10조. 왕은 항상 옛일을 반성하고 오늘에 참고하라.	(해석 생략)

수업 성찰

훈요10조 중에서 3, 5, 8조는 학생들이 나름 괜찮은 해석을 했습니다. 3조에서는 견훤의 전철을 밟지 않기 위해 그렇다는 것과 8조의 차현 이남과 공주강 밖은 옛 백제와 신라 땅이라는 사실을 잘 찾아냈습니다. 하지만 8조에 대해서는 현재도 다양한 의견이 존재합니다. 훈요10조에 대한 다양한 이야기는 '역사 이야기'를 참고하세요.

역사 이야기

훈요10조는 조작되었나? ✏️

훈요10조가 조작되었다는 주장이 있습니다. 왜 그런지 한번 살펴볼까요?

훈요10조는 고려 제8대 왕인 현종 시기 거란의 침입으로 개경이 함락되고 궁궐과 중요 건물이 불탔을 때 함께 사라졌어요. 그러다 나중에 『칠대실록』을 편찬하는 과정에서 최제안이 최항의 집에 있는 것을 발견하여 세상에 알려지게 됩니다.

분실되었던 훈요10조가 딱 그 시기에, 또한 개인의 집에서 발견되었다는 사실이 조금 이상하지 않습니까? 그리고 발견된 훈요10조에는 왕건이 살아 있을 당시에는 유행하지 않았던 풍수지리 사상에 대한 내용이 있었습니다. 특히 의심스러운 것은 '차현 이남, 공주강 밖의 사람은 쓰지 마라'는 조항이에요. 왕건은 고려 초기에 호족들의 딸 30여 명과 결혼을 할 정도로 여러 지역의 융합을 중요시했으며 차현 이남, 공주강 밖의 인물들을 많이 등용했어요. 이런 왕건이 특정 지역을 차별하는 내용을 왜 유훈으로 적어 놓았을까요?

이렇게 의구점이 많다 보니 최항, 최제안 등 신라 출신 인물들이 백제 사람들에 대한 감정이 좋지 않아서 훈요10조를 일부 조작했을 거라는 역사학자들의 주장도 있습니다. 선생님들의 생각은 어떠신가요?

고려 불교는
어떤 특징이 있을까?

고려 불교는 호족의 영향을 많이 받았습니다. 호족은 자신들의 세력을 과시하기 위해 불상을 엄청 크게 만들었어요. 그렇다 보니 고려 불상은 통일신라에 비해 정교함은 사라지고 비례가 맞지 않는 등 다소 우스꽝스러운 모습이에요. 통일신라 불상과 고려 불상의 비교를 통해 고려 불교의 특징을 파악할 수 있도록 수업을 설계했습니다.

불상의 크기와 모습 비교하기

통일신라
경주 남산 석조약사여
래좌상
: 사람 2~3배 정도

고려
논산 관촉사 석조미륵
보살입상
: 사람 10배 정도

통일신라 불상으로는 석굴암 본존불과 경주 남산 약사불, 고려 불상으로는 논산 관촉사 미륵보살과 파주 용미리 불상 사진을 보여 주면서 모습과 크기를 비교할 수 있도록 했어요. 그리고 생김새를 비교했어요. 학생들에게 전체적인 느낌을 이야기해 보라고 했는데, 다소 세심하게 말하는 경향이 있었어요.

통일신라
경주 남산 석조약사불좌상
: 곱슬머리, 턱이 동그람

고려
파주 용미리 마애이불입상
: 사각턱, 무섭게 생김

불상의 분포 비교하기

통일신라와 고려의 불상 분포표를 보면서 지도에 그 위치를 표시해 보는 활동을 했어요.

〈통일신라의 불상 분포〉

번호	이름	소재지
1	경주 백률사 금동약사여래입상	경북 경주시
2	경주 감산사 석조미륵보살입상	경북 경주시
3	경주 감산사 석조아미타여래입상	경북 경주시
4	구미 선산읍 금동여래입상	경북 구미시
5	영주 영주동 석조여래입상	경북 영주시
6	상주 증촌리 석조여래입상	경북 상주시
7	경주 율동 마애여래삼존입상	경북 경주시
8	함안 방어산 마애약사여래삼존입상	경남 함안군
9	합천 치인리 마애여래입상	경남 합천군
10	거창 양평리 석조여래입상	경남 거창군
11	예천 동본리 석조여래입상	경북 예천군
12	제천 물태리 석조여래입상	충북 제천시
13	의령 보리사 지금동여래입상	경남 의령군
14	영동 신항리 석조여래삼존입상	충북 영동군
15	군위 대율리 석조여래입상	경북 군위군

번호	이름	소재지
1	남원 용담사지 석조여래입상	전북 남원시
2	익산 고도리 석조여래입상	전북 익산시
3	함안 대산리 석조삼존상	경남 함안군
4	파주 용미리 마애이불입상	경기 파주시
5	당진 안국사지 석조여래삼존입상	충남 당진시
6	안동 이천동 마애여래입상	경북 안동시
7	부여 대조사 석조미륵보살입상	충남 부여군
8	논산 관촉사 석조미륵보살입상	충남 논산시
9	제천 덕주사 마애여래입상	충북 제천시
10	천안 삼태리 마애여래입상	충남 천안시
11	나주 철천리 마애칠불상	전남 나주시
12	구미 금오산 마애여래입상	경북 구미시
13	강화 장정리 석조여래입상	인천 강화군
14	서울 삼천사지 마애여래입상	서울 은평구
15	이천 영월암 마애여래입상	경기 이천시

백지도에 통일신라 불상이 있는 곳은 빨간색 스티커를, 고려 불상이 있는 곳은 파란색 스티커를 붙이도록 했어요. 그리고 불상의 생김새, 크기, 분포를 모두 생각하면서 고려 불교에 대해 해석해 보라고 했어요. 조금 어렵기 때문에 다음과 같이 구체적인 질문을 칠판에 써 주세요.

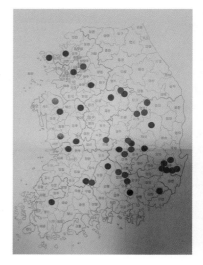

통일신라(빨강), 고려(파랑)의 불상 분포

질문 1. 고려와 통일신라의 불상 분포는 어떤가?

질문 2. 고려의 불상의 크기가 매우 큰 까닭은?

질문 3. 고려가 불상 만드는 기술이 떨어진 까닭은?

질문 4. 질문 1, 2, 3에 대한 답을 종합하여 봤을 때 고려의 불상은 누가 무슨 목적으로 만들었을까?

모둠 토의하기

앞의 질문 4에 대하여 모둠 토의를 하였으며 그 결과는 다음과 같았어요.

- 통일신라는 불상을 나라에서 만들었지만 고려는 호족들이 만들어서
- 통일신라의 불상은 도읍지를 중심으로 몰려 있어서
- 통일신라는 왕의 힘이 강했지만 고려는 호족의 힘이 강하기 때문에
- 고려의 힘을 자랑하려고

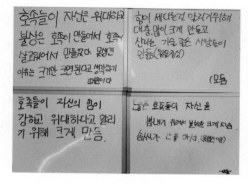

모둠 토의 결과

+ Tip   수업 성찰

40분이라는 짧은 시간 동안 고려 불교의 특징을 모두 잘 찾아내기란 쉽지 않았어요. 하지만 학생들은 다양한 자료를 분석하고 앞서 배웠던 '호족'이라는 개념을 적용하여 나름대로 의미 있는 추측을 해냈습니다. 아주 세세한 부분까지 잘 알지 못하더라도 불상의 모습, 크기, 분포의 차이점에 흥미를 느끼며 몰입하는 모습이 보기 좋았습니다.

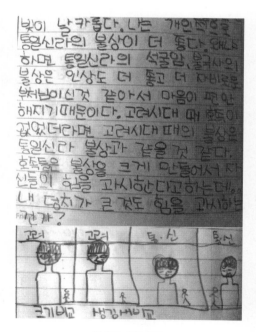

학생의 수업 일기

역사 이야기

왕건의 부인들과 호족 ✏️

왕건의 부인은 무려 29명이나 되었다고 합니다. 왜 이렇게 부인이 많았을까요? 왕건이 여자를 좋아해서? 아닙니다. 왕건이 처음 왕이 되었을 때는 고려 전체를 아우를 만한 힘이 부족했어요. 궁예를 따랐던 신하들도 있고 왕건을 탐탁지 않게 생각하는 힘 있는 호족들이 많았어요. 왕건은 호족을 자신을 편으로 만들기 위해 혼인을 통해 호족들과 연합합니다. 계속 혼인을 하다 보니 부인이 29명이나 되었던 것이죠. 왕건의 첫 번째 부인은 신혜왕후 유씨입니다. 신혜왕후는 왕건이 궁예를 몰아내기를 망설일 때 갑옷을 내주며 왕건을 부추겨 행동할 수 있도록 했다고 해요.

지방 호족들은 누구일까요? 통일신라의 골품제 하에서 진골, 성골이 아닌 6두품들은 중앙에서 높은 벼슬을 하지 못한 경우에 경주를 떠나 자기 고향이나 지방으로 내려갔어요. 통일신라 말기 나라가 혼란스러워지자 6두품은 지방에서 세력을 크게 키웠는데 이들을 바로 호족이라고 합니다. 자기 지역 백성들에게서 세금도 거두고 많은 노비와 병사들을 소유하여 강한 힘을 가지게 되지요. 호족들은 그 지역에서 마치 왕처럼 살았습니다.

팔관회와 연등회 ✏️

고려는 연등회, 팔관회와 같은 불교 행사를 크게 열었습니다. 연등회는 봄에 여는데 사람들은 곳곳에 등불을 밝혀 후삼국을 통일한 태조 왕건을 기리고 부처의 가르침이 널리 퍼지기를 기원했어요. 팔관회는 원래 부처를 믿는 사람들이 8가지 규칙을 실천하는 의식이었어요. 하지만 고려의 팔관회는 전통 신앙의 성격을 띠어서 국토를 지켜 주는 여러 신에게 제사를 지내고 나라의 평안을 비는 행사입니다. 개경 거리에 팔관회를 알리는 행렬이 지나가고 전국 각지에서 몰려온 사람들이 음악과 춤, 놀이를 함께 하며 즐겼어요. 팔관회에는 송의 상인과 여진족 족장까지 참여하였고, 멀리 아라비아 상인들도 와서 고려 조정에 선물을 바쳤다고 합니다.

불상의 역사와 고려 불상 🖊

원래 불교에서는 부처의 유언에 따라 불상을 만들지 않았습니다. 부처 사후 수백 년 동안 불상이 없었어요. 그런데 지금의 아프가니스탄 지역인 간다라 지방에서 불교도들은 그리스 문명을 접하게 됩니다. 제우스와 헤라클레스 같은 그리스 신들의 석상을 처음 보고는 자기들도 부처를 석상으로 만들 수 있겠다는 생각에 불상을 만들기 시작했어요. 다만, 그리스 조각을 따라 불상을 만들다 보니 서양인의 모습을 많이 닮게 됩니다. 이렇게 만들어지기 시작한 불상이 중국을 거쳐 우리나라로 전래됩니다.

삼국시대에는 많은 불상이 만들어졌으며 통일신라에는 석굴암 본존불처럼 예술성이 극에 달하게 됩니다. 고려로 넘어오면서 불상들은 거대하게 만들어집니다. 지방의 호족이나 왕이 자신의 힘을 과시하기 위한 목적으로 크게 만들었다고 합니다. 그러나 조선에 이르러서는 억불정책으로 인하여 불상의 크기도 작아지고 세밀함도 떨어지고 인체 비례도 잘 맞지 않게 됩니다.

고려는 '코리아'라는 이름으로 전해질 만큼 국제적인 나라였어요. 고려의 대외관계는 매우 활발했으며 다양한 양상으로 나타나요. 하지만 교과서는 대외관계를 '좋다', '나쁘다' 식으로 표현하여 학생들에게 획일적인 사고를 가져옵니다. 그래서 고려의 대외관계가 나타난 연표 분석 활동을 통해 학생들이 직접 고려의 대외관계를 탐구하고 설명할 수 있는 활동으로 수업을 설계했어요.

대외관계의 의미 알아보기

고려 주변에는 어떤 나라가 있는지 학생들에게 질문을 했어요. 학생들은 송, 여진, 거란, 일본이 있다고 잘 대답해 주었어요. 고려의 대외관계에 대해 알아본다는 학습 목표를 말해 주면서 '대외관계'라는 용어에 대해 설명했어요.

교사: 대외관계란 나라와 나라 사이의 관계이며 마치 친구처럼 좋은 관계와 나쁜 관계가 있습니다. 좋은 관계라면 서로 간에 어떤 일들이 있었다는 것일까요?

학생1: 사람들이 서로 왕래합니다.

학생2: 서로 무역을 합니다.

교사: 나쁜 관계임을 알 수 있는 근거에는 무엇이 있을까요?

학생1: 서로 전쟁을 했을 것입니다.

학생들이 대답한 것처럼 나라 간 좋은 관계는 무역, 사신의 교류 등으로 알 수 있고 나쁜 관계는 전쟁의 유무로 알 수 있다는 사실을 확인했어요.

연표를 보며 나라 간 좋은 관계와 나쁜 관계 찾기

실제로 고려는 송나라, 일본과는 교류를 하였지만 거란이나 여진과는 전쟁을 했어요. 물론 거란, 여진과 교류가 전혀 없었던 것은 아닙니다. 그리고 아라비아 상인들이 멀리서 교류하러 온 기록도 있지요. 고려의 대외관계가 나타난 연표를 학생들에게 나누어 주고 모둠별로 차근차근 읽어 보기를 실시합니다.

〈고려의 대외관계 연표〉

연도	사건
926년	거란이 발해를 멸망시킴
937년	일본에 신하를 보내 국교를 맺자고 하였으나 거절당함
942년	거란에서 선물로 보낸 낙타 50여 필을 굶겨 죽이고 거란의 사신 30명을 귀양 보냄
962년	송나라와 외교 관계를 맺음
985년	송나라가 거란을 공격하기 위한 지원군을 요청했으나 고려가 거절함
993년	**거란의 1차 침입**-고려는 송나라와 관계를 끊고 거란과 외교 관계를 맺음 **(서희의 담판)**
1000년	고려의 사신이 송나라로 가서 송의 황제를 만남
1005년	의주에 '각장'이라는 시장이 개설되어 고려와 거란이 무역을 함
1010년	**거란의 2차 침입**-여진과 연합하여 거란군을 막아 냄
1014년	송나라에 사신을 파견하여 국교를 맺음
1018년	**거란의 3차 침입**-강감찬이 귀주에서 크게 이김 **(강감찬의 귀주대첩)**
1024년	대식국(아라비아)의 상인 100여 명이 건너와 여러 가지 물건을 바침
1038년	거란에 조공품으로 금, 은, 곡식 등을 보냈고, 거란은 말, 양 등을 보내옴

1040년	대식국의 상인이 수은, 물약 등의 물품을 바치고, 고려는 금, 비단 등을 선물함
1056년	일본의 사신이 처음으로 고려에 옴
1060년	송나라 학자가 고려에 오자 왕이 벼슬을 내림
1068년	송나라가 국교를 맺을 것을 요구하여 국교를 맺음
1078년	송나라가 100종이 넘는 물건을 보냈고, 고려 역시 송나라에 물건을 보냄
1079년	고려 문종의 질병 치료를 위해 송나라 황제가 의사와 약품을 보냄
1087년	일본의 상인이 와서 수은, 진주, 칼 등을 바침
1102년	여진족이 고려에 사신을 파견하여 외교 관계를 맺음
1104년	윤관과 임간이 1차 여진 정벌을 하였으나 여진의 기병에 패함
1107년	**윤관이 별무반을 만들어 여진을 정벌함** – 동북 9성을 쌓아 공격에 대비함
1109년	여진과 고려가 화친을 맺고 9성을 돌려줌
1115년	거란이 여진과 싸우면서 고려에 원군을 요청했지만 고려는 거부함
1126년	송나라가 여진(금)을 공격하기 위해 고려에 협공을 제안하였으나 거절함 고려가 여진(금)과 외교 관계를 맺음

좋은 관계로 보이는 사건은 파란색으로, 나쁜 관계는 빨간색으로 밑줄을 긋도록 했어요. (모둠마다 연표를 2장 이상씩 주거나 짝끼리 해도 좋아요.)

학생들이 밑줄을 다 그은 후에는 고려가 각 나라와 어떤 관계였는지 서로 이야기를 나누도록 했어요. 머릿속에 쏙쏙 들어갈 수 있도록 말이죠. 그리고 모둠을 찾아다니며 질문을 했습니다.

> **교사** : (두리번거리면서 밑줄 긋기를 끝낸 모둠을 찾아가 특정 학생에게) 고려와 거란의 관계는 어땠나요?
>
> **학생** : 나빴어요.
>
> **교사** : 그렇게 생각한 이유를 2개만 말해 봐요.
>
> **학생** : 음….
>
> **교사** : (장난스러운 말투로) 공부하세요!

선생님이 물어보면 바로 근거를 댈 수 있을 정도로 서로 충분히 이야기하라고 하세요.

백지도에 고려의 대외관계 표시하기

각 나라와의 관계를 어느 정도 파악했다 싶으면 백지도에 각 나라와의 관계를 화살표로 표시해요. 좋은 관계면 파란색, 나쁜 관계면 빨간색 화살표로 나타내되, 두 가지 색깔을 동시에 사용할 수도 있다고 학생들에게 설명해 줘요.

화살표로 표시한 고려의 대외관계

결과 발표 및 토의하기

모둠별로 고려의 대외관계에 대해 발표를 했어요. 송나라나 일본과의 관계는 모든 모둠의 의견이 비슷했는데, 거란이나 여진과의 관계에 대해서는 다소 차이가 있었어요.

학생1: 거란은 고려와 사이가 안 좋을 것이라고 생각했습니다. 연표를 보면 거란이 발해를 멸망시켰고, 왕건은 거란과의 대외관계를 거절했습니다. 여진은 두 가지 색깔로 표시했습니다. 고려와 여진은 외교 관계를 맺지만 나중에 여진이 고려에 쳐들어왔기 때문에 파랑과 빨강을 같이 표시했습니다.

학생2: 저는 고려와 여진은 사이가 나쁘다고 표시했습니다. 연표를 보면 윤관이 여진족을 물리쳤다고 나온 것으로 보아 전쟁을 했기 때문입니다.

+ Tip **수업 성찰**

고려의 대외관계를 살펴볼 때 전쟁의 횟수에 집착하지 않도록 합니다. 학생들이 전쟁의 횟수를 바탕으로 관계가 더 나쁜지, 덜 나쁜지 논쟁을 벌이는 경우가 있습니다. 싸움의 개수에 집착하지 않고 전체적인 양상에 집중할 수 있도록 지도해 주세요.

『고려도경』을 통해 본 고려 ✏️

『고려도경』은 송나라 서긍이 고려에 사신으로 와서 보고 들은 것을 기록한 책입니다. 총 40권이며 고려의 인물, 풍속, 관복 등에 대한 기록과 그림을 담고 있어요. 하지만 안타깝게도 기록만 남고 그림은 현재 전해지지 않습니다. 당시 서긍의 눈으로 본 고려의 생생한 모습 몇 가지를 살펴볼까요?

서긍은 『삼국사기』를 저술한 김부식에 대해 "체구가 장대하고 얼굴은 검고 눈은 튀어나왔다."고 직접 본 모습을 소개했습니다. "연근과 연밥을 금지했다."는 기록도 있는데 아마도 연꽃이 불교의 상징이었기 때문일 것입니다. "고려인은 매일 아침 목욕을 하는데 남녀 구분 없이 시냇물에 모인다."고 쓰여 있기도 합니다. 지금으로 따지면 야외 혼탕과 비슷한데 고려는 엄청 개방적인 성 풍속을 가지고 있었다고 볼 수 있죠. 한자리에서 15잔을 마신 고려의 술 문화도 소개합니다. 그리고 지금과 달리 사과, 참외, 복숭아는 작고 맛이 없었던 반면 밤은 크고 맛이 달았다고 합니다. 이 외에도 『고려도경』에는 다양한 고려의 인물과 생활상이 담겨 있습니다.

거란 ✏️

거란은 중국 북방의 몽골과 만주 초원에서 말을 키우던 유목 민족이었습니다. 916년 야율아보기라는 인물이 여러 부족을 통일하고 거란국을 건국했습니다. 938년에는 나라 이름을 '요'로 바꾸지요. 『고려사』에 따르면 922년에 거란은 고려와 교섭한 것으로 보입니다. 야율아보기가 고려에 말과 낙타를 보냈다고 쓰여 있기 때문입니다. 하지만 926년 거란이 발해를 멸망시키자 왕건은 거란을 적대시합니다.

이후 시간이 한참 흘러 993년에는 송나라를 치고자 전쟁을 준비하던 요나라가 후방의 불안 요소를 제거하고자 고려에 쳐들어옵니다. 요는 993년부터 1019년까지 약 30년 동안 크게 세 차례 고려를 침입합니다. 이것이 바로 고려와 거란의 전쟁입니다. 제1차 침입 때는 서희의 활약으로 화친을 맺기도 하지만, 제3차 침입 때는 강감찬의 활약으로 거란 족을 크게 물리칩니다.

여진 ✏️

여진은 요동 지역에 살던 민족이었습니다. 완벽하게 똑같은 한 민족은 아니지만 시대에 따라 다른 명칭을 가지고 있어요. 삼국시대에는 '말갈', 고려시대에는 '여진', 조선시대에는 '만주족'이라고 불렸어요. 여진은 고구려와 발해의 구성원이었으며, 이성계가 어렸을 때 여진족과 함께 살았을 정도로 우리와 역사적으로 깊은 관련성이 있어요.

거란과의 전쟁이 끝나고 100년 뒤인 1104년 고려는 여진 정벌에 나섭니다. 두만강과 함경도 일대를 차지한 여진족의 세력이 나날이 강해지고 있었기 때문이죠. 하지만 고려의 여진 정벌은 실패로 끝납니다. 기병 중심인 여진족에게 고려군은 너무 역부족이었기 때문이죠. 그러자 고려의 총사령관인 윤관은 별무반이라는 특별 부대를 만듭니다. 별무반은 기병인 신기군, 보병인 신보군, 승려 부대인 항마군으로 편성되었어요. 윤관은 17만 대군으로 2차 공격을 실시하여 여진을 물리쳤으며 그곳에 9개의 성을 쌓았어요. 이를 동북 9성이라고 합니다. 현재 동북 9성의 정확한 위치는 알 수 없지만『고려사』에 웅주, 영주, 복주, 길주 등의 명칭으로 남아 있어요. 동북 9성을 쌓긴 했으나 이를 유지하는 것이 고려에게는 상당히 곤욕스러웠어요. 터전을 빼앗긴 여진이 매일같이 싸움을 걸어왔기 때문이죠. 결국 여진으로부터 공물과 함께 다시는 쳐들어오지 않겠다는 다짐을 받고 난 뒤, 고려는 동북 9성을 여진에게 돌려주었습니다.

1115년 아구다가 세력을 통합하여 '금'을 건국하였으며 스스로 황제가 되었습니다. 금나라는 후에 북송과 동맹을 맺고 요를 공격하여 연경을 점령하는 등 강국이 됩니다.

21장. 고려의 무역

고려의 상인이 되어 보자

고려의 무역 지도를 보면 송, 거란, 여진 등과 교역한 물품들을 알 수 있습니다. 하지만 왜 이런 물품들을 교역했는지를 알기는 어렵습니다. 그래서 수업 시간에 학생들이 무역 품목에만 집중하는 폐해가 생기기도 합니다.

무역을 하는 이유를 알기 위해서는 각 나라의 인문, 자연환경을 이해하는 것이 우선입니다. 무역품들이 어떤 용도인지 아는 것도 중요하고요. 그래서 각 나라의 인문, 자연환경 및 무역품의 특성에 따라 무역 지도를 만드는 수업을 했습니다. 추가 활동으로 상인이 되어 물품을 사고파는 역할극도 해 보았습니다.

무역 지도 만들기

A4 용지 6장으로 분할 프린트(포털사이트에서 '분할 인쇄'로 검색하면 방법 나옴)한 큰 지도와 인문, 자연환경 자료, 무역품 카드를 학생들에게 나눠 주면서 꼼꼼하게 읽어 보라고 했어요. 그런 다음 무역 지도 만들기에 들어갔어요. 먼저 지도에서 고려와 교역국 사이에 빨간색 줄, 파란색 줄을 긋고 빨간색 줄에 고려의 수출 물품 카드를, 파란색 줄에 고려의

〈각 나라의 인문 · 자연환경〉

송	
자연환경	• 넓은 땅이 있어 농사가 발달함
인문환경	• 예술과 다양한 기술이 많이 발달함 • 종이 만드는 기술과 인쇄 기술이 발달하여 책이 많음 • 시장이 많고 경제가 많이 발달함 • 귀족만 누리던 문학, 미술, 음악 등이 백성들에게도 전파됨
거란(요)	
자연환경	• 유목 민족이라 초원에서 동물을 키우고 이동하면서 생활함 • 춥고 건조한 땅이 많아 농사가 힘들고 남쪽 지역만 겨우 농사를 지음
인문환경	• 말을 많이 기르고 사냥과 말타기를 즐김 • 식량이 부족할 때면 주변 나라를 공격해서 식량을 빼앗음
여진(금)	
자연환경	• 산이 많고 대부분 밭농사를 지음 • 땅이 좋지 못해 밭농사를 지어도 생산량이 적음
인문환경	• 농사보다는 사냥과 물고기 잡는 것을 좋아함 • 사냥으로 얻은 짐승들의 가죽을 팔아서 식량을 구함
일본	
자연환경	• 지진, 화산 활동으로 유황을 비롯한 다양한 광물을 얻기 쉬움
인문환경	• 광물을 조사하고 이용하는 기술이 뛰어남 • 무사들이 나라를 다스림
대식국(아라비아)	
자연환경	• 사막이 대부분이어서 농사짓기가 어려움 • 바다에는 산호가 많이 자라고 남쪽에는 산악, 초원지대가 있음 • 고지대 건조한 곳에서 잘 자라는 유향나무를 많이 재배함
인문환경	• 유목 민족이며 오아시스 근처에서 살고 이슬람교를 믿음
고려	
자연환경	• 사계절이 뚜렷하고 산이 많음 • 남부 지방에는 평야가 많아 쌀을 비롯해 곡식을 얻기 쉬움
인문환경	• 농사를 중요하게 생각하여 농사 기술이 발달함 • 불교 행사를 국가 행사로 치를 만큼 불교를 중요하게 생각함

백지도에 붙인 무역품 카드   '하나 남고 셋 가기' 활동으로 발표 및 질문 받기

수입 물품 카드를 붙입니다. 무역품 카드를 붙일 때는 모둠원끼리 각 나라의 인문, 자연 환경을 고려하면서 왜 이런 물품을 무역했는지 논의하도록 지도합니다.

　모둠별로 무역 지도를 다 완성한 다음 '하나 남고 셋 가기' 활동으로 무역품에 대한 설명을 한 뒤, 질문을 받았어요. 대부분의 학생들이 잘 이해하였습니다.

무역 역할극 하기

　무역 역할극을 하였습니다. 우선 학생들로 하여금 자신들이 맡을 나라별 상인 역할을 결정하게 했어요. 상인 역할은 거란 상인, 여진 상인, 송나라 상인, 대식국 상인, 고려 상인 1(여진과 무역), 고려 상인 2(거란과 무역), 고려 상인 3(송과 무역), 고려 상인 4(대식국과 무역) 등 총 8개여서 역할별로 8개 팀으로 나누어 무역을 하기로 했어요.

학생들이 만든 광고(송나라에 팔 인삼, 고려에 팔 서적)

　학생들은 무역 지도를 참고하여 자신이 팔 물건을 1개씩 골라서 물건을 설명하는 광고를 만들었어요. 그리고 2팀씩 앞으로 나와서 무역 역할극을 했어요.

〈무역품 카드(앞면)〉

책 • 고려 사람들은 학문을 숭상하여 글을 알지 못하는 것을 부끄럽게 여김 • 유학, 불교, 예술 등 다양한 분야의 내용	**인삼** • 사람 모양의 약초 • 먹으면 장기를 보호하고 정신을 안정시키는 만병통치약 • 고려의 제품이 인기 좋음	**차** • 고려는 차 문화가 발달함 • 국가나 절의 행사 때 널리 마셨음 • 귀족뿐 아니라 백성까지 즐김	**비단** • 누에고치로부터 얻은 천연 섬유 • 아름다운 광택 • 귀한 섬유라 귀족의 옷감으로 쓰임
나전칠기 • 조개 등의 껍질로 가구를 장식한 공예품 • 청록 빛깔의 전복 껍데기를 많이 사용함	**돗자리** • 돗자리는 왕골로 짬 • 고려의 왕골은 재질이 우수함 • 고려의 돗자리 짜는 기술도 우수함	**유황** • 황을 태워 그 연기로 해독하는 데 쓰임 • 의약과 화약으로 널리 쓰임	**수은** • 귀한 약재 • 불상을 도금하는 데 사용함 • 화장품의 재료
모피 • 동물의 가죽 • 보온성이 뛰어남 • 권위를 과시하는 사치품 • 좋은 모피를 가진 동물들은 추운 산속에 살기 때문에 고려에서 구하기 어려움	**말** • 이동이나 전쟁에 사용함 • 걷는 병사에 비해 훨씬 빠르게 움직임	**곡식** • 고려는 벼농사의 발달로 많은 쌀이 생산됨 • 보리, 조, 수수 등 곡식의 생산량도 많음	**농기구** • 호미, 낫 등의 농기구는 모두 강철로 제작됨 • 고려는 강철 제작 기술이 우수함
먹 • 고려의 먹은 중국, 일본에 비해 품질이 우수함	**산호** • 진주처럼 보석으로 가공하여 팔찌, 비녀 등 장식품에 많이 쓰임	**향료** • 식료품에 첨가하면 맛과 향이 매우 좋아짐 • 매우 귀하여 지배층의 사치품	**은** • 금과 더불어 장식품, 공예품에 쓰임 • 화폐로도 많이 사용함

비단	차	인삼	책
수은	유황	돗자리	나전칠기
농기구	곡식	말	모피
은	향료	산호	먹

※ 무역품 카드는 양면 인쇄 시 좌우가 바뀌는 것을 고려하여 만듭니다.

초등 한국사! 진짜 역사 수업을 말한다 1

〈고려 상인과 대식국 상인의 무역〉

대식국 상인: 안녕하세요. 저희는 대식
  국에서 온 무하마드 메쿼리라고 합
  니다.

고려 상인: 안녕하세요. 저는 고려에서
  온 효은이라고 합니다.

대식국 상인: 저희가 가져온 것은 이 향
  신료와 산호라는 것입니다. 고기를
  구워 먹을 때, 비린내나 냄새 때문에

대식국과 고려의 상인의 무역 장면

음식 맛이 확 달아나잖아요. 이 향신료를 고기에다 착착 뿌리면 잡내가 확 사라집
  니다. 그리고 이 산호를 집에 장식품으로 가져다 놓으면 분위기가 확 살아납니다.
  이제 고려의 물품도 한번 볼까요?

고려 상인: 저희는 고려의 특산품 인삼을 가져왔습니다. 이 인삼은 쓰지 않고 엄청
  달달합니다. 이 인삼을 지금 안 사면 정말 후회하십니다. 건강을 챙기시려면 지금
  이 기회입니다.

대식국 상인: 좋습니다. 이거 다 사겠습니다.

고려 상인: 감사합니다.

역사 이야기

고려의 무역 ✏️

고려는 국제 무역항 벽란도를 중심으로 무역을 했습니다. 벽란도는 섬이 아니라 예성강 하류에 위치한 나루터이자 외국의 사신과 상인들이 빈번하게 왕래하던 국제 무역항입니다. 처음에는 예성강 하구에 있어서 예성항이라 불렸으나, 인근에 있는 송나라 사신을 위한 관사인 벽란정(碧瀾亭)의 이름을 따서 벽란도라고 부르게 됩니다.

고려는 송나라와 가장 활발하게 무역을 하였는데 260년 동안 송나라 상인이 고려에 온 횟수가 130여 회, 상인은 5,000명 정도라고 합니다. 기록에만 이 정도니 실제로는 훨씬 더 많을 것입니다. 대식국 상인들은 모두 3번 왔습니다. 아마 수지타산이 맞지 않아 3번 오고 말았나 봅니다. 흔히들 많이 먹어서 대식국이라 부른다고 알고 있는데, 이것은 사실이 아닙니다. 대식국이란 중국 당나라, 송나라 시기에 아라비아를 가리키던 말입니다. '대식'의 중국어 음역 'Tashi'가 무역상이라는 뜻을 가진 아랍어 'Taijr'에서 유래했다는 이야기가 있습니다. 또 다른 이야기로는 650년 이후 아라비아가 중국 변방에서 빠르게 영토를 확장해 나가자 중국인들이 아라비아를 '영토의 탐욕자'라는 의미로 '대식'이라고 불렀다는 것입니다.

고려의 무역이라고 하면 보통 시장에서 물건을 사고파는 것처럼 이루어졌을 거라고 상상하시는 분이 많으실 것입니다. 하지만 실제로는 상인들이 왕에게 물건을 바치면 왕이 그에 맞는 대가를 주는 방식으로 무역을 했었다고 합니다. 외국 상인들을 일종의 민간 외교사절단으로 생각했던 겁니다. 민간인 무역이 전혀 없었던 것은 아닙니다. 고려는 비단과 같은 사치품을 수입했고 수출품은 인삼 빼고는 특별히 비싼 게 없어서 전형적인 무역수지 적자였어요. 그래서 금, 은과 같은 귀금속으로 적자를 메웠다고 합니다.

고려의 다소 생소한 무역품들 ✏️

고려의 무역 품목 가운데 상당히 생소한 것들이 있습니다. 대표적으로 수은과 유황이 있는데, 과연 이것들의 용도는 무엇일까요?

수은은 금, 은 같은 금속과 상온에서 화합하여 아말감을 형성하는데, 불상을 도금하는 데 수은 아말감 기법을 활용했어요. 금과 수은을 섞어 아말감을 만들어 청동으로 만든 불상에 바른 다음 350℃ 온도로 가열하면 수은이 증발하고 순수한 금만 남아 도금이 되는 거지요. 또한 약재나 하얀 얼굴을 갖기 위한 화장품 재료로 사용했어요. 수은은 우리나라에 많이 없었기 때문에 일찍부터 수입을 했어요.

유황은 금, 은, 철을 변화시키는 성질이 있는데, 이를 이용하여 다양한 종류의 술잔과 그릇을 만들었어요. 황을 태우면 나오는 연기로 해독을 하기도 했으며 화약을 만드는 데도 중요한 재료로 사용했어요.

22장. 거란의 침입

고려는 거란의 침입을
어떻게 극복했을까?

거란의 1~3차 침입에 대한 수업에 들어가기에 앞서 거란의 침입 과정을 선생님이 먼저 공부하시면 좋습니다. 그 뒤에 학생들에게 스토리텔링을 해 주세요.

학생들과 함께 거란, 여진의 침입과 극복 과정에서 일어난 사건의 순서를 간단한 게임을 하며 살펴보았어요.

거란의 1~3차 침입 과정 파악하기

거란은 초원에 사는 유목 민족입니다. '야율아보기'라는 사람이 거란족을 통일하고 황제가 되었어요. 야율아보기는 나라 이름을 '요'라고 하고 남쪽으로 내려왔어요. 그리고 발해를 멸망시켰어요. 그 때문에 고려는 거란과 사이가 좋지 않았어요. 이후 거란은 송나라와의 본격적인 전쟁을 앞두고 배후 국가인 고려부터 제압하기 위해 소손녕에게 80만 대군을 이끌고 고려를 공격하도록 했어요. 이것이 바로 거란의 1차 침입입니다. 고려군은 용감하게 맞서 싸웠지만 패하게 됩니다. 그런데 소손녕은 더 이상 공격을 하지 않아요. 계속 말로만 항복하라고 협박을 해요. 왜 그럴까요?

그 이유는 안융진에서 고려군에게 크게 패해 청천강 북쪽으로 쫓겨났기 때문입니다. 거란은 송나라 때문에 고려에 오래 머물지는 못해요. 그렇다고 그냥 돌아갈 수는 없었죠. 이러지도 저러지도 못하는 진퇴양난이었어요. 이를 간파한 서희는 소손녕과 담판을 벌여 강동 6주를 돌려받고, 소손녕 또한 거란과 사이좋게 지내겠다는 고려의 약속을 받고 고려 땅에서 물러납니다.

고려 궁궐 복원 모형

강동 6주를 돌려받았지만 고려는 여전히 송나라와 친하게 지내고 거란을 배척했어요. 그래서 거란의 황제 성종이 직접 40만 대군을 이끌고 고려를 침공합니다. 이것이 2차 침입입니다. 개경이 함락되고 고려 왕은 개경을 버리고 나주까지 피신을 갔어요. 양규 장군의 활약으로 가까스로 거란

강감찬 동상

을 물리치지만 개경이 모두 불타 버리고 피해가 막심했습니다.

이후 거란의 소배압이 10만 대군을 이끌고 또 쳐들어오는데 이것이 3차 침입입니다. 거란은 고려 왕을 꼭 사로잡겠다는 집념으로 곧장 개경으로 쳐들어왔어요. 하지만 이번에는 왕이 도망가지 않고 개경에서 거란을 막아 냅니다. 결국 개경에 고립된 거란은 군사를 돌려 퇴각하고, 이를 예상하고 귀주에서 거란을 기다리고 있던 강감찬에 의해 크게 패합니다. 살아남은 군인이 수천 명에 불과할 정도로 거란의 피해는 엄청났지요. 이 전쟁의 승리로 거란은 다시는 고려를 넘보지 못합니다.

거란, 여진과 관련된 사건 제시하기

거란, 여진의 침략과 관련된 사건을 A4 용지에 프린트해서 칠판에 붙였어요. 그리고 모둠별로 모둠원 모두가 사건의 순서와 내용을 다 암기할 때까지 서로 가르쳐 주는 시간을 가졌어요. 실제 사건의 순서는 어떻게 될까요? 다음에 나오는 내용을 확인해 보세요.

거란의 1차 침입 → 안융진 전투 → 서희의 담판 → 강동 6주 얻음 → 거란의 2차 침입 → 개경 함락 → 양규가 물리침 → 거란의 3차 침입 → 귀주대첩. 강감찬 → 여진의 침입 → 윤관의 별무반 → 여진 땅에 9개 성을 쌓음 → 9개 성을 돌려줌

칠판에 무작위로 붙인 사건 카드(총 13개)

사건의 순서 암기하기

사건의 순서는 게임 방식으로 암기를 합니다. 게임 방법은 다음과 같아요.

1. 칠판에 붙여 놓았던 사건 카드를 교실 바닥에 흩어 놓는다.
2. 사건의 순서를 암기 완료한 모둠은 앞으로 나와 "도전"을 외친다.
3. 2의 모둠원은 선생님을 보고 한 줄로 선다. (최종 순서는 교사가 임의로 바꿔 줌)
4. 선생님이 "시작"을 외치면 맨 앞에 선 학생이 가장 빠른 사건인 '거란의 1차 침입'이라고 쓰인 카드를 주워 선생님에게 보여 주면서 큰 소리로 "거란의 1차 침입"이라고 읽는다. 그리고 그 줄의 맨 뒤로 간다.
5. 그다음 학생이 두 번째로 일어난 사건명이 쓰인 카드를 들고 큰 소리로 읽는다. 같은 방식으로 모든 사건을 말할 때까지 릴레이로 진행한다.
6. 게임 중에 학생이 틀린 답을 말하면 선생님이 틀렸다고 말해 주고 도전을 중지시킨다. 모든 사건을 순서대로 말하면 성공이다.

+ Tip **수업 성찰**

윤관의 여진 정벌은 거란의 침입에 비해 상대적으로 덜 중요하니 교과서를 읽는 정도로만 수업하셔도 괜찮을 것 같습니다. PPT 스토리텔링은 선생님 각자의 수업에 맞게 수정하여 활용해 보세요.

거란은 서희의 말만 듣고 강동 6주를 내주었을까? ✏️

"당시 네 나라는 신라 땅에서 일어났고 고구려의 땅은 우리가 소유했는데 당신들이 그 땅을 침범하였다. 또한 고려는 우리와 땅을 접하고 있는데도 바다 건너 송을 섬기고 있어서 이번에 공격을 하게 되었소."

"우리나라는 곧 고구려의 옛 터전을 이었으므로 나라 이름을 고려라 하고 평양을 도읍으로 삼았소. 나라 간 경계를 논하자면, 당신네 수도 가운데 하나인 동경(요양)도 모두 우리 땅에 들어가오. 또한 압록강 주변에 여진이 있어서 길이 막혀 사신을 보내지 못한 것이니 만약 여진을 쫓아내고 우리의 옛 땅을 되찾아 성보(요새)를 쌓고 길이 열리면 어찌 사신을 보내지 않겠소."

거란의 1차 침입 때, 거란 장수 소손녕과 서희의 담판 내용입니다. 워낙 유명해서 다들 잘 알고 계실 것입니다. 이 담판으로 거란군은 고려 땅에서 물러납니다. 그리고 고려는 이후 3년간 거란의 양해 아래 압록강 동쪽의 여진족을 몰아내고 장흥진 등에 성을 쌓아 강동 6주를 확보합니다. 지금까지 우리는 서희의 뛰어난 담판 능력에만 집중했습니다. 하지만 거란이 무슨 바보도 아니고, 엄청난 대군을 이끌고 와서 서희의 몇 마디 때문에 그냥 돌아갔을까요? 전혀 그렇지 않습니다. 서희와의 담판이 있기 전, 소손녕은 청천강 유역의 안융진을 공격했으나 대도수 장군이 이끄는 군대에 패배했습니다. 그래서 거란군은 더 이상 전진하지 못하고 계속 "항복하라. 우린 80만 대군이다. 다 죽여 버리겠다!" 하며 협박하고 있는 상태였습니다. 또한 거란이 고려를 침략한 목적은 고려를 멸망시키는 것이 아니라 고려와 송나라와의 관계를 끊고 자신들과 교류하게 하려는 것이었어요.

아무튼, 안융진 전투 이후 더 싸우지도 못하고 그냥 돌아갈 수 없는 거란의 상황과 국제 정세를 정확히 꿰뚫어 본 서희는 담판을 통해 거란에게는 명분을 주고 고려는 실리를 취했습니다. 서희가 담판만 잘한 것이 아니라 국제 정세를 정확하게 분석했고 고려의 군사력이 막강하여 강동 6주를 얻은 것이란 사실을 기억하시길 바랍니다.

거란의 3차 침입과 강감찬의 귀주대첩 ✏️

거란의 2차 침입 때 고려의 피해는 엄청났습니다. 요나라 성종이 직접 40만 대군을 이끌고 고려에 왔기 때문입니다. 요는 먼저 강동 6주의 첫 번째 관문인 흥화진(압록강 동쪽 의주 지역)을 공격했는데 양규의 항전으로 함락하지 못하고, 통주(평북 선천 지역)로 진군하여 곽산, 안주 등을 함락시키고 개경까지 내려옵니다. 그러자 고려 왕은 수도 개경을 버리고 전라도 나주까지 피신을 갑니다. 하지만 요나라 측에도 어려움이 있었어요. 흥화진을 함락시키지 못했기 때문에 병참선 이동이 차단되어 전투를 계속하기 위한 물자와 병력을 수송할 수 없었거든요. 결국 요는 고려에 화친을 요구했고 고려는 이를 받아들입니다. 요나라 군대는 철수 중에 양규 등으로부터 공격을 받고 큰 피해를 입은 채 돌아갑니다.

강감찬의 귀주대첩은 거란의 3차 침입 때 일어난 전투입니다. 거란 장수 소배압이 10만 대군을 이끌고 고려를 쳐들어왔다가 퇴각한 전투입니다. 이때 강감찬은 20만 대군을 이끌고 흥화진에서 쇠가죽으로 물을 막았다가 한꺼번에 내려보내는 작전으로 큰 승리를 거둡니다. 흡사 을지문덕의 살수대첩과 비슷하지요? 이것을 귀주대첩이라고 알고 있는 사람들도 많은데, 귀주대첩이 아니라 흥화진 전투라고 합니다.

거란은 흥화진 전투에서 크게 한방 먹었지만 왕을 사로잡을 목적으로 개경으로 돌진합니다. 하지만 고려의 대항이 워낙 강력하여 큰 손실을 입은 채 신은현(신계)에서 군사를 돌려 퇴각합니다. 강감찬은 거란군이 청천강을 건너기 위해 귀주 쪽으로 올라올 것을 예상하고 미리 전투태세를 갖추었죠. 결국 소배압의 거란군은 크게 패하고 어렵사리 본국으로 돌아갑니다. 이것이 바로 귀주대첩이에요. 그 후, 거란은 다시는 고려를 침략하지 않았어요. 결과적으로 고려는 993년, 1010년, 1018년 세 차례에 걸쳐 고려를 침입한 거란을 물리치고 굳건하게 고려 땅을 지켜냈으며 오히려 요와 송 사이에서 적절히 균형을 맞추며 발전해 나갔습니다. 거란군의 침입과 관련해 빠뜨리지 말아야 할 것이 하나 있는데, 그것은 바로 30만 광군입니다. 광군은 고려 전기에 거란의 침입에 대비하여 지방 호족이 만든 예비 군사 조직으로 고려 현종 때 중앙군으로 개편됩니다.

23장. 몽골의 침입

대몽항쟁 프로젝트

고려 왕조표에서 왕들의 재위 기간을 계산하다 보면 학생들이 질문을 합니다. 충숙왕, 충혜왕이 2번씩 번갈아 가면서 나라를 다스렸다는 사실 때문이었지요. 학생들에게 의문이 생겼다는 것은 엄청난 현상입니다. 탐구할 만한 가치가 있다는 뜻이니까요. 학생들의 궁금증과 고려 왕조표를 잘 활용하여 몽골의 침입에 대한 수업을 설계했어요. 수업의 흐름은 다음과 같습니다.

수업의 흐름

> **교사가 예상한 학생들의 의문점 3가지**
> 1. ○종 → 충렬왕부터 '충○왕' 형태로 바뀜
> 2. 충숙왕, 충혜왕, 충선왕에서 재위 기간이 번갈아 나타남
> 3. 공민왕부터 '충○왕' 형태가 사라짐

왕조표를 보고 의문점 찾기

고려 왕조표(사회과 부도의 부록 참고)와 함께 학습지를 나눠 주었어요. 고려 왕조표를 보면서 각 왕의 재위 기간을 계산해 보고 이상한 점을 찾아보라고 했어요. 그리고 학습지 속 과제를 해결해 보라고 했어요.

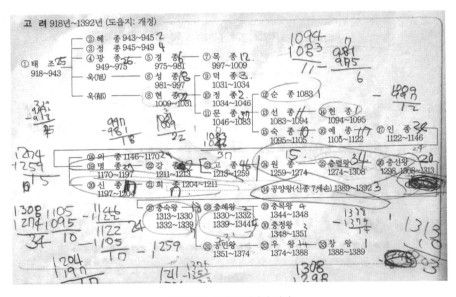

왕의 재위 기간을 계산한 결과

<학습지 1>

고려시대에는 33명의 왕이 있었습니다. 하지만 교과서에 나오는 왕은 태조, 광종 등 몇 명 되지 않아요. 이 왕들이 교과서에 나오는 까닭은 업적이 많기 때문입니다. 사실, 짧은 기간만 다스린 왕들이 많이 있습니다. 고려 왕조표를 보고 각 왕들이 다스린 기간을 적어 보세요.

1. 다스린 기간이 가장 긴 왕은 누구인가요?

2. 가장 짧은 왕은 누구인가요?

3. 다스린 기간이 짧은 왕들은 왜 이렇게 짧은 것인가요?

4. 왕들이 다스린 기간을 보면 이상한 점이 있지 않나요? 다스린 기간이나 왕의 이름을 보고
   특이한 점을 한번 적어 봅시다.

학생들이 고려 왕조표를 보며 떠올린 의문점은 다음과 같습니다. 수업 계획을 세울 때 의도했던 의문점 3가지를 포함하여 다양한 의문점들이 나왔습니다. 원래 의도했던 궁금증들에 밑줄을 쳤고, 함께 그 이유를 탐구해 보자고 했어요. 수업 내용과 직접적인 연관은 없지만 창의적인 의문들은 나중에 시간이 나면 함께 찾아보자고 했어요.

〈학습지 1〉 작성 결과

〈학생들의 의문점〉

- 충렬왕과 충선왕의 다스리는 기간이 겹친다.
- 충숙왕, 충혜왕이 번갈아 가면서 다스렸다.
- 혜종~원종까지 왕 이름 뒤에 '종'이 붙었다.
- 순종은 1년도 채 되지 않는다.
- 충렬왕부터 '충○왕'으로 이름이 바뀌었다.

- 공양왕 뒤 괄호 안에 '신종 7세손'이라 적혀 있다.
- 공민왕부터 '충' 자가 사라졌다.

의문 해결 1. 왕 이름에 왜 '충'이 생겼을까? (몽골의 침입)

〈학습지 2〉는 첫 번째 의문을 해결할 수 있는 도움 자료입니다. 학생들에게 모둠을 지어 함께 해결해 보라고 했습니다.

〈학습지 2〉

1. 왕의 이름이 '충'으로 시작하는 까닭은 무엇일까요?

2. 충은 한자로 忠입니다. 어떤 뜻이 있는 한자일까요?

3. 몽골의 침입 때 도읍지를 어디로 옮겼나요? 옮긴 곳을 지도에서 한번 찾아보고 이유는 무엇인지 적어 봅시다.

4. 고려 왕은 도읍지를 옮기고 몽골은 계속해서 고려를 침공해 옵니다. 모두 몇 번을 침공해 왔을까요?

5. 몽골의 침입 때 불에 타서 사라진 문화재를 조사해 봅시다.

학생들은 사회과 부도, 스마트 기기 등을 활용해 답을 찾기 시작했어요. 고려가 강화도로 도읍지를 옮긴 이유를 '몽골 사람들은 바다에서 잘 싸우지 못하고 대부분 기병이기 때문'이라고 잘 찾아냈습니다.

몽골의 침입으로 불탄 문화재 중 '황룡사구층목탑'을 쉽게 찾아냈습니다. 하지만 '초조대장경'에서 많은 혼란을 겪었어요. 많은 학생들이 이것을 팔만대장경으로 착각했어요. 학생들은 탐구 활동을 통해 팔만대장경은 현재 존재하고 있으니 당시에 또 다른 대장경이 존재했을 거라고 생각하였으며 그것이 초조대장경임을 알아냈어요. 불탄 초조대장경을 대신하여 새롭게 만든 것이 팔만대장경이라는 사실도 추가로 알게 되었어요. 학습지 작성 완료 후 스토리텔링 PPT를 보면서 몽골의 침입에 대해 설명해 주었어요.

몽골(원나라)에 항쟁하던 시기의 고려 왕은 고종이었습니다. 몽골의 침입 후, 강화도로 도읍을 옮기고 계속 항전했어요. 수차에 걸친 침입을 잘 막아 냈으나 1259년 고종은 원나라에 강화를 요청했어요. 1270년에는 원종이 강화도에서 개경으로 도읍지를 옮기고, 원나라에 끝까지 항전했던 배중손과 삼별초가 제주에서 진압된 뒤, 충렬왕이 왕위에 올랐다는 사실을 꼭 설명해 주세요.

학생: (인터넷을 찾아보더니) 선생님, 고려는 언제 다시 개경으로 왔어요?
교사: 1270년 개경으로 왔단다. 그전까지는 계속 강화도에 있었어.
학생: 아, 개경으로 와서 몽골에 충성한다는 뜻으로 '충' 자를 붙였나 보네요.

의문 해결 2. 왕의 재위 기간이 이상해요! (몽골의 횡포)

〈학습지 3〉은 몽골의 횡포에 관한 것입니다. 모둠별로 학습지 속 과제를 해결하면서 몽골의 횡포를 이해할 수 있도록 했습니다. 한 번 읽어서는 잘 이해가 되지 않아 함께 두 번 정독했습니다.

〈학습지 3〉

고려 충렬왕의 부인은 제국대장공주예요. 이름이 복잡하지요? 제국대장공주는 몽골, 즉 원나라 황제의 딸이에요. 충렬왕은 원나라 황제의 딸을 왕비로 맞이한 것이죠. 원나라 공주를 왕비로 맞이했다는 것은 고려가 원나라에 충성을 다하겠다는 뜻이기도 하지요.

사실, 충렬왕은 원나라에 볼모로 있을 때 원나라 황제의 딸 제국대장공주와 결혼하였어요. 그리고 원종이 죽자 고려로 돌아와 왕이 됩니다. 충렬왕과 제국대장공주의 혼인으로 고려는 큰 변화를 맞게 됩니다. 몽골과 고려가 전쟁을 했던 40여 년간 권신들(무신 정권)에 억눌려 있던 왕실 지위는 회복되었으나 이후 원에 종속되어 많은 간섭을 받게 되거든요. 게다가 제국대장공주는 고려에 와서도 몽골의 언어, 풍속, 문화를 계속 유지했어요. 시간이 지나면서 원의 내정 간섭은 더 심해졌어요. 인사, 행정 등은 물론이고 고려의 관제도 바꾸었어요. 고려 왕을 '조', '종' 대신에 '왕'으로 낮추어 칭하고 충성을 뜻하는 '충' 자를 붙이게 된 것도 이때예요. '폐하'는 '전하'로, '태자'는 '세자'로 낮추어졌고 신하들의 관직명도 모두 몽골식으로 바뀌었어요.

제국대장공주는 원을 등에 업고 나랏일에 간섭을 했어요. 그렇다고 왕비를 쫓아낼 수는 없어요. 왜냐하면 무시무시한 원의 공주였기 때문이지요. 충렬왕과 제국대장공주 사이에 아들이 하나 있었는데, 이 아이가 자라서 충선왕이 됩니다. 충선왕도 충렬왕처럼 원나라에 볼모로 가서 원의 계국대장공주와 결혼을 합니다.

그런데 제국대장공주가 갑자기 죽음을 맞이해요. 원에 있던 충선왕(당시에는 세자)은 문상차 고려로 들어오는데, 이때 충렬왕의 총애를 등에 업고 권력을 휘두르던 40여 명의 사람들을 죽여요. 이후 충렬왕은 정치에 염증을 느껴 왕위에서 물러납니다. 그리고 충선왕이 왕위에 오릅니다. 기록에 따르면 충선왕은 아주 똑똑한 사람이었어요. 왕이 되자마자 개혁 정치를 펼쳤는데, 원에 아부하여 신흥귀족이 된 이들을 배척하고 인사, 행정과 관제를 개혁하는 과정에서 <u>몽골의 풍속</u>을 따르지 않고 매우 자주적인 모습을 보입니다. 하지만 왕비인 계국대장공주가 이를 원나라에 고자질합니다. 그 결과 충선왕은 어떻게 되었을까요?

네, 원나라로 끌려가게 됩니다. 왕이 된 지 7개월 만에 폐위되어 원나라에 가게 되지요. 그러면 고려의 왕은 누가 되는 것인가요? 바로 앞서 물러났던 충렬왕이 다시 왕위에 오릅니다. 충선왕은 원에서 10년이나 머무르게 됩니다.

충선왕은 원나라에서 왕족들과 친하게 지냅니다. 그리고 충선왕과 친했던 사람을 원의 황제가 되게 돕지요. 충렬왕이 죽자 충선왕은 다시 고려의 왕이 됩니다.

1. 충선왕이 왕을 2번 한 까닭은 무엇일까요?

_____

2. 밑줄 친 몽골의 풍속에는 어떤 것들이 있을까요? 이것 말고도 당시 고려가 몽골로부터 받은 영향은 어떤 것들이 있을까요?

_____

학생들은 〈학습지 3〉의 과제를 잘 해결하였으며 그 예시는 다음과 같습니다.

1. 충선왕이 왕을 2번 한 까닭은 무엇일까요?
충선왕이 몽골풍속을 따르지 않아 원나라로
끌려갔다. → 앞서 왕이 된 충렬왕이 고려의 왕이됨→충선왕이 원나라에
있는 동안 원나라 왕족들과 친하게 지낸다. → 충선왕과 친했던 사람이
원나라 황제가 되어서 충렬왕이죽자 충선왕이 왕이 다시 되게 해줌
(몽골 마음대로)
2. 밑줄 친 **몽골의 풍속**에는 어떤 것들이 있을까요? 이것 말고도 이 당시 고려가
몽골에게 받은 피해는 어떤 것들이 있을까요?
원삼, 족두리, 장사치, 그치, 이치

〈학습지 3〉 작성 결과

의문 해결 3. 왕 이름에서 '충'이 없어졌다! (공민왕의 자주정책)

마지막 단계입니다. 〈학습지 4〉를 통해 공민왕의 자주정책을 이해합니다. 몽골에서 벗어나기 위한 공민왕의 업적에 대해 학생들이 조사한 내용은 다음과 같습니다.

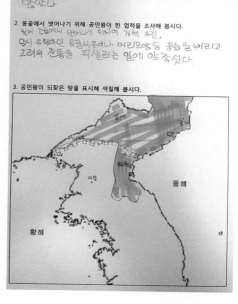

〈학습지 4〉 작성 결과

- 고려의 전통을 되살렸다.
- 고려 전통 의상을 입었다.
- 고려의 힘을 다시 키웠다.
- 몽골이랑 친한 사람(기철)을 처단하였다.
- 땅을 원래 주인에게 돌려주었다.
- 불법으로 노비가 된 자를 풀어주었다.
- 몽골에게 빼앗긴 땅을 되찾았다.

수업 성찰

　　몽골의 침입과 고려의 항쟁에 대한 수업은 총 3차시 정도 진행했어요. 학생들은 수업 중에 생긴 의문을 주도적으로 탐구하는 과정에서 깊은 몰입을 하였습니다. 이러한 수업은 학생과 교사 모두에게 의미 있게 다가옵니다. 혹시나 시간이 부담된다면 다수의 학생들이 공통적으로 가지는 의문을 해결하는 수업으로 간단하게 진행하셔도 됩니다. 학습지 2, 3, 4를 묶어서 하나의 학습지로 제공하셔도 좋습니다.

사회과 탐구 학습

탐구의 사전적 의미는 '제기된 불확실한 문제들을 해결하기 위해 세운 어떤 가정 또는 가설을 준거에 따라 평가하고 검증해 가는 과정'입니다. 탐구 학습은 학습자로 하여금 다양한 자료를 통하여 일반화된 지식을 도출하거나, 이미 생성된 지식의 타당성을 확인하는 능력을 기르기 위한 학습 방법입니다. 탐구 학습은 일반적으로 '문제 파악→가설 설정→자료 수집→검증→일반화'의 과정으로 이루어집니다. 하지만 탐구 과정은 연속적으로 일어나며 학습자 스스로 시작하고 이끌어 가는 것입니다.

탐구는 문제 파악을 하면서 시작됩니다. 탐구 과정은 연속적인 학습 과정이기 때문에 문제 파악 단계는 다음 단계인 가설과 직접적인 관련을 가지게 됩니다. 그래서 문제 파악 없이는 탐구가 시작될 수 없으며 제대로 된 탐구가 이루어지지 않습니다. 하지만 학교 현장의 탐구 수업에서는 문제 파악이 잘 이루어지지 않음을 자주 목격합니다. 그 이유는 다음과 같습니다.

첫째, 학생들에게 인지 부조화 의문을 제공하지 못하고 동영상 시청과 같이 형식적인 동기 유발 방법이 사용되기 때문입니다. 둘째, 문제 파악을 위한 시간이 부족하기 때문입니다. 문제 상황의 여러 요소들 간 관계 파악을 통해 문제 상황 전체의 구조를 이해해야만 제대로 된 가설로 이끌어 낼 수 있습니다. 하지만 5분 남짓한 시간으로는 이 과정을 소화하기에 많이 부족합니다.

베이어(Beyer)는 가설 설정의 수준은 문제 파악 단계에서 학생들의 활동 및 사전 지식과 밀접한 관련이 있다고 했으며, 브루너(Bruner) 역시 발견이란 잘 준비된 사람에 의해 장려되는 것이며 아무것도 없는 빈 상태에서는 발견되지 않는다고 했습니다. 하지만 현장의 탐구 학습을 분석해 보면 대부분의 교사는 40분의 시간 동안 일련의 탐구 과정을 형식적으로 거치면서 탐구 학습을 진행합니다. 초등학생 수준에서 일련의 탐구 단계를 아는 것은 중요하지 않으며 추론, 분류, 해석, 분석 등과 같이 미시적 탐구 기능이 더 필요하다고 생각됩니다.

역사 이야기

대몽항쟁 ✏️

몽골의 침입을 받은 고려는 필사적으로 항전을 합니다. 고려는 몇 년 동안 항전했을까요? 제주에서 삼별초가 진압될 때까지 무려 40년입니다. 백성, 관군이 하나가 되어 수차례 침입을 막아 냈지만 결국 왕은 몽골과 강화를 합니다. 이러한 전 과정을 '대몽항쟁'이라고 합니다. 그 과정을 간단히 살펴볼까요?

　　몽골이 대제국을 세우고 남쪽을 공격하니 그곳에 살던 거란의 유민들이 고려로 쫓겨 들어옵니다. 고려와 몽골은 합동하여 거란을 물리치고 강화를 맺는데, 이후 몽골은 수시로 고려에 공물을 요청하면서 오만하게 굽니다. 그러던 어느 날 몽골 사신이 고려에서 몽골로 돌아가는 길에 피살당하는 사건이 발생합니다. 이를 이유로 몽골이 고려를 침략하면서 대몽항쟁의 역사가 시작되지요. 그런데 실제로 몽골의 침입은 몽골 사신이 죽고 나서 6년 뒤에 일어납니다. 즉, 몽골 사신의 죽음은 침입을 위한 핑계였던 것이죠. 1231년 1차 침입 때, 몽골의 총사령관 살리타가 개경을 포위했으며 고려는 몽골과 강화를 합니다. 몽골은 고려를 감독할 다루가치를 남겨 두고 철수합니다. 다루가치는 몽골이 정복지에 파견한 감독관인데 이때 72명의 다루가치를 40여 성에 배치했다고 해요. 몽골군이 철수하자, 당시 무신정권의 실권자였던 최이는 도읍을 강화도로 옮기고 몽골과의 전쟁에 돌입합니다. 이에 몽골이 2차 침입을 합니다. 수원 처인성에서 김윤후가 백성들과 힘을 합쳐 살리타를 사살하고 몽골군을 물리친 것이 바로 이때입니다. 하지만 안타깝게도 대구 부인사에 있던 초조대장경이 불타 버립니다. 3차 침입은 피해가 막심했습니다. 전 국토가 폐허가 되었으며 황룡사구층

강화산성

목탑도 소실됩니다. 강화도에서 팔만대장경을 만들기 시작한 것이 바로 이때입니다. 4차 침입 때는 몽골이 대군을 이끌고 내려왔어요. 몽골군은 강화 연안에 주둔하면서 고려 정부를 위협하고 전라도와 경상도까지 공격하였는데, 이듬해 몽골 왕이 죽자 몽골로 돌아갔어요. 5차 침입 때는 몽골군이 충주성까지 내려와서 성을 포위하였는데, 충주성의 수장 김윤후가 관민들을 북돋아 70여 일 만에 몽골군을 물리쳤어요. 그 덕에 몽골군은 더 이상 남쪽으로 내려가지 못했죠. 6차 침입 때는 사망자는 말할 것도 없고 포로로 잡혀간 사람만 20만 명이었을 정도로 피해가 막심했습니다.

  7차 침입 때는 무신 정권이 무너지고 고종은 몽골과 강화를 맺어요. 그리고 고종 다음 왕인 원종은 강화에서 개경으로 수도를 옮겨요. 하지만 삼별초는 이를 거부하고 대몽항쟁을 계속합니다. 진도, 제주도로 옮겨 가면서 항전하였으나 결국 고려, 몽골 연합군에 의해 진압되지요. 하지만 이러한 고려의 항쟁이 무의미했던 것은 아닙니다. 끈질긴 항쟁으로 고려는 몽골에 완전히 흡수되지 않고 나라를 유지할 수 있었습니다.

삼별초 🖊

삼별초는 몽골의 침입 때 끝까지 항전했던 군대로 고려의 자주 정신을 이야기할 때 많이 인용됩니다. 그런데 과연 삼별초가 자주 정신을 대표할 만한 군대일까요? 삼별초에 대해 간단히 알아봅시다. 삼별초란 좌별초, 우별초, 신의군을 합쳐 부르는 이름인데, 그 시작은 야별초입니다. 야별초는 매일 밤 마을을 순찰하면서 도둑과 폭도를 잡았어요. 도적이 전국적으로 일어나자 군사를 늘려 좌별초와 우별초로 나누었어요. 그리고 몽골군에 붙잡혔다가 도망 온 사람들을 모아서 신의군을 창설했어요. 그런데 여기에서 주목해야 할 것이 도적의 정체예요. 당시에 망이, 망소이의 난을 비롯해 백성들의 봉기가 많았어요. 즉, 삼별초는 전국에서 봉기하는 백성들을 진압하기 위한 무신 정권의 사병으로 볼 수 있어요. 그리고 무신 정권 교체 과정에서는 권신들의 중요한 무력 수단으로 활용되었어요.

  오늘날 삼별초는 몽골에 항전하는 자주성의 상징이 되었지만, 그것은 개인의 안위를 위해서이지 나라를 위해서라고 보기 어렵다는 생각이 듭니다. 여러분의 생각은 어떠신가요?

몽골풍 ✏️

'시치미 뗀다'는 말 아시죠? 자기가 해 놓고는 안 한 것처럼 딴청을 부릴 때 쓰는 말입니다. 그런데 이 '시치미'라는 단어가 몽골어인 것 알고 계셨나요? 몽골에서는 매를 이용해 사냥을 했는데, 매의 주인을 구분하기 위해 매의 꽁지에 장식을 달았습니다. 이 장식이 바로 시치미입니다. 시치미를 떼어 버리면 매의 주인을 찾기 어려워지겠죠? 그래서 나온 말이 '시치미를 떼다'예요. 이와 같이 우리나라에 전해진 몽골 풍습을 몽골풍이라고 합니다.

'족두리'도 몽골에서 왔어요. 최남선의 『고사통』에 "지금 여자의 예장에 쓰는 족두리는 몽골에서 사부녀(士夫女)가 외출할 때 쓰는 모자이고, 신부 복식으로 산호주 꾸러미의 도투락댕기는 몽골 기혼녀의 머리 장식으로 쓰는 도톨이라 하는 것이며…"라는 기록이 있어요. 민간에서 많이 먹는 '소주' 역시 아라비아에서 몽골을 거쳐 우리나라에 들어왔어요. 원나라가 일본을 원정한다며 고려에 주둔했을 때 민간에 널리 퍼졌다고 합니다.

공민왕 ✏️

공민왕은 12살에 원나라에 가서 10년을 살다가 충정왕의 뒤를 이어 즉위했어요. 공민왕의 명칭에는 '충' 자가 왜 안 붙냐고요? 공민왕 재위 중에 원이 멸망했기 때문이에요.

공민왕은 고려의 대표적 화가로 그림과 글에 뛰어났을 뿐 아니라 정치가로서 자주적이고 개혁적인 정책을 펼칩니다. 원나라의 힘이 약해지기 시작하자, 몽골식 옷을 벗어 버리고 고려의 옷으로 갈아입었으며 변발, 호복 등 몽골풍을 폐지했어요. 원이 설치했던 쌍성총관부를 탈환하고 우리 땅을 되찾아 힘을 키웠어요. 또한 신돈을 등용하여 권신들이 불법적으로 빼앗은 토지를 국가에 귀속시키고 노비를 해방시켜 주었어요. 교육을 개혁하고 관료 체제를 정비했어요. 하지만 공민왕이 사랑하는 왕비 노국대장공주가 죽자, 실의에 빠져 모든 일을 신돈에게 맡기고 나랏일을 소홀히 했어요. 그렇게 몇 년 후 조정 신하들의 반발, 과도한 노동력 징발에 따른 민생 악화, 명나라의 압력 등으로 왕권이 불안해집니다. 그제야 정신을 차린 공민왕은 신돈을 처형하고 개혁 교서를 반포하며 나랏일에 힘을 쏟지만, 신하들의 배신으로 결국 죽음을 맞습니다.

우리가 박물관에서 보는 고려청자는 대부분 바닷속 난파선에서 발견된 것들입니다. 현재까지 우리나라 바다에서 발견된 난파선은 14척이며, 여기서 10만여 점의 유물이 발견되었어요. 이 중 10척이 고려시대 선박이며, 전라도 지방 가마터에서 만들어진 청자들을 싣고 중국이나 개경으로 가던 중 침몰된 것으로 추정됩니다.

 이러한 사실을 바탕으로 고려청자에 대한 상상 글쓰기 수업을 하였어요. 과연 이 청자들은 어디로 가는 중이었을까? 누가 사용하려던 것일까? 가마터에서는 어떤 청자를 만들었을까? 이러한 질문들에 학생들이 척척 답할 수 있도록요. 역사학자들도 역사적 사실 탐구를 기반으로 뼈대를 만들고 맥락적인 상상을 곁들여 살을 입히는 작업을 합니다. 관련 사진 자료를 보여 주면서 이러한 질문을 해 보세요.

고려청자 이야기

 고려청자에 대한 사진 자료를 보면서 학생들이 스스로 질문을 하나요? 가만히 있지 말고 무엇이든 궁금한 점 한 개를 찾아보라고 해 보세요. 어떤 질문들이 나올까요?

〈학생들의 질문과 답〉

교사: 이 배들은 왜 바닷속에 가라앉게 되었을까?

학생1: 태풍을 만나거나 암초를 만나서요.

학생2: 짐을 너무 많이 싣고 가서요.

교사: 이 배들은 청자를 가득 싣고 어디로 가고 있었을까?

학생1: 벽란도요. 그리고 벽란도에서 송나라나 아라비아로요.

교사: 청자는 어디에서 만든 것일까?

학생1: 송나라에서 만들었을 것 같아요.

학생2: 고려에서 만들었을 것 같아요.

교사: 배에서는 어떤 청자들이 발견되었을까?

학생1: 그릇, 자기 등이요.

교사: 이런 청자들의 용도는 무엇일까?

학생1: 평소에 사용하는 청자도 있고, 선물용이나 장식용도 있었을 것 같아요.

교사: 누가 사용했을까?

학생2: 귀족들이요.

장면	사진	대화
1		어부가 바다에서 주꾸미잡이를 하던 중 청자 1개가 달려 올라와서 신고를 했어요. 바닷속으로 들어가 조사해 보니 부서진 옛날 배가 있었어요. 배 안에서 고려청자가 발견되었어요. 어떤 용도 같아요? 천천히 보고 얘기해 봅시다. -도자기 -그릇
2		모두 건져 올려서 배 안에 있던 모양 그대로 정리했어요. 도자기가 차곡차곡 쌓여 있네요. 왜 이렇게 해 놓았을까요? -배달 가기 위해서 -깨지지 않게 하려고 그런데 그 수가 무지무지 많아요. 배 한 척에서 건진 도자기가 이만큼이나 되네요. 어마어마하죠? 이것들이 다 고려청자라고 하네요. 종류랑 색깔이 참 다양합니다.

3		바닷속에 오랫동안 잠들어 있던 배를 끌어올려 복원해 보니 이렇게 생겼다고 합니다. 그런데 고려청자를 가득 싣고 침몰한 배가 한 척이 아닙니다. 여러 척이 발견되었어요.
4		지도에서 빨간색으로 표시된 곳이 배가 발견된 곳입니다. 어디서 주로 발견되었나요? –서해
5		지도에서 파란색으로 표시된 곳에서 고려청자를 만든 가마터들이 많이 발견되었어요. 이것으로 보아 고려청자들은 어디에서 만들어졌다고 볼 수 있을까요? –전라도
6		배에서 발견된 것들을 좀 더 자세히 살펴볼까요? 다양한 모양과 색깔의 청자들이 발견되었어요. 각각 뭘까요? –왼쪽은 사기그릇, 오른쪽은 청자 아닙니다. 둘 다 청자입니다. 같은 모양의 청자인데 무엇이 다른가요? –색깔, 기술 왜 그런가요? –만드는 실력이 달라서, 만들 때 사용한 흙이 달라서 누가 사용했을까요? –둘 다 귀족 청자는 원래 송나라에서 만든 도자기입니다. 흙을 빚어서 불에 굽고, 유약을 바른 뒤 한 번 더 구우면 아름다운 푸른빛이 나지요. 고려청자의 푸른빛은 송나라보다 더 뛰어났고, 그래서 사람들에게 인기 폭발이었지요.
7		그런데 고려 사람들은 청자를 한층 더 업그레이드시켰어요. 청자에 무늬를 새긴 뒤, 다른 색깔의 흙을 채워 넣어 불에 구웠지요. 그러면 청자에 다양한 색깔이 나타납니다. 이러한 기법을 상감기법이라고 하는데, 고려에서만 발견되는 아주 독특한 기법입니다. 상감청자 사진을 한번 보세요. 어떤가요? –상감청자가 엄청 아름답다.

고려 청자에 대한 상상 글쓰기   ppt

1. 전라도에서 만들어진 수많은 청자
2. 수많은 청자를 싣고 가는 배
3. 모양과 수준이 다양한 청자들
4. 고려만의 독특한 상감청자

고려 청자와 관련하여 어떤 일들이?

자, 그러면 이제 정리를 해 볼까요?

1. 전라도에서 만들어진 수많은 청자
2. 수많은 청자를 싣고 가는 배
3. 청자는 그 모양과 수준이 다양하여 많은 사람들이 사용함
4. 고려만의 독특한 상감청자도 있었음

마지막에 정리한 네 가지 사실에 살을 붙여 스토리를 만들어 보았어요. 고려시대로 돌아가서 이 청자들은 어떻게 이동하여 사용되었을지 상상의 날개를 마음껏 펼쳐 보라고 했어요. 하지만 우리가 방금 배웠던 사실을 바꾸지는 말고 그 외 부분에 대해 상상의 날개를 펼쳐 보라고 했어요.

학생들이 상상하여 쓴 고려청자 이야기

❶ 전라도 지역 사람들은 고려청자를 왕실이나 다른 지역에 보내 줄 때가 많다. 하지만 가끔씩 배가 바다에 침몰할 때도 있다. 파도에 휩쓸려 침몰할 때도 있고 중간에 태풍을 만나서 침몰할 때도 있다. 그리고 우리 마을 사람들은 청자를 수송할 때, 꼭 차곡차곡 겹쳐 정리한 후 배에 고정하고 출발을 한다. 그래야 청자가 깨지지 않고 잘 보관되기 때문이다. 마을 사람들과 나는 고려청자의 색, 모양, 만드는 방법을 다르게 하여 만들어 보기도 하였다. 만드는 데 시간이 더 오래 걸리는 것이 가장 더 섬세하였다. 우리가 고려청자를 만드는 목적은 일상생활에서 쓰기 위해서인데, 예를 들자면 음식을 담거나 보관할 때 사용한다. 또 우리가 만든 고려청자는 누구나 쓸 수 있는 물건이다. 그래서 우리 청자들이 사람들에게 큰 도움이 됐으면 좋겠다. (○○ 학생)

❷ (귀족 편) 난 귀족이다. 오늘은 지방에서 여기로 고려청자가 오는 날이다. 특별히 상감청자도 온다고 했다. 상감청자는 아주 예쁠 것이다. 많이 기대가 된다. 난 우리 집 노비한테 이렇게 말했다. "지금 상감청자가 왔으니 상감청자를 사 와라." 그러자 잠시 뒤 노비가 상감청자를 가져왔다. 너무 예뻐서 어쩔 줄을 몰랐다. 그래서 내 방에 예쁘게 장식해놓았다. 상감청자를 영원히 간직할 것이다.

(노비 편) 난 노비이다. 주인님이 오늘 전라도에서 상감청자가 온다고 나한테 사 오라고 시켰다. 그래서 상감청자를 사러 갔다. 거기엔 갈색 청자와 푸른빛 청자, 상감청자가 있었다. 상감청자를 사고 나니 돈이 조금 남았다. 주인님께 혼날지도 모르겠지만, 나무 그릇을 한 개 더 샀다. '주인님께 절대로 말하지 말아야지. 갈색 청자라도 하나 갖고 싶지만 그 청자는 관리나 귀족만 쓰는 거야.' (○○ 학생)

❸ 고려시대 어느 날이었다. 평소와 같이 개경이나 다른 지역에서는 흙이 적합하지 않아 만들지 못하는 고려청자를 전라도에서 만들기로 하였다. 고려청자를 만들 때, 말하였다. "개경에 계시는 왕께 아주 멋진 자기를 만들어 드려야 하니 최고의 기술자를 부르고 귀족을 위한 자기는 그냥 기술자를 불러라. 평민들은 그 지역에서 나는 목기나 질그릇, 구리 그릇을 쓸 테니 평민들을 위한 자기를 만들 자는 부르지 않아도 된다." 당시에 고려청자는 우리나라에서 사용되던 그릇이다. "가장 많이 옮길 수 있는 게 배이니 배를 타고 이동하자." 하여 배를 타고 이동하였다. "잃어버리지 않게 꽁꽁 묶어라." 하지만 도중에 몇몇 배는 무거워 침몰하였지만 대부분의 배는 무사히 개경에 도착하여 판매를 하였다. 고려청자는 모양은 다르지만 모두 쓸 수 있다. (○○ 학생)

고려청자 ✏️

그릇은 토기에서 도기, 자기 순서로 발전했습니다. 도자기라는 용어는 도기와 자기를 합친 말입니다. 토기는 비교적 낮은 온도(600~700℃)에서 만들어지며 강도가 가장 약합니다. 도기를 구울 때는 약 1,000℃, 자기는 1,300℃의 높은 온도가 필요합니다. 현재 용광로가 1,500℃ 정도이니 고려시대에 자기를 굽기 위해서는 엄청난 기술이 있었겠죠. 토기와 달리 도자기는 유약을 발라 굽습니다. 초벌구이를 한 다음 유약을 바르고 한 번 더 굽는데, 이때 유약의 화학작용으로 특유의 색깔과 광택을 띠게 되지요.

고려청자는 자기의 한 종류예요. 통일신라의 기술을 바탕으로 송나라의 기술을 받아들여 발전시켰지요. 고려의 자기는 푸른빛의 청자가 가장 유명합니다. 『고려도경』을 보면 "도기의 빛깔이 푸른 것을 고려인은 비색(翡色)이라고 하는데, 근래에 들어 제작 기술이 정교해져 빛깔이 더욱 좋아졌다. 술병의 모양은 참외와 같은데 윗부분은 연꽃 위에 오리가 엎드린 모양의 작은 뚜껑이 있다."라면서 고려청자를 극찬합니다. 당시 국제적으로도 고려청자를 최상품으로 여겼다고 합니다. 고려청자의 푸른빛의 비밀은 바로 흙과 유약에 있습니다. 이전에는 나뭇재를 유약으로 사용하였지만 고려시대부터는 장석을 유약의 재료로 사용했어요. 최근의 연구 결과, 유약 속의 철 성분과 흙 속의 철 성분이 일정 비율로 맞아떨어지면 고려청자 특유의 비색이 완성된다고 합니다.

고려는 12세기에 이르러 고려만의 독창적인 상감청자를 만들어 냅니다. 상감기법이란 청자의 겉 부분을 파내고 흰 흙이나 붉은 흙을 채워 무늬를 만들고 높은 온도에서 구워 내면 흰 흙은 흰색, 붉은 흙은 검은색을 띠게 됩니다. 이러한 원리를 이용해 고려는 다양한 무늬를 새긴 상감청자를 만들지요. 고려 말 혼란한 사회 분위기 속에서 원나라에 보낼 청자와 탐욕스러운 권문세족들을 위한 청자를 만드는 데 혹사당하던 도공들이 도망을 가고, 설상가상으로 왜구들이 우리나라 해안에서 약탈을 일삼으면서 고려청자는 쇠퇴의 길을 걷습니다. 조선 초 분청사기로 그 제작 기술이 일부 이어지나 백자가 민간에 자리 잡으면서 거의 사라지게 됩니다.

신안선과 태안선 ✏️

1975년 신안 앞바다에서 한 어부가 그물을 끌어올리고 있었습니다. 그런데 물고기가 아닌 반짝이는 물건 몇 개가 함께 올라왔습니다. 자세히 살펴보니 도자기였습니다. 어부는 이것을 집으로 가져왔고, 그의 동생이 보고 심상치 않다며 신안군청에 신고를 하였어요. 그리고 곧 이것이 중국제 도자기라는 사실이 밝혀집니다. 수중 발굴이 시작되었어요. 바닷속에 침몰선이 있었고 그 속에서 엄청난 수의 유물이 나옵니다. 중국 도자기 2만여 점을 비롯하여 동전 28톤, 공예품 등이 끝도 없이 나왔습니다. 이것이 바로 신안 보물선이라고 불리는 '신안선' 발견입니다. 학자들이 연구 조사한 바에 따르면 14세기 원나라 무역선이 일본으로 가던 중 신안 앞바다에서 침몰한 것으로 추정됩니다.

이후 서해에서 보물선들이 계속 발견됩니다. 2007년에는 태안 앞바다에서 소라 통발에 걸린 주꾸미가 청자를 붙들고 있었어요. 이때 발견된 '태안선'은 강진에서 만든 청자를 싣고 개경으로 가던 중 침몰한 배였어요. 태안선에서는 2만여 점의 청자가 나왔어요. 목간도 발견되었어요. 목간에 새겨진 글을 통해 청자의 제작 시기는 물론이고 출항지, 화물의 내용과 수량, 수취인의 이름과 관직, 보낸 사람의 수결 등에 대한 정보를 알 수 있었어요. 태안선에 이어 '마도 1, 2, 3호선'도 발굴되었어요. 모두 곡물을 운반하던 배였어요. 벼와 쌀, 콩, 기장 등 곡물이 가득 채워져 있었거든요. 건어물과 젓갈 등도 있었어요. 앞으로 또 어떤 보물선이 발견될까요? 기대가 됩니다.

고려청자 이름 붙이는 방법 ✏️

고려청자 중 가장 대표적인 것은 간송미술관에 있는 '청자 상감 운학 무늬 매병'입니다. 이 외에도 국립중앙박물관에 가면 다양한 고려청자를 볼 수 있어요. 청자를 볼 때마다 복잡한 이름 때문에 대충 넘기고 싶은 마음이 생기곤 하는데요, 청자에 이름을 붙이는 규칙이 있는 것 아시나요? 이 규칙만 알고 있으면 청자 이름을 쉽게 이해할 수 있고, 청자의 모양만 보고 이름을 추측할 수도 있습니다. 이름을 붙이는 순서는 '청자 – (기법) – (무늬나 모양) – (용도)'입니다. 함께 살펴볼까요?

1. 무늬를 넣는 기법에 따라

 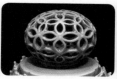 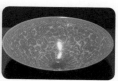

음각	양각	투각	상감
만들고 싶은 무늬를 뾰족한 도구로 파냄	음각과 반대로 선 부분을 제외하고 파냄	구멍을 뚫어 모양을 냄	무늬를 파낸 곳에 다른 재료를 넣음

2. 무늬나 모양에 따라

참외 모양   거북이 모양   연꽃 무늬   모란 무늬   구름과 학 무늬

3. 그릇의 용도에 따라

향로   완(찻잔)   매병   의자   주전자

그럼, 다음의 청자 이름을 한번 유추해 보세요. 청자-(기법)-(무늬나 모양)-(용도) 순서대로 이름을 붙이시면 됩니다.

청자 상감 구름과 학 무늬(운학 무늬) 매병   청자 참외 모양 주전자 (기법이 없음)   청자 상감 모란 무늬 항아리   청자 투각 거북이 등 무늬 화장품 상자

이제 박물관에서 청자를 보면 이름을 읽어 보기 전, 먼저 유추해 보는 재미를 느껴 보시기를 바랍니다.

25장. 팔만대장경과 금속활자

『직지심체요절』을
되찾을 수 있을까?

고려시대 대표적인 문화재 3가지는 고려청자, 팔만대장경, 금속활자입니다. 팔만대장경을 만들게 된 역사적 상황과 그 우수성에 대한 설명만으로도 한 차시 수업이 가능합니다. 금속활자 역시 비슷한 맥락으로 수업을 합니다. 목판활자와 금속활자를 비교해 금속활자의 우수성을 찾아보는 수업도 가능합니다. 이번 수업은 조금 다른 방향으로 구성해 봤습니다. 바로 '빼앗긴 우리 문화재 찾기'로, 수업 소재는 『직지심체요절』입니다.

의문 가지기

1. 이 문화재들의 공통점은?

안견의 〈몽유도원도〉, 혜초의 『왕오천축국전』, 『직지심체요절』

2. 또 다른 힌트! 182,080이라는 개수가 의미하는 것은?

182,080개 (2019년 기준)

힌트에 대한 학생들의 다양한 생각을 들어 봅니다. 그리고 정답을 말해 주지 않고 수업을 계속 진행해요. 두 가지 질문에 대한 해답은 수업을 다 들으면 알 수 있다고 말해 주세요.

『직지심체요절』 알기

『직지심체요절』은 1377년 고려시대에 만든 불교 서적입니다. 청주 흥덕사에서 만들었으며 현재 청주고인쇄박물관에서 보관 중입니다. 하지만 이곳에 있는『직지심체요절』은 복제품입니다. 그렇다면 진짜는 어디 있을까요? 진짜는 프랑스 국립도서관에 보관 중이에요. 19세기 말에 주한 프랑스 공사 콜랭 드 플랑시가 수집해 갔기 때문입니다.

그런데『직지심체요절』이 2001년 유네스코 세계기록유산으로 등재되었습니다. 왜냐고요? 세계 최초의 금속활자 인쇄본이기 때문입니다. 이 책으로 인해 세계 최초의 금속활자를 발명한 나라는 우리나라(고려)가 되었습니다. 그 전까지 독일의 구텐베르크가 찍

청주박물관에 있는 이것은 가짜! (복제품)
그렇다면,
진짜는 어디 있을까?

파리 국립 도서관에서 보관 중

왜? Why?

19세기 말
주한 프랑스 공사 '콜랭 드 플랑시'
수집하여 가져감

2001년 유네스코 세계기록 유산 등재

왜?

세계 최초의 금속활자 인쇄본
이 책으로 인해 세계 최초의 금속활자를 발명한 나라는 우리나라(고려)로 바뀜
원래 최초는 독일 구텐베르크가 찍어낸 성서였는데,
무려 78년이나 앞서서 발명함.

원래는 목판 인쇄
나무 한판에 글자를 다 새겨서 찍음(팔만대장경)

어 낸 성서(1445년)가 제일 오래된 금속활자본으로 알려져 있었으나 『직지심체요절』은 이보다 무려 78년이나 앞서 만들어졌기 때문입니다.

금속활자의 우수성 알기

『직지심체요절』 이전에는 팔만대장경과 같이 목판에 글자를 새겨서 한번에 찍어 내는 방법밖에 없었습니다. 목판을 사용하면 어떤 문제점이 있을까요?

- 보관하기 어렵다.
- 나무라서 썩을 수 있다.
- 글자 하나를 잘못 새기면 목판 하나를 처음부터 다시 새겨야 한다.

이를 극복하기 위해 금속으로 한 글자씩 낱개의 글자를 만들었습니다. 금속활자는 어떤 점이 좋을까요?

- 보관하기 쉽다.
- 짧은 시간에 책을 많이 찍어 낼 수 있다.

우리는 무엇을 할 수 있을까?

1. 수업을 시작하면서 사진으로 보여 준 문화재들의 공통점과 182,080이라는 숫자가 의미하는 것은?
- 다른 나라 사람이 수집해 가거나 빼앗긴 문화재
- 다른 나라 사람이 수집해 가거나 빼앗긴 문화재들의 수

2. 외국에 있는 우리 문화재를 되찾기 위해 무엇을 할 수 있을까?
- 그 나라에 돈을 주고 다시 사 온다.

- 그 나라에 요청하여 돌려받는다.
- TV나 뉴스 등을 활용하여 많은 광고를 한다.
- 우리가 힘이 약해서 그런 것 같다. 힘을 키워서 되찾자.

  문화재를 되찾은 이야기를 담은 〈역사채널e〉 '백년 만의 귀환, 북관대첩비' 편을 보여 주면서 학생들이 관심을 고조시켰어요. 그리고 프랑스에 있는 우리 문화재를 되찾기 위해 우리가 해야 하는 일에 대한 내용을 담은 반크의 영상 '직지심체요절' 속 박병선 박사의 사례를 통해 학생들이 느끼도록 했어요. 반크 홈페이지에 있는 어린이 사이버 외교관 교육을 소개하고 학생들이 선택 활동을 할 수 있도록 안내해 주었습니다.

➕ 수업 성찰

  반크(VANK)는 'Voluntary Agency Network of Korea'의 영어 약자로 1999년 인터넷상에서 전 세계 사람에게 한국을 알리기 위해 설립된 사이버 외교사절단입니다. 반크 홈(www.prkorea.com)에서 어린이 사이버 외교관 활동을 할 수 있습니다. 매달 초에 시작하여 한 달 동안 온라인 교육을 받고 활동을 합니다. 온라인 교육이 시작될 때, 본 수업을 해 보세요. 그리고 학생들에게 사이버 외교관 활동을 추천한다면 학생들이 더 열심히 참여할 거예요. 희망자에 한해 가정과 연계해서 시도해 보아도 좋습니다. 방학 과제로 내는 것도 참 좋을 것 같습니다.

역사 이야기

팔만대장경과 세계문화유산 🖊️

팔만대장경이 '세계문화유산'이라는 것은 다들 알고 계실 것입니다. 하지만 이는 잘못된 사실입니다. 엄밀히 말하면 팔만대장경은 세계문화유산이 아닙니다. 팔만대장경이 보관되어 있는 장경판전이 세계문화유산입니다. 그렇다면 우리가 알고 있는 팔만대장경은 세계문화유산이 아닌가 의아해할 것 같은데, 팔만대장경은 '세계

장경판전에 보관된 팔만대장경

기록유산'으로 등재되어 있습니다. 두 가지가 각각 다른 문화재란 사실을 꼭 아셨으면 합니다.

『직지심체요절』 🖊️

『직지심체요절』의 정확한 명칭은 『백운화상초록불조직지심체요절』이며 줄여서 '직지'라고도 부릅니다. 1372년(공민왕 21년)에 승려 백운화상이 상, 하 두 권으로 엮은 불교 서적입니다. 백운화상이 죽고 3년 뒤인 1377년 청주 흥덕사에서 이를 금속활자로 찍어 냈습니다.

『직지』 복원품

　현존하는 가장 오래된 금속활자본이며 상권은 사라지고 하권만이 프랑스 국립도서관에 보관 중입니다. 왜 이것이 프랑스에 있을까요? 19세기 말 프랑스 공사 콜랭 드 플랑시가 이것을 수집하여 프랑스로 가져갔기 때문입니다. 그 후, 1972년 프랑스 국립도서관 사서였던 박병선 박사가 『직지심체요절』을 연구하여 가장 오래된 금속활자본임을 입증합니다. 그때까지 가장 오래된 금

흥덕사

속활자본은 구텐베르크가 찍어 낸 성서로 알려져 있었는데, 『직지』는 무려 78년이나 앞서 있다는 것을 밝혀 내지요. 이로 인해 우리나라는 세계에서 가장 오래된 금속활자 인쇄본을 보유한 나라가 되었으며, 『직지』는 2001년 유네스코 세계기록유산에 등재됩니다. 하지만 『직지』는 프랑스가 약탈해 간 것이 아니라 합법적으로 수집해 간 것이라서 되돌려 받는 것은 힘들다고 합니다.

금속활자 만드는 과정 🖊

청주고인쇄박물관에는 금속활자 만드는 과정을 실물 크기 인형으로 구현하여 이해하기 쉽도록 전시해 놓았습니다. 그 과정을 소개해 드릴까 합니다.

   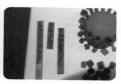

밀랍(벌꿀)을 녹입니다. 금속활자로 만들 글자를 종이에 써서 오린 다음 틀에 넣습니다. 여기에 녹인 밀랍을 붓습니다. 글자를 쓴 종이가 밀랍에 붙은 채 굳으면 이것을 꺼내어 글자를 따라 새깁니다.

글자를 새긴 밀랍을 한 글자씩 자른 다음 여러 글자를 하나의 줄기로 연결합니다. 이것을 흙으로 빈틈 없이 감싼 후, 흙이 딱딱하게 굳을 때까지 기다립니다. 흙이 굳으면 뜨거운 불 위에서 흙 안에 있는 밀랍을 녹입니다. 밀랍이 녹아 빠져나가면 흙에는 글자 모양이 남게 됩니다.

글자 모양이 새겨진 흙 안에 쇳물을 붓습니다. 쇳물은 글자 모양의 빈 공간으로 들어간 뒤 시간이 지나면 굳게 됩니다. 쇠가 굳으면 흙을 부수고 글자를 하나씩 낱개로 잘라 내면 금속활자가 완성됩니다. 원하는 글자를 배열하여 찍어 내면 책이 완성됩니다.

빼앗긴 우리 문화재 🖊

『왕오천축국전』은 통일신라의 승려 혜초가 쓴 기행문입니다. 인도를 시작으로 아랍, 중앙아시아, 페르시아 등지를 다니면서 보고 들은 것을 기록했죠. 당시 인도를 천축국이라 불렀으며 동천천국, 중천축국, 남천축국, 서천축국, 북천축국 등 인도의 다섯 나라를 다녀온 후 쓴 기록이라고 하여 『왕오천축국전』이라고 합니다.

『왕오천축국전』은 원래 3권이었던 것으로 추정되는데 현재는 그 약본(略本)의 일부만 전해지고 있어요. 그럼에도 세계에서 유일무이한 8세기 인도와 중앙아시아에 대한 기록물이기에 그 역사적 의의가 큽니다. 일반적인 정세 외에 대승불교와 소승불교가 각각 어느 정도 행해지고 있는지, 음식, 옷, 풍속, 기후 등 당시 사회 모습은 어떠한지에 대한 기록도 가치가 있어요. 중부 인도에서 어머니나 누이를 아내로 삼는다거나 형제들이 아내를 공유하는 풍습이 있다는 기록은 사실과 부합해서 이 책의 신뢰성을 높입니다. 또 인도에는 감옥이나 사형제도가 없고 대신 벌금으로 제재한다는 기록, 카슈미르 지방에는 여자 노예가 없고 인신매매가 없다는 등의 기록도 매우 흥미롭습니다. 『왕오천축국전』은 현재 프랑스 국립도서관에 있어요.

〈몽유도원도〉도 들어 보셨죠? 조선시대 화가 안견이 그린 그림으로 세종의 아들 안평대군이 꿈에서 본 모습을 담고 있습니다. 그림도 훌륭하지만 그림 왼편에 쓰여 있는 안평대군의 시와 글, 글씨 자체도 가치가 높습니다. 한마디로 시(詩), 서(書), 화(畵)가 어우러진 걸작이라고 할 수 있지요. 그런데 안타깝게도 〈몽유도원도〉는 일제강점기에 일본으로 유출되어 현재 일본 덴리대학 중앙도서관에 있습니다.

이들의 공통점을 혹시 아시겠나요? 우리 문화재임에도 불구하고 우리나라가 아닌 프랑스와 일본에 있다는 점입니다. 약탈이나 유출로 인해 해외에 있는 우리 문화재는 2019년 현재 18만 2,080점이라고 합니다. 그중 일본이 전체의 42%인 7만 6,000여 점을 가지고 있으며 미국이 5만여 점, 독일이 1만 2,000여 점을 가지고 있어요. 국가와 민간이 많은 노력을 하고 있지만, 해방 이후 지금까지 환수된 문화재는 1만여 점밖에 되지 않아요. 해외에 있는 우리 문화재를 환수하기 위해 가야 할 길이 멀고도 험하지만, 우리의 꾸준한 관심과 정부 차원의 조직적인 대응이 중요할 것 같습니다.

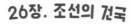

26장. 조선의 건국

고려를 지킬 것인가, 이성계를 따를 것인가

조선시대 역사를 살펴보는 첫 수업입니다. 고려 말 위화도 회군의 과정을 살펴본 후 이방원의 '하여가'와 정몽주의 '단심가'를 읽어 봅니다. 그리고 이방원을 따라 조선을 건국할지, 정몽주와 함께 고려를 지킬지에 대한 의사 결정 수업을 합니다. 역사 수업에서 의사 결정을 하기 위해서는 반드시 역사적 사실에 대한 지식을 갖춰야 한다는 것 잊지 마세요.

위화도 회군 스토리텔링

위화도 회군에 대한 스토리텔링 PPT를 보여 주면서 간단히 설명해 주었어요.

고려 말, 왜구와 홍건적 때문에 나라가 혼란스러웠어요. 왜구는 약탈을 일삼던 해적인데, 마치 군대처럼 무기를 갖추고 있었어요. 홍건적은 원나라에 반란을 일으켰다가 쫓겨 온 중국인인데, 머리에 붉은 두건을 쓰고 있어서 홍건적이라고 불렀어요. 홍건적은 그 수가 10만 명 정도로 개경을 함락시킬 정도로 막강한 세력이었어요. 백성들은 이들 때문에 너무 힘들었는데, 이들을 물리친 뛰어난 장수가 있었습니다.

	바로 이성계입니다. 이성계의 활약으로 왜구와 홍건적을 물리칠 수 있었어요. 당시 중국 땅에서는 원나라가 쇠퇴하고 명나라가 새롭게 등장했습니다. 명나라는 고려에 원나라 땅이었던 철령 이북 지역은 원래 자기네 땅이니 모두 내놓으라고 했어요. 이에 고려 우왕과 최영 장군은 이성계에게 명나라 땅인 요동 지역을 공격하라고 합니다.
	군사를 이끌고 압록강 하류에 있는 위화도까지 간 이성계는 고민을 합니다. 장마철이라 전투를 하기도 어렵고 싸움에 이길 가능성도 없었기 때문이에요. 또한 이곳에서 시간을 지체하면 남쪽에서 왜구가 다시 쳐들어올 수도 있는 상황이었어요. 그렇다고 왕의 명령을 어기면 죽임을 당할 것 같았어요.
	결국 이성계는 위화도에서 군대를 돌립니다. 이것이 바로 '위화도 회군'입니다. 이성계는 군대를 이끌고 개경으로 내려와 우왕을 쫓아내고 창왕을 왕으로 세웁니다. 그리고 고려의 정치 권력을 장악합니다.

〈의사 결정 학습지〉 속 글을 읽고 의사 결정하기

학습지를 나눠 주고 학생들과 조선 건국에 대한 의사 결정을 했어요.

의사 결정 학습지

이성계가 권력을 차지하고 새로운 나라를 세우려고 해요. 하지만 아직 고려를 따르는 신하들이 엄청 많아요. 500년 가까이 지속된 고려가 갑자기 사라진다는 것은 말도 안 되는 일이었지요. 고려를 따르는 대표적인 인물이 정몽주였어요. 이성계는 정몽주를 설득해서 같이 조선을 세우고 싶었지만, 정몽주는 그러지 않았어요. 이성계는 아들 이방원을 시켜서 정몽주를 설득해 보라고 했어요. 이방원은 정몽주를 찾아가 다음과 같이 시를 읊었어요.

하여가

이런들 어떠하리 저런들 어떠하리.
만수산 드렁칡이 얽혀진들 그 어떠하리.
우리도 이같이 얽혀져 백 년까지 누리리라.

• 어떤 내용인 것 같나요?

이방원의 시에 정몽주는 다음과 같이 답했어요.

단심가

이 몸이 죽고 죽어 일백 번 고쳐 죽어
백골이 진토되어 넋이라도 있고 없고,
임 향한 일편단심이야 가실 줄이 있으랴.

• 시의 내용으로 보아 정몽주는 어떤 생각인 것 같나요?

_____

• 내가 만약 정몽주라면 어떤 선택을 할까요?

_____

• 그 이유를 간단히 적어 봅시다.

_____

이방원과 정몽주의 시조를 읽고 나의 생각을 써 보도록 했어요. 그리고 '내가 정몽주라면 어떤 선택을 할지' 결정했어요. '이성계를 따를 것이다', '이성계를 따르지 않을 것이다' 등의 의견이 나왔어요.

친구들과 협의하여 의사 결정하기

의사 결정 학습지 속 글을 읽고 각자 의사 결정을 했다면 이번에는 최종 의사 결정을 할 차례입니다. 모둠별로 조선 건국에 대해 좋은 결과, 나쁜 결과를 다양하게 예상해 보면서 의사 결정을 해 보았어요. 각자 표에 적은 내용을 발표하고 교사는 칠판에 학생들의 의견을 적었어요. 모두의 의견을 참고할 수 있도록 하기 위해서였지요. 이러한 활동을 통해 최종 의사 결정을 했어요.

※ 아래의 내용을 모둠원끼리 함께 토의하여 써 봅시다. (두 번째 결정)

1. 고려 말기 국내의 상황

_____

2. 고려 말기 고려 주변의 상황

_____

3. 나라면 어떤 선택을 할까요? 그 이유를 간단히 적어 봅시다.

구분	조선 건국 찬성	조선 건국 반대
대표 인물		
좋은 결과		
나쁜 결과		

〈모든 학생의 의견을 종합한 내용〉

구분	조선 건국 찬성	조선 건국 반대
대표 인물	이성계, 이방원, 정도전	정몽주, 최영
좋은 결과	• 왜구, 홍건적을 막아 냄 → 나라 안정 • 고려와 조선의 힘을 합쳐 더 강해짐 • 새로운 나라가 생김	• 고려의 충신으로 남음 • 이성계를 설득해 왜구의 침입을 막음 • 명나라로 쳐들어가 요동 땅을 뺏음
나쁜 결과	• 고려의 배신자로 남음 • 서로 왕이 되려고 싸움 • 고려 신하들이 계속 반란	• 왜구, 홍건적에게 시달림 → 나라가 멸망

+ Tip 수업 성찰

의사 결정 학습지의 빈칸에 내용을 충실하게 다 쓰지 못하는 학생들도 많습니다. 스스로 생각하여 쓸 수 있을 만큼만 쓰도록 안내해 주세요.

의사 결정 수업

역사적 사고력은 다음 4가지 범주로 구성되어 있습니다.

영역	하위 기능
연대기 파악력	과거 · 현재 · 미래의 구별, 시간 감각, 연표 활용과 연도 계산
역사적 탐구력	문제 인지, 1차 사료의 구별, 사료 수집, 사료 비판, 확증, 인과관계 파악
역사적 상상력	삽입, 증거의 간극 파악, 감정이입적 이해, 상상적 재구성, 행위의 대안적 해석
역사적 판단력	사료 선택, 과거의 논쟁점과 문제 확인, 과거 사실에 대한 가치판단

이 중에서 역사적 판단력을 기르기 위한 수업이 바로 의사 결정 수업입니다. 의사 결정 능력은 합리적인 결정을 위해 필요하지만, 지금 내린 결정이 가져올 미래의 효과는 누구도 장담할 수 없습니다. 하지만 우리는 역사 속 수많은 인물들이 내린 판단과 그 결과로 역사가 어떻게 흘러갔는지 이미 다 알고 있습니다. 그래서 우리는 역사 속 인물들의 결정에 대하여 그 옳고 그름을 쉽게 판단합니다. 그러나 역사 속 인물들은 당시 상황에 대하여 심사숙고하였을 것이며 가장 현명한 판단을 했을 것입니다.

의사 결정을 하기 전, 학생들은 과거의 인물과 비슷한 상황에 처했을 때 어떻게 행동하는지 알 필요가 있습니다. 과거 상황이나 인물에 대하여 추체험을 하여 감정이입을 하는 것으로 수업을 시작합니다. 학생들은 친구들과 협의하여 의사 결정을 하며 자신의 선택이 어떤 결과를 초래할지 생각해 봅니다. 이 과정에서 과거의 많은 사례를 통해 교훈을 얻고 바람직한 의사 결정을 하는 데 도움을 얻을 수 있습니다. 또한 의사 결정 수업을 통해 인물이 살았던 시기에 대한 사실을 파악할 수 있고 그 당시의 쟁점에 대한 인물의 생각이나 의사 결정 과정 및 다른 사람들의 생각을 알아낼 수 있습니다. 의사 결정 수업은 다음의 순서로 이루어집니다.

1. 역사적 상황 속으로 들어가 인물에 감정이입하기 (추체험)
2. 고민되는 상황 파악하기
3. 각 상황의 장단점을 파악하여 의사 결정하기 (1차 결정)
4. 다른 사람들과 의견을 공유하여 더 나은 상황이나 대안 찾기 (2차 결정)
5. 최종 결정 및 실제 역사 속 사건의 결과 파악하기

역사 이야기

이성계와 위화도 회군 ✏️

고려 말, 왜구들이 우리나라 해안에서 사람들을 납치하거나 약탈을 많이 합니다. 단순히 해적이라고 생각하기 쉽지만, 완전 무장을 한 군대에 가까운 모습이었다고 합니다. 한편 중국에서는 원나라의 지배를 벗어나려고 한족이 군대를 편성해 싸우다 관군에게 쫓겨 고려 땅으로 넘어오는 사람들이 많았어요. 머리에 붉은 두건을 쓰고 있어서 이들을 홍건적이라 불렀어요. 1361년에는 10만 명의 홍건적이 고려 땅을 침범해서 개경을 위협하기에 이릅니다. 고려는 왜구와 홍건적 때문에 너무 힘들었어요. 이때 홍건적과 왜구를 물리치는 장수가 등장했으니 그가 바로 이성계입니다.

이성계의 고조부인 이안사는 전주의 관리였으나 죄를 짓고 당시 원나라 점령지였던 함경도로 도망을 왔어요. 함경도에서 태어난 이성계는 어릴 때부터 여진족과 어울렸으며 활을 아주 잘 쏘았어요. 성인이 되어서는 아버지 이자춘과 함께 원나라에 빼앗겼던 고려의 옛 땅을 되찾는 공을 세우지요. 이성계는 개경에서는 황건적을, 지리산 근처 황산에서는 왜구들을 크게 물리치기도 했어요.

이즈음 중국에서는 원나라가 멸망하고 명나라가 들어섭니다. 명나라는 고려에 원나라의 옛 땅, 즉 요동 지역을 돌려달라고 하였는데, 우왕과 최영은 이를 괘씸하게 여겨 이성계에게 5만 군사를 내어주고 명나라를 공격하라고 합니다. 군대를 이끌고 요동으로 가던 이성계는 압록강 하류에 있는 위화도에 잠시 머무르게 됩니다. 그는 싸움이 힘들 것 같아 고민을 합니다. 나라에 요동 원정이 어려운 4불가론(四不可論)을 들어 호소하기도 합니다. 그러나 우왕과 최영은 나아가 싸울 것을 명하지요. 이성계는 군사를 돌려 최영을 사로잡고 우왕을 쫓아냅니다. 그리고 창왕을 세웁니다. 이것이 바로 위화도 회군입니다. 권력을 장악한 이성계는 나중에 스스로 왕위에 올라 조선을 건국하지요.

함흥차사 ✏️

태조 이성계는 그의 아들들이 서로 죽고 죽이는 왕자의 난을 겪은 뒤, 정종에게 왕위를 물려주고 고향인 함흥으로 가 버립니다. 정종은 즉위 2년 만에 왕위를 태종에게 물려주지요. 왕이 된 태종은 태조를 모셔 오라고 신하들을 함흥으로 보냈는데, 이성계는 그 신하들을 모두 죽여 버립니다. 이 때문에 '함흥차사'라는 말이 생겼어요. 한번 가면 아무런 소식이 없다는 뜻이지요.

하지만 이는 실록에 나오지 않습니다. 조선 후기에 지어진 야담집인 『축수편』에 전하는 이야기입니다. 『태종실록』에는 태종이 이성계의 오랜 친구인 성석린을 보내 태조를 모셔 왔다고 기록되어 있습니다. 후에 다시 함흥으로 내려간 이성계를 성석린이 모시러 갔지만 거절당했다고 나오는 것을 봐도 이성계가 자신을 찾아오는 신하들을 죽이지 않았다는 것을 알 수 있지요.

'조'에 집착하는 왕들 ✏️

'태정태세문단세…' 하면서 조선의 왕 이름을 외운 기억 있으시죠? 흔히 왕의 이름으로 알고 있는 묘호는 왕이 죽은 뒤, 종묘에 신위를 모실 때 붙이는 호입니다. 공이 있는 왕은 '조'를 붙이고 덕이 있는 왕은 '종'을 붙인다는 원칙이 있지만, 당시의 임금들은 '조'에 상당히 집착했다고 합니다. 덕이 있다는 것은 예의상 하는 말로 생각하고 '조'를 붙여 달라고 압력을 넣기도 했어요. 임진왜란 때 한양을 버리고 도망간 선조도 원래는 선종이었으나 선조가 되었고 인조도 원래는 인종이었다고 합니다. 영조, 정조, 순조도 원래 종이 붙은 임금이었답니다. 조선시대 27명의 왕 중에서 '조'가 붙은 왕이 7명, '종'이 붙은 왕이 18명인 것을 보면 '조'가 좀 더 귀해 보이기는 합니다.

'조'나 '종'이 붙지 않은 왕도 2명 있습니다. 바로 연산군과 광해군이지요. 이들은 모두 쿠데타에 의해 쫓겨나서 묘호를 받지 못하고 왕위에 오르기 전에 불렸던 호칭을 그대로 사용합니다. 이들 왕은 실록도 『광해군일기』, 『연산군일기』라고 부릅니다. 단종도 세조에 의해 쫓겨나 노산군으로 불렸는데 나중에 단종으로 복위되었습니다.

27장. 조선의 도읍지 한양

한양이 도읍지가 된 까닭은?

이성계는 새로운 도읍지에서 조선을 시작하고 싶었어요. 신하들이 건의하는 여러 후보지 중에서 입지가 가장 좋은 한양을 도읍지로 선택하지요. 이성계가 도읍지를 선정하는 과정을 학생들도 비슷하게 경험해 볼 수 있도록 여러 후보지 중에서 수도로 가장 적합한 한 곳을 뽑아 보는 수업을 했습니다.

도읍지를 옮겨야 하는 상황 파악하기

학생들에게 이성계의 고민을 들려주면서 함께 조선의 도읍지를 찾아보자고 했어요.

조선을 건국한 이성계는 고민이 하나 생겼어요. 그것은 바로 조선의 새 도읍지를 결정하는 일이었어요. 현재 고려의 도읍지인 개경을 그대로 사용하고 있지만 개경은 고려의 흔적이 너무 많이 남아 있어서 새로운 도읍지에서 새 나라를 시작하고 싶었기 때문이에요. 그래서 신하들에게 새 도읍지로 적당한 곳을 찾아보라고 했어요. 신하들은 고민 끝에 몇 개의 후보지를 선정했습니다. (후보 도시인 한양, 계룡, 춘천, 제주 등을 지도에 표시함)

도읍지 후보 중 한 곳 선정하기

후보지 중에서 도읍지로 적당한 1~2곳을 선정하고 그 이유를 말해 보도록 했어요.

학생1: 도읍지를 춘천으로 정했습니다. 왜냐하면 춘천은 산으로 둘러싸여 있어서 적
군이 산을 넘으려면 식량도 부족하고 힘이 들어서 수도를 방어하기가 쉬울 것
같습니다.

학생2: 제가 생각하는 도읍지는 한양과 계룡입니다. 한양은 평지도 많고 한강도 있기
때문에 도읍지로 적당하다고 생각합니다. 그리고 계룡도 한양보다 넓지는 않
지만 평지를 가지고 있어서 도읍지로 적당하다고 생각합니다.

도읍지의 조건 알아보기

도읍지가 가져야 할 조건들에 대해 학생에게 질문
해 보았어요. 교사가 의도한 조건은 아래와 같이 5가
지인데, 학생들이 다음의 조건을 모두 찾지 못하면 교
사가 추가하여 제시해 주세요.

〈도읍지의 조건과 해당 스티커 색깔〉

조건	스티커
큰 강이 흐르는 곳	파랑색
바다 근처에 있는 곳	노란색
넓은 평야가 있는 곳	초록색
나라의 가운데에 자리한 곳	빨간색
외적의 침입을 방어하기에 용이한 곳	검정색

한양에 5개 조건을 모두 붙인 모둠

학생들은 모둠별로 자신이 선정한 후보지가 도읍
지로서의 조건에 맞으면 그에 해당하는 색깔의 스티커를 붙입니다. 근거 자료는 대한민
국 전도, 사회과 부도, 스마트 기기 등으로 찾도록 했습니다.

최고의 도읍지 선정하기

모둠별로 최고의 도읍지를 선정한 후, 학생들은 다음과 같이 발표를 했어요.

학생: 저희 모둠에서는 한양이 도읍지로 서 가장 적합하다고 생각합니다. 그 이유는 도읍지의 조건 5개 스티 커가 모두 붙었기 때문입니다.

서울(한양) 구글어스 위성사진

학생들은 논의를 통해 한양이 도읍지로 가장 적합하다는 사실을 확인한 뒤, 위성사진 으로 도시의 모습을 꼼꼼히 살펴보았습니다.

+ Tip 수업 성찰

실제 수업에서는 도읍지 후보 5 곳을 모두 살펴볼 필요는 없고 3, 4곳으로 줄여서 집중적으로 탐구해도 좋습니다. 다른 후보지를 안내해도 좋습니다. 하지 만 평양이나 부여 등 옛 도읍지를 후보로 주지는 마세요. 그곳 역시 도읍지였던 만 큼 교통과 주거, 국방 등에서 좋은 조건을

학생의 수업 일기

가지고 있어요. 그래서 한양이 아닌 그곳을 도읍지로 선택할 가능성도 적지 않아요. 이 수업의 목표는 여러 가지 이유로 한양을 도읍지로 결정했다는 사실을 학생들이 간접 경 험해 보기 위한 것이라는 점을 잊지 마세요.

역사 이야기

왕십리와 무학대사 ✏️

무학대사는 조선 건국 초기에 이성계를 도와 나라의 안정과 정착에 노력한 인물로 일찌감치 이성계가 왕이 될 것을 예언했다고 합니다. 이성계는 조선의 새 도읍지를 찾는 일을 무학대사에게 의뢰했어요. 당시 조선의 도읍지는 한양 일대로 정해져 있었으나 궁궐터 선정이 남아 있었다고 합니다. 무학대사는 농사를 지을 물과 서울에 들어올 뱃길을 생각해서 왕십리 일대를 마음에 두고 현지 조사를 하러 나갔습니다.

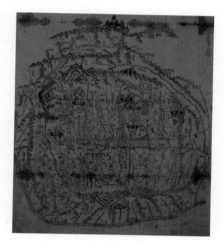

수선전도

　무학대사는 밭을 지나가다가 한 농부가 쟁기를 끄는 소에게

"이 미련한 소야, 미련하기가 꼭 무학이 같구나!"

라고 말하는 것을 들었어요. 무학대사는 자신의 이름을 아는 것에 깜짝 놀라며

"아니, 노인장, 제가 무학인데 어찌 그리 미련하다 하시오?"

라고 물었고 농부는

"여기는 여름 물난리가 잘 나는 곳이오. 외적이 쳐들어오면 방어할 곳이 없소. 그런데도 이곳에 궁궐을 지으려 하니 미련하지요."

이에 무학대사가

"아, 그렇다면 어찌해야 하오?"

하고 묻자 농부는

"여기서 십 리를 더 가면 명당 자리가 있을 것이오."

하는 것이었습니다. 그래서 이곳의 지명이 십 리를 더 가야 된다고 해서 '왕십리'가 되었다고 합니다. 다만, 이 이야기는 구체적으로 확인된 바는 없고 설화로 전해집니다.

경복궁 ✏️

경복궁은 조선시대 임금이 거처하는 정궁으로, 태조 이성계가 한양으로 도읍을 옮기기로 하고 태조 3년(1394년)에 창건을 시작해 이듬해에 완성했어요. 궁의 이름은 정도전이 큰 복을 빈다는 뜻으로 '경복'이라고 지었어요. 경복궁에는 아름다운 전각이 많은데, 그중 경회루가 압권입니다. 원래는 작은 누각이었는데 태종이 연못을 확장하고 크게 중건했지요. 이곳에서 임금과 신하가 모여 잔치를 하거나 외국에서 오는 사신을 접대했어요. 연못을 만들면서 파낸 흙으로는 아미산이라는 동산을 만들었고요. 훗날 세종은 경복궁 내에 보루각을 세우고 시간을 알려 주는 자격루와 천문 관측 시설인 간의대를 설치했어요.

　현재 서울에 있는 경복궁은 조선시대의 경복궁과는 많이 달라요. 임진왜란으로 불탄 것을 1867년에 흥선대원군이 다시 지었는데, 일제강점기 때 일본인들이 경복궁 내 건물을 대부분 부수고 근정전 앞에 총독부 청사를 새로 지었거든요. 그래서 현재도 계속 경복궁 복원 공사를 하는 중입니다.

종묘 ✏️

종묘는 조선 왕과 왕후의 신주를 모시고 제사를 지내는 유교 사당입니다. 태조 이성계가 한양으로 수도를 옮긴 해에 지어졌는데 임진왜란 때 불타 없어졌다가 광해군 때 다시 지어졌어요. 종묘의 중심 건물은 정전으로 가로 길이가 101미터나 됩니다. 조선시대 건물 중 가장 긴 건물이죠. 종묘는 건축적 아름다움이 인정되어 유네스코 세계문화유산으로, 또 종묘제례는 종묘제례악과 함께 유네스코 세계무형유산으로 등록되었습니다.

종묘

세종대왕이 이룬 많은 업적의 바탕에는 백성을 사랑하는 애민정신이 있습니다. 한글 창제, 과학기구의 발달, 4군 6진의 개척 등 세종의 업적을 모두 다룬다면 너무 많고 다양하여 학생들이 세종대왕의 철학을 파악하기 어려워요. 그래서 농사를 위한 과학기구와 훈민정음을 중심으로 세종의 업적을 파악한 다음 이를 통해 그의 애민정신을 이해하는 수업을 구성했습니다.

세종대왕 연표를 보고 다양한 업적 조사하기

세종대왕 연표를 만들어 학생들에게 나눠 주고 그의 업적에 표시를 하도록 했습니다. 세종의 업적들을 핵심 키워드만 뽑아서 포스트잇에 크게 쓰고, 그 뒷면에는 각각의 용도나 의미를 조사하여 간략하게 쓰도록 했어요. 예를 들면 앞면에 '앙부일구'라고 크게 쓰고 뒷면에 '해시계'라고 간단히 용도를 썼습니다.

〈세종대왕의 생애와 업적을 정리한 연표〉

연도	생애와 업적
1397년	4월 10일, 이방원의 셋째 아들로 태어남
1408년	충녕군에 책봉되고 심온의 딸과 혼인함
1418년	왕위에 오름 (조선의 4대 왕)
1419년	이종무로 하여금 쓰시마 섬을 정벌하게 함
1420년	집현전을 설치하고 유능한 인재들을 모아 학문을 연구하게 함
1423년	조선통보를 주조하게 함
1425년	정초에게 『농사직설』을 편찬하게 함
1432년	윤회, 맹사성 등에게 명하여 우리나라 최초의 지리책 『신찬팔도지리지』를 편찬함
1433년	장영실 등에게 명하여 혼천의, 자격루를 만들게 함 의약서인 『향약집성방』을 펴냄 최윤덕, 김종서로 하여금 국경의 여진족을 몰아내고 4군 6진을 설치함
1434년	박연에게 아악을 정리하게 하고 여러 악기를 개조함 이천 등에게 구리로 된 활자인 갑인자를 주조하게 함 장영실에게 앙부일구를 만들게 함
1441년	측우기를 발명하게 함
1443년	훈민정음을 창제함
1445년	훈민정음으로 『용비어천가』를 편찬함
1446년	3년간의 시험을 거친 훈민정음을 반포함
1449년	김종서 등에게 『고려사』를 개찬하게 함 (1951년 편찬)
1450년	여덟째 아들인 영응대군의 집에서 승하함

세종대왕의 업적을 분류하고 공통점 찾기

세종대왕의 업적을 종류에 따라 분류했어요. 그냥 분류하라고 하면 분류 항목을 너무 많이 설정하기 때문에 3가지로 분류하라고 안내하면 좋습니다.

교사의 의도는 '문화, 과학, 국방'인데, 학생들은 좀 다양하게 적었어요. 분류 항목을 합의하지 않고 모둠별로 자유롭게 정하셔도 되고 처음부터 3가지 기준으로 합의하여 진행하셔도 됩니다.

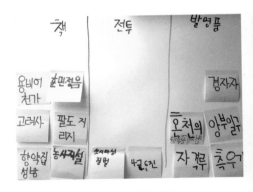

학생들이 분류한 결과

초등 한국사! 진짜 역사 수업을 말한다 1

〈교사가 의도한 분류〉

과학	문화	국방
자격루 앙부일구 측우기 혼천의 갑인자 조선통보	고려사 향약집성방 농사직설 신찬팔도지리지 훈민정음 용비어천가 악기 개조	4군 6진 설치 쓰시마 섬 정벌

이 중에서 과학기구에 해당하는 '앙부일구, 자격루, 측우기, 혼천의'를 칠판에 쓰고 이것들의 공통점을 찾아 한두 단어로 쓰는 해시태그 활동을 실시했어요. 학생들은 "시간", "농사에 도움", "생활에 편리함" 등으로 대답을 했어요. 이를 종합하면 "농사에 도움이 되는 것들"이라고 나옵니다.

추가로 '훈민정음'이라고 쓴 포스트잇을

공통점 찾기 해시태그 활동

붙여 주고 "세종대왕이 왜 측우기, 자격루, 혼천의, 앙부일구, 훈민정음을 만들었을까?"라고 질문했어요. 대부분의 학생들이 "백성"이라고 대답을 했어요.

+ Tip 수업 성찰

세종대왕의 철학(애민정신)을 파악하기 위해 업적을 분류하는 활동 없이 처음부터 자격루, 앙부일구, 측우기, 혼천의를 키워드로 제공해 주고, 그 용도를 조사하여 공통점을 찾는 방법으로 수업하시면 시간을 단축하면서 핵심만 알 수 있습니다. 그리고 만 원짜리 지폐 뒷면에 있는 혼천의 대신 학생이 생각하는 세종의 훌륭한 업적을 그림으로 그려 넣는 정리 활동을 추천드립니다.

역사 이야기

세종대왕 ✏️

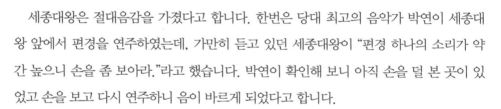

업적만 본다면 슈퍼맨과 같았던 세종대왕. 하지만 몸은 슈퍼맨이 아니었나 봅니다. 세종대왕은 30대 초반에 풍질이 발병했고 40대 초반에는 정사를 제대로 못 볼 정도로 체력이 안 좋았다고 합니다. 그런 데다 고기반찬이 없으면 식사를 안 할 정도로 고기를 좋아해서 체구가 크고 뚱뚱했다고 합니다. 운동은 거의 안 하고 육류만 먹으니 혈액순환도 잘 안 되고 안질, 종기, 설사, 당뇨 등의 질병도 생겼지요. 한마디로 질병 종합 세트였습니다.

세종대왕은 절대음감을 가졌다고 합니다. 한번은 당대 최고의 음악가 박연이 세종대왕 앞에서 편경을 연주하였는데, 가만히 듣고 있던 세종대왕이 "편경 하나의 소리가 약간 높으니 손을 좀 보아라."라고 했습니다. 박연이 확인해 보니 아직 손을 덜 본 곳이 있었고 손을 보고 다시 연주하니 음이 바르게 되었다고 합니다.

한글 창제의 비밀 ✏️

한글은 세계에서 가장 우수한 글자이며 유일하게 만든 사람이 누구인지 알 수 있는 글자입니다. 한글은 세종과 집현전 학자들이 함께 만든 것으로 알려져 있습니다. 하지만 세종이 한글을 비밀스럽게 궁녀 몇 명, 가족들과 함께 10년 동안 만들었다는 주장도 있어요. 당시에 쓰여진 과학이나 농업 관련된 책을 보면 실무자 이름이 항상 나오는데, 한글 창제에는 집현전 학자가 참여했다는 기록이 어디에도 없기 때문입니다.

그렇다면 집현전 학자와 같이 만들었다고 하는 주장은 어떻게 나온 것일까요? 훈민정음 책은 2종류가 있는데, 하나는 『어제훈민정음』이고 다른 하나는 『훈민정음해례본』입니다. 『훈민정음해례본』은 훈민정음에 대한 해설서인데 세종의 명으로 집현전 학자들이 만들었어요. 실제 해례본 서문을 보면 왕이 직접 한글을 만들었다고 적혀 있어요. 이것을 본다면 세종은 세계 최고의 언어학자라고 할 수 있겠지요.

장영실 ✏️

장영실은 노비 신분으로 어릴 때부터 관청에 나가 허드렛일을 했습니다. 하지만 과학적 재능이 뛰어나 태종 때부터 궁궐의 기술자로 일했고, 세종의 신임을 얻어 다른 학자들과 함께 중국에 유학 가서 천문 기구를 공부하고 돌아왔습니다.

　장영실은 하늘을 관측하는 천체 기구인 간의, 해시계인 앙부일구, 물시계인 자격루 등을 만들었습니다. 이러한 능력을 인정받아 세종은 장영실에게 상의원 별좌를 거쳐 정4품 호군, 종3품 대호군이라는 관직까지 내렸고요. 세종이 장영실에게 관직을 내릴 때마다 신하들의 반대가 매우 심하였는데 노비 신분으로 벼슬에 오를 수 없다는 것이 그 이유였어요. 후에 장영실은 세종이 타는 가마 제작을 감독하였는데, 가마가 부서져서 벌을 받고 관직에서 쫓겨났다고 전해지며 그 이후의 기록은 전해지지 않습니다.

자격루 ✏️

장영실이 만든 자격루는 현존하지 않지만, 장영실의 자격루를 중종 때 개량한 것이 덕수궁에 일부 남아 있어요. 그리고 국립고궁박물관에 실제와 똑같은 크기로 복원해 놓은 것이 있어요. 자격루는 동력 장치(수압을 조절하는 3개 물항아리, 물항아리에서 흘러내린 물이 들어가는 2개의 물받이통, 12개의 살대)와 시보 장치(종과 북, 징, 나무인형, 나무인형을 둘러싼 12신)로 이루어진 자동 물시계입니다. 사람이 눈금을 일일이 읽지 않아도 때가 되면 나무인형이 종과 북, 징을 쳐서 시각(시, 경, 점)을 알려 주며 물을 이용한다고 해서 물시계라고 합니다.

덕수궁 자격루

자격루 복원품

측우기 ✏️

측우기는 비의 양을 재는 기구입니다. 조선은 농경 사회였고, 따라서 비의 양을 정확하게 측정하는 것이 아주 중요했어요. 하지만 땅에 고인 비의 양은 땅의 상태에 따라 가지각색이라 측량하기에 어려웠어요. 그래서 만든 것이 세계 최초의 우량계인 측우기입니다. 흔히 장영실이 발명했다고 알려져 있지만 『세종실록』을 보면 "근년 이래로 세자가 가뭄을 근심하여 비가 올 때마다 땅을 파서 젖어 들어간 깊이를 재었으나 정확하게 푼수를 알 수 없었으므로, 구리로 만든 원통형 기구를 궁중에 설치하고 여기에 고인 빗물의 푼수를 조사했다."는 내용이 나옵니다.

측우기

측우기는 받침돌 위에 텅 빈 쇠통을 올려놓은 형태이며, 쇠통의 재료는 철, 구리, 자기 등으로 제작 시기와 장소에 따라 다릅니다. 한양의 관상감과 각 도 감영 등에 측우기를 설치하여 강수량의 변화를 보고하도록 하였습니다.

조선에서는 여러 차례 측우기를 만들었는데, 현존하는 것은 1837년 헌종 때 청동으로 제작한 금영측우기뿐입니다. 보물로 지정된 이 측우기는 공주 감영에서 일본으로 유출되었다가 1971년 반환되어 기상청에서 보관하고 있습니다.

조선시대 인물이 되어 의사 결정하기

〈한국을 빛낸 100명의 위인들〉이란 노래가 있었습니다. 요즘 아이들은 조금 생소할 수 있지만 수업 시간에 꼭 한번은 들려줍니다. "신숙주와 한명회 역사는 안다~태정태세문단세 사육신과 생육신"이라는 구절이 있는데, 여기에 등장하는 인물은 모두 조선 전기 사람들로 21명이나 됩니다. 이 인물들에 대해 초등 교육과정에서 크게 다루지는 않아요. 하지만 중·고등 교육과정 및 여러 책에 등장하는 매우 중요한 역사 인물입니다. 특히, 신숙주와 한명회, 사육신과 생육신, 문종, 단종은 수양대군이 단종을 몰아내고 왕이 된 사건인 '계유정난'과 관련 있는 인물들입니다. 그래서 계유정난과 관련한 의사 결정 수업을 준비했습니다.

조선시대 사람이 되어 수양대군을 도울지(신숙주, 한명회), 단종을 모실지(사육신, 생육신) 고민하는 이야기를 읽고 의사 결정을 해 봅니다.

당시의 상황 이해하기

〈한국을 빛낸 100명의 위인들〉의 "신숙주와 한명회 역사는 안다~태정태세문단세 사육신과 생육신"이라는 노랫말이 나올 때까지 같이 노래를 불러요. 그리고 노래에 나오는 인물에 대한 수업을 한다고 하면서 칠판에 "조선시대 인물이 되어 의사 결정을 해 봅시다."라고 학습 목표를 썼어요. 누구에 대해 배우는지는 꼭 비밀로 하세요.

다음과 같은 읽기 자료를 같이 읽고 주인공의 고민거리를 찾아봅니다.

나의 고민

제가 처음 임금님을 뵌 곳은 경복궁 안 서재였습니다. 그곳에서 저는 책을 읽으면서 학문을 연마했죠. 임금님은 엄청 열정적이셨습니다. 학자보다 더 열심히 하는 것 같았습니다.

어느 날이었습니다. 제가 새벽까지 공부를 하다가 깜빡 잠이 든 적이 있었습니다. 몇 시간을 잤는지 모르겠지만 일어나 보니, 아니, 글쎄, 제 어깨에 임금님께서 입고 다니시는 용포가 덮여 있지 않습니까! 저는 깜짝 놀랐습니다. 아마도 새벽에 제가 추울까 봐 임금님께서 덮어 주셨나 봅니다. 하염없이 눈물이 흘렀고 임금님께 충성을 다하고 더욱더 열심히 학문에 매진하겠다고 생각했습니다.

그 뒤로 참 많은 시간이 흘렀습니다. 임금님께서는 병으로 자리에 누우셨습니다. 어느 날 임금님께서 저를 불러서 간곡히 부탁하셨습니다.

"짐이 이제 갈 길이 얼마 남지 않았네. 장성한 세자가 있으나 너무 병약해서 오래 살지는 못할 것 같소. 그러면 우리 손자인 세손밖에 남지 않을 것이네. 이제 겨우 10여 세인 세손을 그대에게 부탁 좀 하겠소."

저는 다시 한번 충성을 다짐했었죠. 그리고 얼마 뒤 임금께서 승하하시고, 그 뒤를 이어 세자께서 왕위에 오르셨지만 병약하셔서 일찍 돌아가시고 말았지요. 어린 세손이 왕위에 올랐습니다. 새로 임금이 되신 분이 너무나 어려서 나라의 일은 영의정을 비롯한 신하들이 이끌어 나갈 수밖에 없었습니다. 신하들이 임금을 대신하여 나라를 다스리니 나라의 기강이 무너지고 어수선해질 수밖에 없었지요.

이때부터 문제가 생기기 시작했습니다. 어린 임금께는 작은아버지가 계셨지요. 어느 날 그가 은밀하게 저를 찾아와서 도와달라고 말을 했습니다.

"임금이 강한 힘을 발휘해야 임금을 중심으로 나라가 돌아가 안정되지 않겠나. 지금 어린 왕이 나라를 다스리니 나라가 위태해지고 북방 민족이 언제 쳐들어올지 모르겠구나. 이럴 바엔 차라리 내가 왕이 되어야겠구나."

솔직히 제가 생각하기에 어린 임금보다는 지금 이 사람이 강력한 왕권을 발휘해서 나라를 좀 더 체계적이고 통솔력 있게 다스릴 수 있을 것 같았습니다. 고려시대 때도 세 번째 임금인 정종이 죽고 다음 왕이 된 사람은 아들이 아닌 동생이었지요. 그가 고려의 기틀을 마련한 광종입니다.

과연 저는 어떻게 해야 할까요? 그를 도와주면 반역 행위를 하는 셈입니다. 거절을 하면 저를 가만두지 않을 것 같기도 하네요. 아니면 어린 임금의 편을 들어야 할까요? 다 훌훌 털어버리고 관직을 그만둘까요? 고민입니다. 예전에 저를 아껴 주시던 임금께서 어린 세손을 부탁하시던 그 모습이 아른거리네요.

의사 결정하기

의사 결정은 크게 2번 합니다. 첫 번째는 읽기 자료를 읽고 혼자서 각각의 상황과 그 장단점을 파악하여 결정을 합니다. 두 번째는 친구들의 의견을 모두 듣고 참고하여 최종적으로 결정합니다.

첫 번째 의사 결정 후, 각자 자신의 의견을 발표합니다. 선생님은 판서를 통해 우리 반 모두의 의견을 종합합니다. 그리고 이것을 참고하여 두 번째 판단을 해 보라고 합니다.

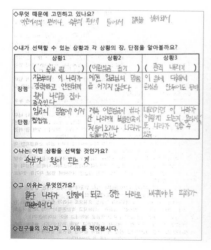

학생들이 작성한 의사 결정 학습지

각 의사 결정의 장단점을 쓰는 학생들

〈학생들이 찾은 장단점〉

	상황 1 (어린 임금을 돕는다)	상황 2 (숙부를 돕는다)	상황 3 (관직을 버리고 떠난다)
장점	• 예전 임금의 부탁을 들어 주고 충신으로 남음 • 어린 임금이 자라서 나에게 큰 벼슬을 내림	• 나라가 더 강해짐 • 높은 벼슬을 받음	• 마음이 편하고 머리가 안 아픔 • 속이 시원함
단점	• 나라가 전쟁 상황에 빠지거나 혼란에 처할 수 있음 • 왕의 숙부가 반란을 일으켜 나를 죽임	• 반란이 실패하면 죽게 됨 • 예전 왕과의 약속을 못 지킴 • 배신자가 됨	• 직업이 없어 살기 어려움 • 나라가 분열되고 나는 힘이 없음 • 항상 불안한 마음 • 어린 임금이 죽음

관련 역사적 사실 알기

최종 의사 결정 후, 학생들에게 읽기 자료 속 두 인물이 누구인지 아느냐고 질문을 했어요. '세종대왕'과 '신숙주'라는 것을 똑똑한 학생들은 쉽게 찾아냅니다. 읽기 자료에 등장하는 왕은 순서대로 세종, 문종, 단종입니다. 숙부는 수양대군이었으며 단종을 몰아내고 세조가 됩니다.

세조가 나라를 다스리고 단종이 상왕으로 물러나 있을 때, 단종을 다시 임금으로 모시려는 단종 복위 운동이 일어납니다. 하지만 실패로 돌아가고 주모자들은 죽임을 당하지요. 이때 죽은 6명의 신하를 사육신이라고 부릅니다. 단종은 노산군으로 강등되어 강원도 영월로 유배를 갔는데, 한 번 더 복위를 도모하다가 발각되

어 서인으로 강등됩니다. 단종은 1457년 세조가 왕위에 오른 지 3년 만에 죽음을 맞습니다.

단종이 세조에게 왕위를 빼앗기자 세조 밑에서는 평생 벼슬을 하지 않겠다고 한 신하들도 6명 있는데, 이들을 생육신이라고 합니다. 그에 반해 세조를 도와

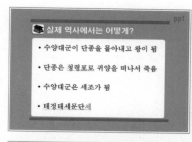

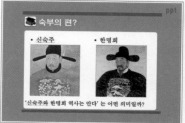
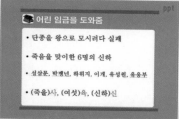

실제 역사를 설명하는 스토리텔링 PPT

큰 벼슬을 한 사람들도 많았는데, 대표적인 인물이 신숙주와 한명회입니다.

+ Tip
수업 성찰

의사 결정의 결과는 학급 분위기에 따라 달라요. 개인적으로 세조의 계유정난은 조선 역사의 비극이자 있어서는 안 될 일이라고 생각합니다. 하지만 저의 개인적인 생각을 학생들에게 말하지는 않습니다.

역사 이야기

계유정난의 비극 ✏️

수양대군이 단종을 보위하던 김종서를 죽이고 단종을 몰아낸 사건이 계유정난입니다. 1453년의 일이었죠. 그 직전 해에 단종이 12세의 어린 나이로 즉위했어요. 보통 어린 왕이 즉위하면 수렴청정을 하는데, 당시에는 수렴청정할 대왕대비도 없고 단종의 어머니이자 문종의 비는 단종을 낳고 죽은 지 오래라 단종은 의지할 데가 없었어요. 조선의 정치 권력은 문종의 유명을 받은 황보인, 김종서에게 집중되었어요. 다만, 황보인은 유약하여 실제 권력은 김종서에게 있었죠. 그런 중에 수양, 안평 등 능력 있는 일곱 대군이 살아 있어서 왕권에 큰 위협이 되었고요.

결국 계유정난으로 정적들을 숙청한 수양은 왕위에 오릅니다. 그리고 수양을 도와 공신이 된 정인지, 한명회 등은 성종 때까지 조정의 중심 세력으로 군림하면서 '훈구파'가 됩니다. 보통 훈구파라 하면 조선 건국부터 성종 때까지 공신 책봉을 통해 세력을 확장한 이들을 말합니다. 그리고 성종 시기에 지방에서 중앙으로 진출한 김종직 등이 선조 때 와서 훈구파 대신 새로운 지배층으로 자리 잡는데 이들을 '사림파'라고 합니다. 이 두 세력을 선악 구도로 보기보다는 조선 정치사의 흐름과 지배 세력의 교체, 그 배경, 각각의 역할로 살펴볼 필요가 있다고 생각합니다.

단종과 청령포 ✏️

영월 청령포는 단종의 유배지입니다. 단종은 숙부인 수양대군에게 왕위를 뺏기고 복위 운동 실패 후 노산군으로 강등되어 이곳에 유배되었습니다. 청령포는 동, 남, 북의 삼면이 물로 둘러싸이고 서쪽은 험한 산이 있어서 나룻배를 이용하지 않고는 밖으로 나갈 수 없는 천혜의 감옥입니다. 단종은 이곳에서 두 달 동안 유배 생활을 하다가 홍수가 나서 관풍헌으로 옮겨 갑니다. 여기서 다시 복위를 도모하다가 발각되어 서인으로 강등되었고 끝내 죽음을 맞이합니다. 그리고 숙종 때 단종으로 복위됩니다.

30장. 임진왜란

임진왜란 연표 만들고 전쟁의 흐름 파악하기

임진왜란은 정유재란을 포함해 7년에 걸친 전쟁입니다. 그래서 많은 학생들이 7년 내내 전쟁을 했다고 생각하지만 사실은 대부분 대치 상태였습니다. 기존의 수업에서는 임진왜란 3대첩에만 집중하여서 전체적인 흐름을 파악하기 어렵습니다. 그래서 임진왜란 연표 만들기 활동을 통해 전쟁의 흐름을 파악하고 극복의 원동력을 탐구하는 수업을 설계했어요. 연표 만들기 활동에 앞서 교과서나 스토리텔링 PPT를 통해 학생들에게 임진왜란의 대략적인 흐름을 알려 주시기를 바랍니다. 다시 한 번 말씀드리지만, 탐구나 흥미는 기초적인 지식 없이는 일어나기 어렵거든요.

임진왜란 연표에 승패 붙이기

임진왜란 전투 상황을 연표(음력 기준)에 정리했어요. 모든 전투를 다 넣기는 어려워서 중요한 전투 위주로 선택하여 만들었어요. 학생들에게 임진왜란 전투 연표를 보여 주면서 간단히 설명을 해 주었어요. 그런데 이 연표만 봐서는 전투가 집중적으로 몰려 있는 해와 그렇지 않은 해를 구분할 수 없고 전체적인 흐름을 한눈에 파악하기도 힘듭니다. 그래서 임진왜란의 특성이 잘 보이는 새로운 연표를 만들어 보기로 했어요. 우선 연도만 표시한 빈 연표를 만들어서 벽에 붙여요. 모둠별로 포스트잇에 중요 전투를 하나씩 적은 뒤, 그 전투가 일어난 연도에 붙여요.

연표를 보고 특징 찾기

학생들이 새로 만든 연표를 보고 알게 된 점을 모둠별로 이야기해 본 다음 간단히 써 보라고 했어요. 학생들은 연표에서 다음과 같은 사실을 찾아냈어요.

연월일	사건
1592년 4월 14일	부산진성 함락 (정발 전사)
1592년 4월 15일	동래성 함락 (송상헌 전사)
1592년 4월 17일	양산성 함락
1592년 4월 22일	영천성 함락
1592년 4월 28일	신립 장군, 충주 탄금대에서 일본군에 패배 (신립 전사)
1592년 4월 29일	선조, 한양을 버리고 평양으로 이동
1592년 5월 7일	이순신 장군, 옥포해전 승리
1592년 5월 29일	이순신 장군, 사천해전 승리 (거북선 최초 사용)
1592년 6월 5일	이광의 조선군, 용인 전투 패배
1592년 6월 8일	곽재우 의병군, 정암진 전투 승리
1592년 6월 11일	선조, 평양을 버리고 의주로 이동
1592년 6월 15일	평양성 함락
1592년 7월 8일	이순신 장군, **한산도대첩** 승리
1592년 7월 9일	의병장 고경명, 금산 전투 패배 (고경명 전사)
1592년 7월 17일	조명연합군, 평양성 전투 패배
1592년 8월 1일	조헌 의병군, 청주성 전투 승리
1592년 8월 3일	김면 의병군, 거창 전투 승리
1592년 8월 18일	조헌, 영규 의병군, 금산성 전투 패배 (모두 전사)
1592년 9월 1일	이순신 장군, 부산포 해전 승리
1592년 10월 10일	김시민 장군, **진주대첩** 승리 (김시민 전사)
1593년 1월 9일	조명연합군, **평양성** 전투 승리
1593년 2월 12일	권율 장군, **행주대첩** 승리
1593년 6월 29일	진주성 함락 (김천일 전사)
1594년 3월 4일	이순신 장군, 당항포 해전 승리
1597년 1월 14일	왜군이 다시 조선을 침입함 (정유재란)
1597년 1월 27일	이순신, 관직에서 쫓겨나고 원균이 수군통제사가 됨
1597년 7월 16일	조선 수군, **칠천량 해전** 패배 (원균 전사)
1597년 8월 25일	전주성 함락
1597년 9월 16일	이순신 장군, **명량대첩** 승리
1598년 1월 4일	조명연합군, 울산성 전투 패배
1598년 8월 19일	도요토미 히데요시 사망
1598년 11월 19일	조명연합군, **노량해전** 승리 (이순신 전사)
1598년 12월 11일	전쟁 종료

- 1595~1597년에는 전투가 없는 것으로 보아 휴전을 한 것 같다.
- 1592년에 대부분의 전투가 몰려 있다.
- 1592년 4월에는 1개 빼고 다 패했다.
- 1592~1598년까지 승리한 전투는 바다에서 싸운 전투가 많다.
- 1592년에는 패배가 더 많았다.
- 승패는 조선과 일본이 서로 비슷하다.
- 육군이 많이 패했다.

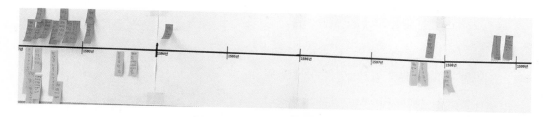

빈 연표에 학생들이 주요 전투를 붙인 결과

- 이순신 장군은 모두 승리하였다.
- 처음에는 많이 지다가 점점 승리하였다.
- 의병의 활약이 많았다.

초반에는 일본이 이기다가 시간이 지날수록 조선군의 승리가 늘어났습니다. 많은 전투가 임진왜란 초기에 몰려 있고 시간이 지날수록 전투를 하기보다 식량을 조달하고 전력을 정비하면서 대치하는 시간이 길어졌습니다. 그러다 정유재란이 일어나고 전투를 몇 번 더 하다가 전쟁이 종료됩니다.

임진왜란 극복의 원동력 탐구하기

임진왜란 극복의 원동력을 알아보기 위해 각 전투의 중심이 되는 사람들을 관군, 의병, 명나라군으로 분류하는 활동을 했어요. 단, 이순신은 관군에 포함되지만 학생들이 이순신 항목을 따로 떼어 내자고 해서 관군, 이순신, 의병, 명나라 등 4가지로 분류했어요. 이렇게 분류를 하고 나서 탐구한 내용을 다음과 같이 써 보았습니다.

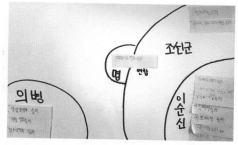

- 이순신 장군의 승리가 많다.
- 대첩이라고 적힌 전투는 다 관군이다.
- 의병이 3번 이겼다.
- 전투는 관군이 많이 했다.

전투에 참여한 집단에 따라 전투를 분류한 결과

• 여러 사람이 힘을 모아 싸웠다.

이러한 활동을 통해 임진왜란을 극복한 원동력은 이순신 장군을 비롯한 관군과 의병이라는 사실을 파악할 수 있어요. 끝으로 임진왜란은 누가 이긴 전쟁인지 학생들에게 물어봤는데, 다음과 같이 대답을 했어요.

학생의 의견을 모아 교사가 칠판에 분류한 결과

• 조선이 이겼다.

이유: 일본이 마지막에 후퇴를 했기 때문에, 마지막 전투를 조선이 이겨서

• 일본이 이겼다.

이유: 조선의 많은 성들이 일본에 의해 함락되었기 때문에, 일본의 승리가 더 많아서

임진왜란 수업에서 잊지 말아야 할 것은 일본의 침략으로 조선 땅에서 7년이라는 긴 시간 동안 전쟁을 치르면서 조선 백성들이 엄청난 피해를 입었다는 사실입니다.

+ Tip 수업 성찰

임진왜란 관련 영상과 자료는 무수히 많습니다. 유튜브에서 '임진왜란'이란 키워드로 검색을 하면 수십 가지 영상 자료가 뜹니다. 학생들과 함께 보기에 적절한 자료가 국립진주박물관 홈페이지에 있어서 소개합니다. (큐알코드 참고)

제1차 진주성 전투

제2차 진주성 전투

역사 이야기

임진왜란의 흐름 🖊

임진왜란은 7년에 걸쳐 일어난 전쟁입니다. 전쟁으로 인해 조선은 쑥대밭이 되었고 백성들의 삶은 이루 말할 수 없이 피폐해지지요. 임진왜란은 1592년 4월, 일본이 부산성을 공격하는 것으로 시작됩니다. 한양은 20일 만에 함락되고 60일도 못 되어 일본은 함경도까지 진출합니다. 처음에는 조선군이 쭉 밀렸지만 그해 7월 이순신의 한산도 대첩, 10월 김시민의 진주대첩으로 승기를 잡습니다. 이듬해 1월 명나라와 연합하여 평양을 되찾고, 곧이어 행주대첩으로 크게 이깁니다. 우리가 알고 있는 임진왜란 3대첩은 전쟁이 발발하고 1년도 안 되어 다 일어난 거죠.

임진왜란을 일으킨 도요토미 히데요시는 자신이 일본에서 싸운 방식으로 조선을 침략했어요. 당시 일본은 '다이묘'라고 불리는 영주들이 제 영토를 넓히기 위해 전투를 했어요. 싸움에서 이긴 영주는 빼앗은 땅의 군사와 성을 흡수하여 세력을 키웠고요. 그런 일본을 통일한 도요토미 히데요시는 영주들의 불만과 관심을 일본 밖으로 돌리기 위해 조선 침략 계획을 세웠던 거죠.

일본은 빠른 속도로 한양을 점령했지만 예상치 못한 일들이 발생합니다. 첫 번째는 조선 왕이 도읍을 버리고 피신을 갑니다. 뒤쫓아 평양성까지 올라갔지만 결국 조선 왕을 잡지 못해요. 그 결과 전선이 아주 길어지게 되지요. 한편 바다에서는 이순신 때문에 군수 물자와 식량 조달에 차질이 생깁니다. 육지에서는 의병이 밤낮으로 괴롭힙니다. 그 와중에 명나라는 일본이 대륙으로 올라올까 우려하여 조선에 군을 파견하지요. 조선은 이들과 힘을 합쳐 평양을 탈환합니다.

평양을 빼앗긴 일본은 퇴각하여 한양 부근에 집결합니다. 그리고 힘을 모아 행주산성을 공격했는데 오히려 큰 피해를 입고 경상남도까지 밀려 내려옵니다. 그런데 조선이 평양을 탈환하기 전부터 진행돼 온 명나라와 일본 간 화의(조선은 전쟁 피해국으로서 화의를 반대했기에 조선을 제외한 채 진행됨)가 무르익으면서, 일본이 화의에서 유리한 입장에 서

고자 진주성을 공격해요. 안타깝게도 진주성은 함락되지요. 그 뒤로도 명나라와 일본 간 화의가 계속되었으나 명나라의 무리한 요구로 결렬됩니다. 조선과 일본은 계속된 전투에 지쳐 교착 국면을 맞게 되고요. 이 기간 동안 큰 전투는 거의 없었습니다.

1597년 일본은 한 번 더 조선에 쳐들어오는데, 이것이 정유재란입니다. 이때는 조선도 대비를 잘 하여서 일본군은 한양까지 올라오지 못하고 몇 달 만에 다시 남쪽으로 내려옵니다. 그리고 이듬해 도요토미 히데요시가 사망하고 일본 내 정치 사정이 복잡해지면서 조선 땅에서 철수를 결정합니다. 일본군은 본국으로 돌아가는 중에 이순신의 조선군과 마지막 전투를 합니다. 우리가 익히 알고 있는 노량해전이 그것입니다. 노량해전을 끝으로 임진왜란은 종지부를 찍습니다.

이순신 ✏️

우리 반 학생들에게 가장 기억에 남는 위인을 말해 보라 했을 때 당당히 1등을 차지한 인물은 바로 이순신입니다. 이순신은 과거에는 국가 시책에서, 현재는 영화와 드라마에서 완벽한 무인으로 묘사됩니다. 하지만 임진왜란 승리의 요인 중 조선의 무기 수준이 상당했던 것 역시 간과해서는 안 됩니다. 천자총통, 현자총통 등 각종 총통은 바다에서의 싸움을 승리로 이끄는 데 큰 역할을 했어요. 적군의 전열을 흩뜨리는 데 큰 공을 세웠던 거북선, 주요 전투선이었던 판옥선의 우수함은 말할 것도 없고요.

이순신의 전술가로서의 면모에도 주목할 필요가 있습니다. 특히, 명량해전은 우리 군의 규모가 작았던 만큼 협소로와 조류를 잘 활용한 훌륭한 전투로 평가받고 있어요. 또한 이순신은 생각이 많은 문인적 면모도 보였어요. 유성룡이 『징비록』에서 그에 대해 표현하기를 "말과 웃음이 적고 단아한 용모… 선비와 같다."고 하였고, 이순신이 쓴 시는 몇 편 안 되지만 아주 유명합니다. 『난중일기』에서 보여지는 그의 모습 또한 용맹하다기보다는 생각이 많고 신중할 때가 많습니다. 생각이 많아서 잠을 잘 못 이루기도 하고 잔병치레도 많이 하거든요.

행주대첩 🖊

'행주대첩' 하면 이름 그대로 아낙네들이 행주치마에 돌을 날라다가 적에게 던져서 전투에서 이겼다고 알고 계시죠? 물론 수적으로 열세인 데다 적이 성벽을 타고 오르면 남녀노소 할 것 없이 돌을 던지면서 싸웠을 겁니다. 그러나 여기서 '행주'는 행주치마의 행주가 아니라 당시 전투가 벌어졌던 곳의 지명입니다.

행주대첩 당시 권율이 이끄는 수비 병력은 약 2,500명이었습니다. 일본은 3만 명의 대군을 7개 부대로 나누어 행주산성을 공격했어요. 하지만 조선군은 수십 대의 화차와 비격진천뢰 같은 우수한 화포를 보유하고 있었고, 지형적으로도 유리한 입장이었어요. 이러한 이점을 활용해 대승한 전투가 바로 행주대첩입니다.

곽재우 🖊

곽재우는 젊어서 과거시험에 합격하였으나 답안지에 왕의 비위를 거슬리게 하는 글귀를 써서 급제가 취소되었습니다. 이 일로 과거를 포기하고 은거하였는데, 그로부터 몇 년 뒤 임진왜란이 일어났어요. 곽재우는 경상남도 의령에서 사람을 모아 의병을 일으켰어요. 수십 인으로 시작한 의병의 군세는 금세 2,000명에 달하였고, 그해 5월에는 함안군을 수복하고 정암진에서 일본군에 맞서 크게 승리합니다. 이 공으로 그는 관직도 받습니다.

임진왜란 당시 곽재우는 붉은 옷을 입고 의병을 지휘하며 스스로 '천강홍의장군(天降紅衣將軍)'이라 했어요. 김시민의 진주성 대첩 때는 휘하의 의병을 보내서 도움을 주기도 하고, 정유재란 때는 군사를 이끌고 가토 기요마사로부터 화왕산성을 지키는 등 많은 활약을 했어요. 임진왜란이 끝난 후에는 왕의 거듭된 발령으로 관직에서 진퇴를 거듭하다가 낙향하여 1617년 조용히 죽음을 맞았습니다.

김시민과 진주대첩 ✏️

김시민은 1592년 10월 진주성에서 3,800명의 군대로 2만 명의 일본군을 무찔렀습니다. 기적 같은 승리였으며, 이로 인해 일본군은 곡창지대인 전라도로 진군하지 못했고 조선은 전라도에서 생산되는 식량을 지킬 수 있었어요. 이것이 바로 진주대첩입니다. 임진왜란의 흐름을 바꿔 놓은 아주 중요한 전투 중 하나이지요. 하지만 김시민은 적군이 쏜 탄환에 맞아 39세로 일생을 마치게 됩니다.

1593년 6월 일본군은 한 번 더 진주성을 공격했으며 이 전투에서는 진주성이 함락됩니다. 논개가 촉석루에서 왜장과 함께 물에 빠진 사건이 이때 일어나지요.

일본군이 무서워했던 무기 ✏️

임진왜란 당시 조선은 활과 칼로만 싸우지는 않았습니다. 일본군의 조총과 맞먹을 정도로 다양한 첨단 무기들이 있었다고 합니다. 그중에서 특히 일본이 무서워했다는 무기가 있다고 하는데, 어떤 무기였는지 다음 기록을 한번 볼까요?

"경상좌병사 박진은 군사를 성 밑에 매복시킨 후 이것을 쏘도록 했다. 뜰 안에 떨어진 이것을 처음 본 왜적들은 신기한 듯이 모여들어 이리 굴려도 보고 밀어도 보는 등 구경에 여념이 없었다. 그러다 포가 큰소리를 내며 폭발하면서 수많은 쇳조각을 흩뜨리자 그 자리에서 서른 명이 넘는 적이 즉사하고, 맞지 않은 자들도 큰 소리에 놀라 한참 뒤에야 정신을 차렸다. 이때부터 적들은 한편으로 놀라고 또 한편으로 두려워하면서 어떻게 만들었는지 궁금해했다."

류성룡이 쓴『징비록』에 나오는 내용으로 경주성 탈환 때 있었던 일입니다. 그리고 이 무기의 이름은 바로 '비격진천뢰(飛擊震天雷)'입니다. 둥근 공 모양의 포탄 안에 뾰족한 파편(빙철)과 화약을 장전한 후 완구에 넣어 발사하면 적군의 땅에 떨어져 폭발하는 일종의 폭탄이지요. 비격진천뢰는 화포장으로 근무하던 이장손이 만들었어요.『징비록』에 "진천뢰는 이장손이 창안한 것이다. 대완구포로 쏘아서 5~6백보 밖에 떨어지게 하고, 떨어진 지 잠시 후에 터지게 만든 것으로서 적들이 가장 두려워하였다."란 기록이 있어요.

31장. 병자호란

왕이 되어
나라를 구하라!

임진왜란 후 역동하는 정치, 경제, 사회 상황에서 광해군, 인조, 소현세자, 효종은 중립 외교, 북벌·북학과 같은 다양한 정책과 학술, 문화, 예술을 발전시키고자 했어요. 이 같은 결정은 역사에서 다양한 결과를 가져옵니다. 결과적으로 옳았던 정책과 옳지 않았던 정책이 있는데, 당시로서는 모두 나름의 이유와 맥락을 가지고 시행되었습니다. 하지만 학생들은 맥락을 알지 못하고 교과서에 나온 결과만 보면 이분법적으로 생각하기 쉽습니다. 그래서 학생들이 당시의 인물(왕)이 되어 시대 상황 속에서 다양한 선택을 해 보는 의사 결정 수업을 해 보았습니다. 수업명은 '왕이 되어 나라를 구하라!'입니다. 임진왜란 이후 혼란스러운 국내외 상황에서 정묘호란과 병자호란을 맞기까지 조선의 왕이 되어 어떤 선택을 할지 의사 결정을 해 보는 수업입니다.

시대 상황 파악하여 정리하기

신하가 쓴 편지 형식의 읽기 자료를 학생들에게 나눠 주고 명, 후금, 조선의 상황을 파악하게 합니다. 읽기 자료를 실감 나게 잘 읽는 학생에게 진짜 조선 신하가 된 양 비장한 목소리로 읽도록 하면 더 재미있어요. 학생들이 읽은 자료는 광해군이 명나라를 돕기 위해 강홍립이 이끄는 1만 3,000명의 병사를 파병하던 당시의 상황을 내러티브 형식으로 만든 것입니다. 이후 조명 연합군은 만주 부차 전투에서 대패하고, 강홍립은 광해군의 '사정이 여의치 않으면 후금에 항복하라'는 명령에 따라 전투에서 패한 뒤 후금에 항복합니다.

내용이 조금 어려울 수 있어서 모둠별로 지도에 한 번 더 정리하는 활동을 했습니다. 3색 포스트잇을 나눠 주고 명, 후금, 조선의 상황을 키워드로 정리해서 지도에 붙여 보라고 했어요. 칠판에 지도를 그리고 그 위에 학생들이

전하, 요즘 만주 땅의 여진족들의 움직임이 심상치 않다고 합니다. 약 30년 전부터 누르하치라는 자가 여러 곳에 흩어져 있는 여진족을 통합하더니 최근에는 새로운 나라까지 세웠다고 합니다. 이 자는 고려시대 때 금나라 황제의 후손이라서 나라 이름도 후(後)금으로 지었다고 합니다. 만주 땅을 대부분 차지한 누르하치는 이제 눈길을 명나라 쪽으로 돌리고 있습니다. 그 군사수가 엄청난데, 정확한 수를 헤아리지는 못했습니다. 오랑캐 같은 것들이 최근 조선을 말할 때 '너희 조선'이라는 표현을 쓰면서 깔보기도 하였습니다. 제가 누르하치의 모습을 그림으로 그려서 같이 보내드립니다.

후금의 상황

전하, 옥체 편안하시옵니까? 명나라의 상황에 대해 자세히 아뢰겠사옵니다. 임진왜란 당시 조선을 도와준 명나라는 전쟁비용으로 엄청난 돈을 썼기 때문에 재정적으로 매우 어려운 상황이옵니다. 게다가 신하들끼리도 다툼이 벌어져 서로 죽고 죽이는 상황이 매일같이 발생하여 많이 혼란스럽사옵니다.
얼마 전에는 엄청난 가뭄으로 인해 먹을 것이 없어져 굶어 죽는 농민들이 그 수를 헤아릴 수 없을 정도로 많았으며 이 때문에 명나라 곳곳에서는 반란이 일어나는 상황입니다. 최근에는 북쪽 만주 지역에서 누르하치의 후금이 군사를 일으켜 명나라를 공격하려는 소문이 들리는 것 같습니다. 여기 명나라 황제께서 편지를 보냈으니 읽어보십시오.

조선 국왕은 보거라.
지금 후금이 명나라를 침공하여 무순지역을 점령하였다.
지금 당장 군대를 보내어 명나라를 돕도록 하여라.
— 명 황제 신종

명나라의 상황

전하, 임진왜란 때 우리를 도와 준 명나라에서 군대를 요청하였다는 소문을 들었사옵니다. 저를 포함해 대부분의 신하들은 명나라와의 의리를 꼭 지켜야 한다고 입을 모아 말을 합니다. 일찍이 태조 이성계에서도 명나라에게 신하의 도리를 다할 것을 명 하셨고 선조 임금에서도 명나라의 도움으로 임진왜란을 극복하셨다고 누누이 말씀하셨습니다. 군대를 모아 하찮은 오랑캐 놈들을 빨리 명나라에서 몰아내 주옵소서.
비록 임진왜란이 끝난 지 얼마 되지 않아 논과 밭이 많이 사라지고 백성들이 먹을 것이 부족하기는 하지만 명나라에 대한 은혜를 저버려서는 절대 아니 되옵니다. 성은이 망극하옵니다. 전하!

조선의 상황

발표한 다양한 내용을 간단히 써 보았어요. 이쯤 정리가 되니, 학생들도 슬슬 고민을 시작합니다. 조선의 대외관계와 국내 상황을 대략적이나마 제대로 파악했다는 뜻이죠.

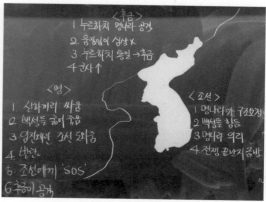

각 나라 상황을 정리한 결과　　　　　　학생들이 발표한 내용을 정리한 결과

"지금 너희들은 왕이다. 좋은 선택을 하여 조선을 위기에서 구해 보자."라고 말했어요.
학습지에 우리가 어떤 입장을 취할지 적어 보라고 했어요.

　학생들은 우리의 선택지로 명나라 돕기, 후금 편에 서기, 중립 지키기 등 3가지를 찾았
어요.

1차 의사 결정하기

　학생들에게 각 선택에 따른 이유를 적어 보라고 했어요. 물론 모든 칸을 다 채우지 못
할 수도 있어요. 다 채운 학생은 학급에서 반 정도 되었던 것 같습니다.

〈1차 선택 후 의견〉

선택	이유
명나라 편에 서기	• 임진왜란 때 명나라가 도움을 주었기 때문에 의리를 지키려고 • 나중에 후금이 명나라를 이긴 다음 조선으로 쳐들어올 수 있어서 • 후금을 도왔다가 명나라가 이기면 복수를 할까 봐
후금 편에 서기	• 후금이 훨씬 강하기 때문에
중립 지키기	• 싸움을 안 할 수 있기 때문에

2차 의사 결정하기

1차 의사 결정은 혼자 하였다면 다른 학생들의 다양한 의견을 참고하여 2차 결정을 했어요. 학생들의 의견을 칠판에 적으니 다음과 같이 다양한 의견들이 나왔어요.

〈2차 선택 후 다양한 의견〉

선택	좋은 결과	나쁜 결과
명나라 돕기	• 신하들과 의견이 같다. • 명나라에 의리를 지킬 수 있다.	• 후금이 조선을 침입할 수 있다.
후금과 친교 쌓기	• 후금이 이기면 조선이 뭔가 이익을 얻을 수 있다.(땅이라도 조금) • 나중에 조선이 어려울 때 후금이 조선을 도와줄 수 있다. • 후금이 이길 가능성이 높다.	• 명나라의 은혜를 저버린다. • 후금이 명나라를 이긴 뒤, 뒤통수를 치면서 조선을 공격할 수도 있다. • 만약 명나라가 후금을 이기면 조선은 쫄딱 망한다.
중간에 있기	• 싸우지 않고 지낼 수 있다. • 사이가 나쁜 나라가 없을 수 있다.	• 사이좋은 나라가 하나도 없다. • 명과 후금이 화해라도 해 버리면 조선의 입장이 곤란해진다.

최종 의사 결정하기

최종 의사 결정을 했어요. 학생들은 고민을 많이 했어요. 학생들은 실제로 왕의 입장이 된 것 같았어요. 명나라에 의리를 지키겠다는 의견이 대세를 이루었고 중립을 지키겠다는 의견도 많았어요. 학생들이 어떠한 선택을 하든 최대한 존중해 주었습니다. 신하들에게 명령을 내리는 글을 쓰는 것으로 수업을 마무리했습니다.

왕이 되어 신하들에게 내린 명령문

실제 역사 알기

　실제 역사에서는 조선이 어떤 선택을 하고 상황이 어떻게 흘러갔는지 PPT 자료를 만들어 학생들에게 보여 주었어요. 광해군은 중립외교를 하였지만 인조는 후금(1636년 나라 이름을 '청'으로 바꿈)을 적대하였어요. 결국 1627년 후금이 조선에 쳐들어와요. 이것이 바로 정묘호란이에요. 인조는 강화도로 피신했고 평안도, 경기 등 각지에서 의병이 일어나요. 후금군은 의병들 때문에 괴롭기도 했고 명나라와 대치하고 있는 본토 상황도 녹록지 않아서 조선과 화의를 맺고 곧 돌아가요. 하지만 이후 후금은 곡식과 병선, 병사 등 조선에 무리한 요구를 하고 조선은 후금에 맞서 배금정책을 펴게 됩니다. 이러한 대립 끝에 결국 1636년 병자호란을 맞지요. 이번에는 청 태종이 12만 군사를 이끌고 직접 쳐들어왔어요. 인조는 남한산성으로 피신해 항전하지만 강화도가 함락되었다는 소식을 듣고 굴욕적인 항복을 합니다. 이때 소현세자와 봉림대군(훗날의 효종)이 청나라에 볼모로 끌려갑니다. 훗날 소현세자는 청나라 문물(북학)을 받아들이는 데 적극적인 모습을 보이고, 효종은 청나라를 치겠다는 북벌정책을 펴게 됩니다.

　수업을 성찰하며, 학생들의 3가지 선택지를 조선의 왕들이 골고루 선택했었다는 사실이 매우 흥미로웠습니다.

역사 이야기

병자호란 전후 왕의 선택은? 🖊

광해군부터 효종까지 각 왕과 왕세자는 어떤 선택을 했을까요? 다음 표를 보고 비교해 봅시다.

왕	선택
광해군	강홍립에게 1만 병사를 주어 명나라를 돕도록 하되, 상황을 보고 후금에 항복하라고 명령함. 청과 명 사이에서 중립을 지키면서 최대한 전쟁을 피함.
인조	명나라와의 의리를 중요시하는 신하들과 함께 광해군을 몰아내고 왕위에 오름. 명에 의리를 지키는 한편, 후금에 적대적임. 그래서 후금이 공격해 옴(정묘호란). 후금은 조선과 형제 관계를 맺고 돌아감. 하지만 계속 후금을 배척함. 나라 이름을 청으로 바꾼 후금이 다시 쳐들어옴(병자호란). 인조는 남한산성에서 45일간 항전하지만, 결국 항복을 하고 삼전도에서 청나라 왕에게 삼배구고두례(3번 절하고 9번 머리를 조아리는 예)를 행함.
소현세자	병자호란 이후 봉림대군(효종)과 함께 청나라에 인질로 끌려감. 청에 의해 명이 멸망하는 모습을 직접 목격함. 청에서 서양의 새로운 문물을 보고 오랑캐라고만 여겼던 청을 다시 보게 됨. 특히, 천주교에 관심을 많이 가짐. 후에 조선으로 돌아왔으나 갑작스럽게 죽음.
효종	소현세자와 함께 청나라에 볼모로 끌려갔다가 돌아와 왕위에 오름. 군사를 훈련시켜 청을 치기 위한 북벌을 준비함. 하지만 신하들이 북벌을 반대함. 갑작스럽게 죽어서 북벌 정책은 무산됨.

소현세자 🖊

'왕위에 오르지 못하고 비극적인 죽음을 맞이한 세자' 하면 누가 떠오르시나요? 아마 뒤주에 갇혀 죽은 사도세자가 가장 먼저 떠오를 것입니다. 하지만 사도세자보다 더 비극적인 세자가 있었으니, 그가 바로 소현세자입니다. 소현세자는 병자호란 후, 청나라에 볼모로 끌려갑니다. 그런데 소현세자는 청나라 수도에서 천주교를 비롯하여 새로운 문물에 눈을 뜨면서 청나라에 복수만을 생각하는 인조와는 다른 생각을 가지게 됩니다. 오랜 볼모 생활을 끝내고 조선으로 돌아왔을 때 인조는 청나라에 우호적인 세자를 탐탁지 않게 생각했지요. 그러던 어느 날 소현세자는 갑작스러운 죽음을 맞이합니다.

인조의 뒤를 이어 역동적인 조선을 만들려 했으나 갑작스럽게 죽은 소현세자에 대해서는 의문이 난무합니다. 기록에 따르면 학질(말라리아) 때문에 죽었다고 하지만, 당시 소현세자의 시신은 온몸이 검은빛이었고 몸의 온 구멍에서 피가 흘러나와서 중독된 듯한 모습이었다고 해요. 게다가 세자가 죽었음에도 인조는 장례를 간소하게 치릅니다. 또한 세손(소현세자의 아들)이 아닌 봉림대군을 세자로 삼고, 소현세자의 부인을 죽이고, 그 어린 자식들은 제주도로 유배 보냅니다. 소현세자의 세 아들 중 둘은 죽고 훗날 셋째 아들만 유배에서 풀려납니다. 그래서 인조가 소현세자를 독살했다는 주장이 제기되기도 합니다.

만약 소현세자가 인조의 뒤를 이어 조선의 왕이 되었더라면 조선의 모습은 어떻게 바뀌었을까요?

부록 ①

역사 유적지 및 박물관

학생들과 탐방하기 좋은 역사 유적지 및 박물관을 '시대별 역사 유적지 및 박물관', '지역별 역사 유적지 및 박물관'으로 분류했습니다. 그리고 '초등 저학년'을 역사 유적지 및 박물관과 '초등 고학년'을 위한 역사 유적지 및 박물관을 구분하여 제시했습니다. 참고하여 가족 단위 또는 학급, 학교급 단위로 계획을 세워 탐방하기를 추천합니다.

1. 시대별 역사 유적지 및 박물관

시대	장소	(초등 고학년 중심) 유적지 및 박물관	(초등 저학년 중심) 유적지 및 박물관
선사시대	서울		암사동유적
	울산	반구대암각화, 암각화박물관	
	경기 강화	고인돌유적	
	경기 시흥		오이도선사유적공원
	경기 연천		전곡선사박물관
	충남 공주		석장리박물관
	전북 고창	고인돌유적, 고인돌박물관	
	전남 화순	고인돌유적	
	경남 진주	청동기문화박물관	
삼국시대 / 고구려	충북 충추	중원고구려비	
삼국시대 / 백제	서울	석촌동고분군, 한성백제박물관, 풍납토성, 몽촌토성	
	충북 청주	백제유물전시관	
	충남 공주	공산성, 무령왕릉, 국립공주박물관	국립공주어린이박물관
	충남 논산	백제군사박물관	
	충남 서산	서산마애삼존불	
	충남 부여	능산리고분군, 궁남지, 정림사지, 국립부여박물관, 부소산성	국립부여어린이박물관, 백제문화단지
	전북 익산	미륵사지석탑, 왕궁리유적지	
삼국시대 / 신라	강원 삼척		이사부사자공원
	경북 경주	대릉원, 천마총, 첨성대, 국립경주박물관, 신라역사과학관, 포석정	국립경주어린이박물관, 신라밀레니엄테마파크, 경주세계문화엑스포공원
	경북 청도		신화랑풍류마을
삼국시대 / 가야	경북 고령	대가야박물관, 대가야왕릉전시관, 지산동고분군, 우륵박물관	대가야역사테마파크
	경남 김해	수로왕릉, 봉황동유적, 대성동고분박물관, 구지봉, 국립김해박물관	가야테마파크, 국립김해어린이박물관
남북국	강원 속초	발해역사관	
	경북 경주	안압지, 불국사, 석굴암	
	전남 완도	청해진, 장보고기념관	

고려	서울	간송미술관, 리움미술관	
	경기 강화	고려궁지	
	경기 파주	용미리마애이불입상, 윤관장군묘	
	충북 청주	고인쇄박물관, 흥덕사	
	충남 논산	관촉사미륵보살, 개태사	
	전북 부안	청자박물관	
	전남 강진	고려청자박물관	
	경북 영천		최무선과학관
	경남 합천	해인사	대장경테마파크
조선 전기	서울	경복궁, 창덕궁, 창경궁, 경희궁, 종묘, 사직단, 국립고궁박물관, 한양도성박물관	국립한글박물관
	부산	장영실동산	
	대구	육신사	
	경기 여주	세종대왕릉, 세종대왕역사문화관	
	강원 강릉	오죽헌, 허균허난설헌기념관	
	강원 영월	단종역사관, 장릉, 청령포, 관풍헌	
	전북 전주	전주경기전	
조선 중기 (임진왜란, 병자호란)	서울	광화문박물관, 허준박물관	
	부산	동래읍성	
	경기 고양	행주산성	
	경기 광주	남한산성	
	충북 충주	탄금대	
	충남 금산	칠백의총	
	충남 아산	현충사	
	충북 장수	논개사당, 논개생가	
	전북 남원	만인의총	
	전남 해남	우수영명량대첩지	
	경남 고성	당항포유적지	
	경남 의령	곽재우생가, 충익사, 의병박물관	
	경남 진주	진주성, 국립진주박물관	국립진주어린이박물관
	경남 통영	한산도제승당, 통영세병관, 충렬사	

조선 후기	경기 남양주	실학박물관	
	경기 수원	수원역사박물관, 수원화성박물관, 수원화성	
	강원 강릉	선교장, 강릉향교	
	강원 영월	조선민화박물관	
	전남 강진	다산초당	
	경북 안동	하회마을	유교랜드, 하회마을탈놀이
	제주		김만덕기념관
근대	서울	독립문, 국립고궁박물관, 탑골공원, 안중근의사기념관, 식민지역사박물관, 백범김구기념관, 매헌윤봉길기념관, 덕수궁	서대문형무소
	부산	부산근대역사관, 국립일제강제동원역사관	
	대구	국채보상운동기념관, 근대역사관	
	인천	개항장거리, 인천근대박물관	
	경기 강화	강화역사박물관, 광성보, 초지진, 덕진진, 정족산성	
	경기 파주	한국근대사박물관	
	강원 춘천	의암류인석유적지	
	충남 보령	김좌진장군 묘	
	충남 천안	독립기념관, 유관순열사사적지	
	전북 고창	전봉준 생가터, 동학농민혁명 기포지, 무장현 관아	
	정북 정읍	황토현전적지, 전봉준장군고택, 만석보유지비	동학농민혁명기념관
	전남 목포	근대역사관	
	경북 안동	경상북도독립운동기념관	
현대	서울	서울역사박물관, 전쟁기념관, 한국은행화폐박물관	전쟁기념관어린이박물관
	부산	전쟁기념관,	
	광주	5·18기념공원, 5·18자유공원, 5·18민주광장, 5·18민주화운동기록관	
	강원 고성	통일전망대, 6·25전쟁체험전시관	
	강원 태백	탄광역사촌	석탄박물관, 태백체험공원
	경북 청도	새마을운동발상지기념관	
	경북 칠곡	다부동전적기념관, 왜관지구전적기념관	
	경남 거제	거제포로수용소	
	제주	제주4·3기념관	제주4·3어린이체험관

2. 지역별 역사 유적지 및 박물관

지역	(초등 고학년 중심) 유적지 및 박물관	(초등 저학년 중심) 유적지 및 박물관
서울	경복궁, 창덕궁, 덕수궁, 창경궁, 경희궁, 종묘, 독립문, 서대문형무소, 국립고궁박물관, 서울역사박물관, 국립중앙박물관, 낙성대, 사직단, 탑골공원, 한성백제박물관, 석촌동고분군, 풍납토성, 몽촌토성, 롯데월드민속박물관, 안중근의사기념관, 식민지역사박물관, 광화문박물관, 백범김구기념관, 전쟁기념관, 대한민국역사박물관, 허준박물관, 서울생활사박물관, 매헌윤봉길기념관, 리움미술관, 간송미술관, 한국은행화폐박물관, 한양도성박물관	국립중앙어린이박물관, 국립민속어린이박물관, 전쟁기념관어린이박물관, 국립한글박물관, 서울생활사박물관
인천	개항장거리, 인천근대박물관	인천어린이박물관
경기 강화	고려궁지, 강화역사박물관, 광성보, 초지진, 덕진진, 정족산성, 강화고인돌, 마니산참성단	
경기 고양	행주산성, 북한산성, 공양왕릉	
경기 광주	남한산성	
경기 남양주	실학박물관	
경기 수원	수원역사박물관, 수원화성박물관, 수원화성, 화성홍보관	
경기 시흥		오이도선사유적공원
경기 안성	안성맞춤박물관	안성맞춤랜드
경기 여주	세종대왕릉, 세종대왕역사문화관, 여주박물관	
경기 연천	전곡선사박물관	
경기 용인	경기도박물관, 정몽주묘, 용인시립박물관	경기도어린이박물관, 한국민속촌
경기 파주	용미리마애이불입상, 윤관장군묘, 장릉, 파주한국근대사박물관	
경기 평택	삼봉기념관, 대동법시행기념비	
강원 강릉	오죽헌, 허균허난설헌기념관, 강릉향교, 선교장, 김시습기념관	
강원 고성	통일전망대, 6·25전쟁체험전시관	
강원 삼척	삼척시립박물관, 공양왕릉	이사부사자공원
강원 속초	아바이마을, 발해역사관, 속초시립박물관, 실향민문화촌	
강원 양양	오산리선사유적박물관	

강원 영월	장릉, 청령포, 단종역사관, 관풍헌, 조선민화박물관, 김삿갓문학관, 근현대생활사박물관, 묵산미술박물관	
강원 원주	원주역사박물관, 한지테마파크, 강원감영	
강원 춘천	국립춘천박물관, 의암류인석유적지	
강원 태백	탄광역사촌	석탄박물관, 태백체험공원
충북 단양	온달관광지, 단양적성비, 온달산성	
충북 청주	고인쇄박물관, 흥덕사, 국립청주박물관, 청남대, 백제유물전시관, 의암손병희선생유허지, 단재신채호사당	국립청주어린이박물관
충북 충주	중원고구려비, 중앙탑, 탄금대, 충주박물관, 고구려천문과학관	
충남 공주	공산성, 무령왕릉, 국립공주박물관, 송산리고분군, 웅진백제역사관	국립공주어린이박물관, 석장리박물관
충남 금산	칠백의총	
충남 논산	관촉사미륵보살, 백제군사박물관, 개태사	
충남 보령	김좌진장군묘	
충남 부여	능산리고분군, 궁남지, 정림사, 국립부여박물관, 부소산성	국립부여어린이박물관, 백제문화단지
충남 서산	마애삼존불, 안견기념관, 해미읍성	
충남 아산	현충사, 온양민속박물관, 외암민속마을	
충남 예산	윤봉길의사기념관, 추사고택	
충남 천안	독립기념관, 유관순열사사적지, 천안박물관	홍대용과학관
충남 홍성	한용운생가, 김좌진장군생가, 성삼문유허지	
전북 고창	고인돌박물관, 전봉준생가터, 동학농민혁명기포지, 고창읍성, 무장현관아	
전북 군산	군산근대역사박물관, 군산근대거리	
전북 김제	금산사, 벽골제	
전북 남원	만인의총, 광한루, 황산대첩비지	춘향테마파크
전북 부안	청자박물관, 새만금방조제	
전북 익산	미륵사지석탑, 왕궁리유적지, 마한박물관, 서동공원, 익산쌍릉	
전북 장수	논개생가, 논개사당	
전북 전주	한옥마을, 경기전, 풍남문, 전주객사, 한지박물관, 국립전주박물관, 전주역사박물관, 동학혁명기념관, 전동성당	국립전주어린이박물관

전북 정읍	황토현전적지, 전봉준장군고택, 만석보유지비	동학농민혁명기념관
광주	5·18기념공원, 5·18자유공원, 5·18민주광장, 5·18민주화운동기록관, 국립광주박물관, 광주학생독립운동기념관	국립광주어린이박물관
전남 강진	다산초당, 고려청자박물관	
전남 나주	완사천, 나주읍성, 국립나주박물관	국립나주어린이박물관
전남 목포	해양유물전시관, 근대역사관, 목포자연사박물관	
전남 보성	서재필기념공원, 태백산맥문학관	
전남 순천	낙안읍성, 순천왜성, 송광사	
전남 완도	청해진, 장보고기념관	
전남 해남	윤선도유적지, 우수영명량대첩지	
전남 화순	고인돌유적	
대구	근대역사관, 이상화·서상돈고택, 국채보상운동기념관, 국립대구박물관, 2·28민주기념관, 육신사	국립대구어린이박물관
경북 경산	경산시립박물관, 영남대학교박물관	삼성현역사문화공원
경북 경주	대릉원, 천마총, 첨성대, 안압지, 국립경주박물관, 불국사, 석굴암, 신라역사과학관, 포석정, 감은사지, 양동마을	국립경주어린이박물관, 신라밀레니엄테마파크, 경주세계문화엑스포공원
경북 고령	대가야박물관, 대가야왕릉전시관, 지산동고분군, 우륵박물관	대가야역사테마파크
경북 군위	일연공원	삼국유사테마파크
경북 문경	옛길박물관, 문경새재	석탄박물관
경북 안동	하회마을, 병산서원, 도산서원, 탈박물관, 민속박물관, 경상북도독립운동기념관	유교랜드, 하회마을탈놀이, 전통문화콘텐츠박물관
경북 영덕	신돌석기념관	
경북 영주	소수서원, 소수박물관, 선비촌, 부석사	
경북 영천		최무선과학관
경북 울릉	독도박물관	
경북 의성	조문국박물관	
경북 청도	새마을운동발상지기념관, 청도읍성, 석빙고	신화랑풍류마을
경북 칠곡	다부동전적기념관, 왜관지구전적기념관	
경북 포항	포스코역사관, 구룡포근대역사관	국립등대박물관

부산	동래읍성, 장영실동산, 부산근대역사관, 부산박물관, 국립일제강제동원역사관, 전쟁기념관	
울산	반구대암각화, 암각화박물관, 천전리각석, 울산대곡박물관, 울산박물관	울산어린이박물관
경남 거제	거제 포로수용소, 해양과학관, 옥포대첩기념공원	
경남 고성	당항포유적지	탈박물관
경남 김해	수로왕릉, 봉황동유적, 대성동고분박물관, 구지봉, 국립김해박물관, 분청도자박물관	가야테마파크, 국립김해어린이박물관
경남 의령	곽재우생가, 충익사, 의병박물관	
경남 진주	진주성, 국립진주박물관, 청동기문화박물관	국립진주어린이박물관, 진주어린이박물관
경남 통영	통영세병관, 한산도제승당, 충렬사	
경남 함안	함안박물관	
경남 합천	해인사, 합천박물관	대장경테마파크
제주(도) 제주	국립제주박물관, 삼성혈, 항파두리항몽유적지, 제주4·3기념관, 제주해양박물관	김만덕기념관, 제주4·3어린이체험관
제주 서귀포	제주민속촌, 김정희유배지	

역사 유적지 답사 코스

주요 역사 유적지 답사 코스는 다음과 같습니다. 실제 답사 코스 및 최소 관람 시간을 병기하였습니다. 참고하여 답사 계획을 세우시기를 바랍니다.

김해 구지봉, 김해박물관, 대성동고분, 수로왕릉, 봉황동유적, 분산성, 가야테마파크

고령 지산동고분군, 대가야박물관, 왕릉전시관, 대가야역사테마파크, 우륵박물관

공주 공주박물관, 송산리고분군, 공산성, 웅진백제역사관, 석장리박물관, 우금치전적비

부여 부여나성, 능산리고분군, 부여박물관, 정림사지, 관북리유적, 궁남지, 부소산성

경주 국립경주박물관, 분황사, 동궁과 월지, 첨성대, 대릉원, 포석정, 불국사, 석굴암

청주 청주백제유물전시관, 고인쇄박물관, 흥덕사지, 용두사지철당간, 국립청주박물관

전주 전주한지박물관, 전주한옥마을, 전주사고, 경기전, 전주객사, 국립전주박물관

영월 영월장릉, 단종역사관, 청령포, 관풍헌, 조선민화박물관, 난고김삿갓유적지

강화 강화고려궁지, 강화역사박물관, 강화산성, 광성보, 덕진진, 초지진, 정족산성

대구 국채보상운동기념공원, 대구근대역사관, 약령시한의약박물관, 이상화, 서상돈 고택, 2·28민주운동기념관, 국립대구박물관, 신숭겸 장군 유적

부산 임시수도기념관, 부산근현대역사관, 민주공원, 일제강제동원역사관, 동래읍성

제주 김만덕기념관, 국립제주박물관, 제주4·3평화기념관, 성읍민속마을, 제주민속촌

김해 : 구지봉, 김해박물관, 대성동고분, 수로왕릉, 봉황동유적, 분산성, 가야테마파크

김해는 가야의 초기 중심지인 금관가야의 터전입니다. 가야 건국 설화의 장소인 구지봉을 비롯하여 국립김해박물관, 가야테마공원, 김수로왕릉까지 가야 답사의 종합 선물 세트라고 할 수 있어요. 가야의 시작과 찬란한 문화를 느낄 수 있는 김해로 가 볼까요?

🚉 수로왕비릉 (관람 20분)

구지봉 옆에 수로왕비릉이 있어요. 능 입구에는 파사석탑이 있고요. 『삼국유사』에 따르면 수로왕비 허황옥이 아유타국에서 바다를 건너올 때 파도의 신의 노여움을 잠재우기 위해 이 탑을 싣고 왔다고 합니다.

🚉 구지봉공원 (관람 30분)

『삼국유사』에 따르면 구지봉을 포함해 이 지역을 다스렸던 구간과 백성들이 구지봉에 모여 구지가를 부르며 춤을 추자, 하늘에서 보라색 줄에 매달린 황금 상자가 내려왔다고 합니다. 이 상자에 6개의 황금알이 있었고, 그 알을 깨고 나온 이가 바로 6가야를 세운 여섯 왕입니다.

🚉 국립김해박물관 (관람 2시간)

가야와 관련된 많은 문화재를 전시하고 있습니다. 다양한 철기 문화재를 볼 수 있으며, 특히 수레바퀴장식토기는 가야의 대표 문화재입니다.

도착

김해가야
테마파크

분산성

⅏ 봉황동유적 (관람 1시간)
가야의 대표적인 조개무덤으로 1907년 우리나라 최초로 고고학 조사가 이루어졌던 회현리 패총과 금관가야 최대의 생활 유적지인 봉황대를 합쳐 봉황동유적이라고 합니다.

⅏ 대성동고분 (관람 30분)
수로왕릉 옆에 대성동고분군이 있어요. 밭을 갈다가 우연히 발견했다고 합니다. 지금은 발굴이 끝나 덮어 놓았으며, 고분군 아래쪽에 박물관을 만들어 발굴 유물을

전시해 놓았어요. 북방민족이 사용하는 청동솥이 이곳에서 발견되었는데, 이를 통해 가야와 북방민족이 교류했다고 추정됩니다.

⅏ 수로왕릉 (관람 20분)
김수로, 즉 수로왕이 서기 42년에 가락국을 세웠으며 199년 세상을 떠나 이곳에 묻혔다고 해요. 그가 죽었을 때 나이가 자그마치 158세였다고 『삼국유사』에 적혀

있어요. 수로왕릉은 조선 인조와 고종 때, 묘를 새로 하면서 지금과 같은 모습을 갖추었어요. 수로왕릉 앞 정문 이름이 '납릉정문'인데 물고기 2마리가 그려져 있어요. 수로왕은 인도 아유타국의 공주를 왕비로 맞이했는데, 이 물고기는 아유타국의 용왕을 상징한다고 합니다.

⅏ 분산성 (관람 2시간)
낙동강 하류의 평야를 한눈에 볼 수 있는 분성산에 둘레 900미터에 걸쳐 만든 산성입니다. 삼국시대에 쌓았을 것이라 추정되며, 임진왜란 때 무너진 것을 고종 때

다시 쌓았다고 해요. 여기서 바라보는 김해의 모습은 그야말로 장관입니다.

⅏ 김해가야테마파크 (관람 3시간 이상)
가야의 역사를 놀이, 체험, 전시를 통해 경험할 수 있는 테마파크입니다. 가야왕궁에서 수로왕과 허황후의 이야기를 볼 수 있고 각종 공연도 합니다.

고령 : 지산동고분군, 대가야박물관, 왕릉전시관, 대가야역사테마파크, 우륵박물관

고령은 후기 가야의 맹주인 대가야의 중심지입니다. 초기 가야 연맹의 중심지는 금관가야였으나 532년 신라에 편입됩니다. 이후 대가야가 가야의 새로운 맹주로 떠오르게 됩니다. 대가야 왕족의 무덤으로 알려진 지산동고분군 아래에 대가야박물관이 있어요. 또한 우륵이 가야금을 제작한 곳이 바로 고령입니다. 가야의 재도약과 멸망이라는 아픔을 간직한 고령으로 가 봅시다.

지산동고분군 (관람 30분)

대가야박물관 뒤쪽에 있는 무덤들입니다. 크고 작은 200여 기의 고분이 분포하고 있으며 대체로 5~6세기에 만들어진 것으로 추정됩니다. 대가야 양식의
토기, 철기, 금관, 장신구 등의 유물이 출토되었습니다.

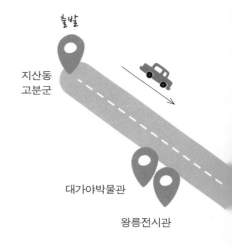

출발

지산동
고분군

대가야박물관

왕릉전시관

대가야박물관 (관람 1시간 30분)

대가야의 역사를 중심으로 고령의 역사를 한눈에 볼 수 있는 박물관입니다. 대가야의 성립과 발전, 멸망까지의 모습을 다양한 유물을 통해 관람할 수 있어요. 어린이박물관에서는 다양한 체험도 가능합니다.

왕릉전시관 (관람 30분)

대가야 박물관 옆에 왕릉전시관이 있습니다. 지산동고분군 44호분에서 약 40명을 순장한 흔적이 발견되었어요. 우리나라 최대 규모의 순장묘이며, 그 모습을 직접 볼 수 있도록 실제 무덤을 전시관으로 만들어 놓았습니다.

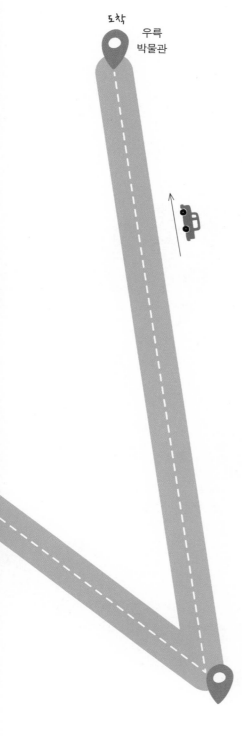

도착
우륵
박물관

🚃 대가야역사테마관광지 (관람 3시간 이상)

대가야 건국 이야기를 반영한 조형물과 대가야 사람들의 생활 모습을 볼 수 있는 관광지입니다. 다양한 놀이시설과 체험시설을 갖추고 있으며 여름에는 물놀이를 할 수 있는 수영장을 개장합니다. 펜션에서 숙박도 가능해요. 매년 4월에 이곳에서 대가야축제가 열려요. 각종 공연과 뮤지컬을 관람할 수 있으니 꼭 한번 관람해 보세요.

🚃 우륵박물관 (관람 20분)

우륵과 관련된 자료를 전시하고 있습니다. 우륵은 박물관이 있는 이곳 정정골에서 가야금을 연주했다고 합니다. 『삼국사기』에 따르면 "가야국 가실왕이 12현금(가야금)을 만들어 열두 달의 음률을 나타냈으며 우륵으로 하여금 곡을 만들도록 명했다."고 합니다. 우륵은 가실왕의 명에 따라 가야금 연주곡으로 각 지역의 음악을 담은 12곡을 만들었어요. 하지만 현재 악보가 전해지지 않아 음악은 들을 수 없어요.

대가야역사테마관광지

공주 : 공주박물관, 송산리고분군, 공산성, 웅진백제역사관, 석장리박물관, 우금치전적비

공주는 백제의 두 번째 도읍지로 무령왕릉이 발견된 곳입니다. 원래 백제의 도읍지였던 위례성을 고구려에 빼앗기고 개로왕도 죽임을 당합니다. 이후 급하게 옮긴 도읍지가 바로 공주입니다. 당시 이름은 웅진이며 우리말로 곰나루라고 해요. 짧은 기간 도읍지였으나, 무령왕릉의 발굴로 백제의 문화재가 많이 나오게 됩니다. 무령왕릉의 꿈이 담긴 도시 공주로 떠나 볼까요?

⚓ 국립공주박물관 (관람 2시간)
송산리고분군에서 발굴된 무령왕릉의 유물과 대전, 충남 지역에서 출토된 다양한 문화재가 있습니다.

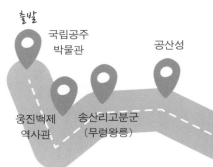

⚓ 웅진백제역사관 (관람 30분)
웅진백제역사관에는 64년 동안 5명의 왕이 머물렀던 웅진시대의 다양한 자료가 있어요. 이곳을 먼저 보고 송산리고분군에 있는 무령왕릉전시관으로 가면 좋습니다.

⚓ 송산리고분군 (관람 1시간)
송산리고분군은 공산성과 더불어 세계문화유산입니다. 7호분이 무령왕릉으로 밝혀졌으며 송산리고분군 모형전시관에 실제 모습 그대로 만들어 놓았어요.

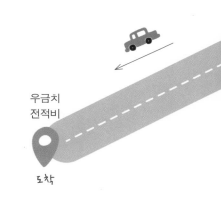

⊐ 공산성 (관람 1시간 30분)

백제 문주왕 때 웅진으로 천도하여 성왕이 도읍지를 부여로 옮기기까지 64년 동안 백제의 중심지였어요. 북쪽에는 금강이 흐르고 산으로 둘러싸여서 천연의 요새와 같아요. 원래는 흙으로 쌓은 토성이었으나 조선시대에 석성으로 개축했어요.

⊐ 석장리박물관 (관람 2시간 이상)

석장리에서 우리나라 최초의 구석기 유물이 발굴되었어요. 우리나라는 석장리 유적 발굴을 통해 공식적으로 구석기 시대를 인정받게 됩니다. 이를 기념하기 위해 만든 구석기 전문 박물관입니다.

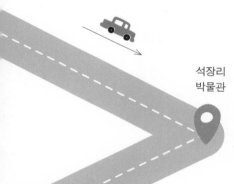

석장리
박물관

⊐ 우금치전적비 (관람 10분)

우금치는 1894년 동학농민군이 관군과 일본군을 상대로 최후의 격전을 벌인 곳입니다. 하지만 일본군의 우세한 화력에 밀려 이후 내리막을 걷게 됩니다. 우금치전투는 동학농민운동 가운데 가장 큰 전투였어요. 이를 기념하기 위해 기념비를 세워 놓았어요.

부여 : 부여나성, 능산리고분군, 부여박물관, 정림사지, 관북리유적, 궁남지, 부소산성

부여는 백제의 3번째 도읍지입니다. 옛 이름은 사비라고 하며 538년 성왕 때 도읍지를 이곳으로 옮겼어요. 백제의 2번째 도읍지였던 공주와는 다르게 부여는 철저하게 준비된 계획도시였어요. 신라의 경주처럼 넓은 터에 바둑판 식으로 집을 지었다고 하는데, 지금은 그 흔적을 볼 수 없어서 안타깝네요. 무령왕릉과 더불어 백제 문화재의 꽃이라 할 수 있는 금동대향로가 숨 쉬는 부여로 떠나 봅시다.

⊐ 부여나성 (관람 10분)
나성이란 성 외곽을 둘러싼 성을 말해요. 부여나성은 백제의 수도 사비를 보호하기 위해 흙으로 만든 성으로 둘레가 8킬로미터나 됐는데, 지금은 약간의 흔적만 남아 있어요. 바깥 벽은 급한 경사이고 안쪽은 완만하며 성 위는 말이 달릴 수 있을 만큼 길이 넓고 평평했다고 해요.

⊐ 능산리고분군 (관람 30분)
나성 동쪽 바깥에 위치하고 있으며 고분의 개수는 총 20개입니다. 가운데 8기, 동쪽 5기, 서쪽 7기로 나뉘어 있으며 가운데 위치한 무덤들이 크기나 위치로 보아 사비시대 왕릉으로 추정된다고 해요. 나성과 능산리고분군 사이 절터에서 금동대향로가 출토되었다고 해요.

⊐ 국립부여박물관 (관람 2시간)
백제 문화의 정수인 백제금동대향로 등 다양한 문화재를 볼 수 있고, 어린이박물관 시설이 매우 잘 되어 있어요.

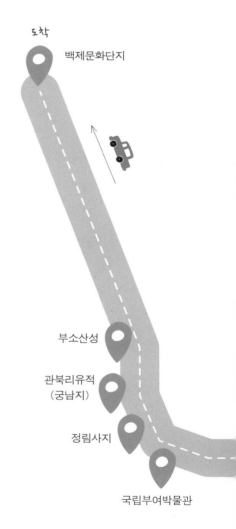

도착

백제문화단지

부소산성

관북리유적
(궁남지)

정림사지

국립부여박물관

⚒ 정림사지 (관람 40분)

익산의 미륵사지석탑과 더불어 우리나라 최초의 석탑 중 하나인 정림사지오층석탑이 있는 절터입니다. 정림사지박물관에 가면 탑과 관련한 다양한 정보를 볼 수 있어요.

⚒ 관북리유적 (관람 20분)

부소산의 남쪽과 서쪽 기슭에 위치하며 백제의 왕궁터로 추정되는 곳입니다. 발굴조사를 통해 백제시대의 대형 건물 터, 연못, 목곽저장고, 석곽저장고, 공방시설, 도로 등의 유적이 확인되었어요.

⚒ 궁남지 (관람 30분)

이름 그대로 궁의 남쪽 연못입니다. 『삼국사기』를 보면 무왕 35년에 궁의 남쪽에 못을 파고 가운데에는 섬을 만들었다는 기록이 있어요. 우리나라 최초의 인공 정원이라고 할 수 있지요.

⚒ 부소산성 (관람 1시간 30분)

백제의 수도 방어를 위해 쌓은 성곽이자 산성입니다. 북쪽에 백마강이 있고 남쪽에 부소산이 있습니다. 부소산에는 삼천궁녀 설화로 유명한 낙화암이 있고 백제의 마지막 충신인 성충, 흥수, 계백의 충절을 기리기 위한 사당인 삼충사가 있습니다.

⚒ 백제문화단지 (관람 3시간 이상)

백제테마파크로 사비시대 궁궐, 성왕의 능에 세워졌던 능사, 위례성, 마을 등이 재현되어 있어요. 백제역사문화관에 가면 백제와 관련된 다양한 정보도 볼 수 있어요.

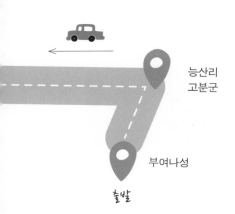

능산리
고분군

부여나성

출발

경주 : 국립경주박물관, 분황사, 동궁과 월지, 첨성대, 대릉원, 포석정, 불국사, 석굴암

천년 고도 경주는 신라 그 자체이자 도시 그대로 국립공원입니다. 누구나 한번은 방문한 적이 있을 겁니다. 신라의 건국부터 멸망까지의 모든 역사가 살아 숨 쉬는 경주로 떠나 볼까요?

국립경주박물관 (관람 3시간 이상)

박물관 입구에 들어서면 에밀레종으로 더 잘 알려진 성덕대왕신종이 있어요. 신라 경덕왕이 아버지인 성덕왕의 명복을 빌기 위해 만들기 시작해 그 아들인 혜공왕 때 완성한 종입니다. 신라역사관에서 신라 금관, 이차돈 순교비 등 중요한 문화재를 볼 수 있어요.

분황사 (관람 30분)

분황사는 선덕여왕 때 건립되었으며 위대한 고승인 원효대사와 자장스님이 계셨던 절입니다. 분황사 안에 들어가면 신라시대 최초의 석탑인 분황사모전석탑이 있습니다.

첨성대 (관람 20분)

선덕여왕 때 만들어진 천문 관측대입니다. 신라인들의 과학 정신을 반영한 건축물로 돌 하나하나에 상징적인 의미가 담겨 있으며 아주 우아한 곡선을 이루고 있어요. 둥근 하늘을 상징하는 원형과 네모는 땅을 상징하는 사각형을 고루 사용했다고 합니다.

동궁과 월지 (관람 1시간 30분)

신라 왕궁의 별궁 터인 동궁과 월지입니다. 월지는 안압지로 더 잘 알려져 있습니다. 조선시대 때 이곳에 오리와 기러기가 많다 하여 '오리 압', '기러기 안'자를 써서 안압지라 불렸어요. "궁 안에 연못을 파고 산을 만들어 화초를 심고 진기한 새와 짐승을 길렀다."는 기록이 『삼국사기』에 있어요.

♨ 대릉원 (관람 1시간 30분)

대릉원은 이름 그대로 거대한 무덤들이 마치 공원처럼 이어져 있는 곳입니다. 『삼국사기』의 "미추왕을 대릉에 장사 지냈다."는 기록에서 '대릉원'이라는 이름이 유래했어요. 미추왕릉, 황남대총, 천마총 등 23여 기의 능이 밀집해 있으며, 특히 능 내부를 구경할 수 있는 천마총이 가장 유명합니다.

♨ 포석정 (관람 30분)

포석정은 돌에 홈을 파서 물이 흐르게 한 뒤, 물 위에 술잔을 띄워 놓고 놀던 곳이라고 합니다. 『삼국사기』를 보면 견훤이 경주를 공격하였을 때 백제 왕이 포석정에서 놀고 있었다는 기록이 나옵니다. 놀았다기보다는 나라의 안녕을 기리는 제를 올리고 있지 않았을까요?

♨ 불국사 (관람 2시간)

불국사에 들어서면 오른쪽에 청운교, 백운교가 보이고 왼쪽에 연화교, 칠보교가 보입니다. 불국사 내부로 들어서면 석가탑과 다보탑이 있습니다. 1966년 석가탑의 해체 복원 과정에서 저 유명한 무구정광대다라니경이 발견되었는데, 세계에서 가장 오래된 목판 인쇄본입니다.

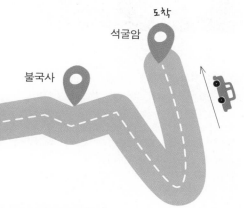

도착
석굴암
불국사

♨ 석굴암 (관람 2시간)

(출처: 문화재청)

자연석을 다듬어 쌓은 돔 위에 흙을 덮어 굴처럼 보이는 석굴사원입니다. 『삼국유사』에 따르면 불국사는 김대성의 현생의 부모를 위해, 석굴암은 전생의 부모를 위해 창건되었다고 하는데, 이는 개인적인 발원이 아닌 거족적인 민족의 발원이라는 관점으로 이해되어야 한다고 합니다. 통일신라 불교미술의 백미로 꼽습니다.

청주 : 청주백제유물전시관, 청주고인쇄박물관, 흥덕사지, 국립청주박물관

청주는 금속활자와 인연이 깊은 곳입니다. 현존하는 가장 오래된 금속활자 인쇄물인 『직지심체요절』을 청주 흥덕사에서 찍어냈기 때문이에요. 하지만 『직지심체요절』은 청주에 있지 않고 프랑스 국립도서관에 보관 중입니다.

☰ 청주백제유물전시관 (관람 30분)

청주 신봉동고분군을 발굴한 결과 백제시대 고분군 중 하나로 밝혀졌어요. 이곳에서 출토된 유물과 관련 유적을 전시하기 위해 만든 박물관이 바로 청주백제유물전시관입니다.

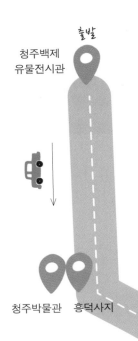

출발

청주백제
유물전시관

청주박물관   흥덕사지

☰ 청주고인쇄박물관 (관람 1시간)

목판인쇄에서 금속활자에 이르기까지 인쇄 발달 과정을 자세히 알 수 있는 곳입니다. 인쇄 기구는 물론이고 흥덕사지 출토 유물까지 2,600여 점의 유물을 소장하고 있어요. 특히, 금속활자 만드는 과정을 자세히 설명해 주어 이해하기 쉽습니다. 금속활자를 옛 방식으로 복원한 후에 이것을 가지고 『직지』 복원품을 만들어 전시하고 있어요. 『직지』는 원래 상, 하 두 권인데, 상권은 전해지지 않으며 하권은 프랑스에 있습니다.

⏱ 흥덕사지 (관람 10분)

『직지』는 흥덕사에서 1377 년에 간행하였다는 기록만 있을 뿐 흥덕사의 위치나 존 재를 알 수 없었다고 해요. 그런데 1985년 발굴 조사 가 시작된 이름 없는 절터에

서 '흥덕사'라고 새겨진 유물이 나와서 이곳이 흥덕사였 음을 알게 되었다고 합니다.

⏱ 청주용두사지철당간 (관람 10분)

청주 시내 중심에 용두사지철당간이 있습니다. 당간은 절 입구에 세우고 깃발을 달아서 그곳이 절이라는 것을 알렸던 기둥입니다. 그리고 당간이 기울어지지 않도록 당간 양쪽에 낮은 기둥을 세웠는데 이것을 당간지주라고 해요. 용두사지철당간은 국보입니다. 당간 자체도 귀하 지만 당간에 '준풍'이라고 새겨진 글자 때문이죠. 이것은 고려시대 광종이 사용하였던 연호입니다. 용두사지철당 간은 고려가 연호를 사용한 황제국임을 알 수 있는 역사 자료이지요.

⏱ 국립청주박물관 (관람 1시간 30분)

충북 지역의 다양한 역사와 문화를 살펴볼 수 있는 박물 관입니다. 선사시대부터 초기 철기시대의 고고 자료와 통일신라 시기의 집터, 무덤, 성곽 등에서 출토된 유물을 전시하고 있어요. 또 삼국시대 불상과 금속 공예 등을 전 시하고 있으며, 고려시대 불교문화 자료, 충청 출신의 조 선시대 학자 신숙주, 권상하, 최석정에 관한 자료 등을 전시하고 있어요.

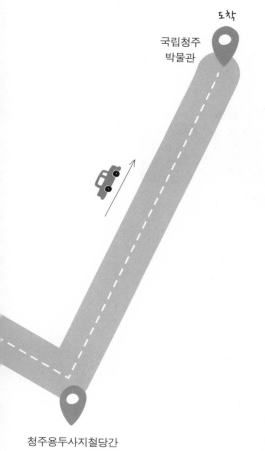

도착

국립청주
박물관

청주용두사지철당간

전주 : 전주한지박물관, 전주한옥마을, 전주사고, 경기전, 전주객사, 국립전주박물관

전주는 조선의 뿌리가 있는 곳입니다. 전주한옥마을과 전주비빔밥으로 유명하지만, 이것 말고도 조선을 건국한 이성계와 관계가 깊은 도시입니다. 이성계가 바로 전주 이씨이며 이성계의 고조부는 전주에서 관리를 했어요. 역사, 문화와 음식이 어우러진 전주로 가 볼까요?

⊐ 전주한지박물관 (관람 1시간)

국내 유일의 한지 전문 박물관입니다. 종이와 한지의 역사를 한눈에 볼 수 있고 한지 만들기 체험도 할 수 있습니다.

전주한지
박물관 출발

⊐ 전주한옥마을과 동학혁명기념관 (관람 3시간 이상)

을사조약 이후, 전주에 들어온 일본인들은 서문 밖에 거주했어요. 하지만 성벽이 허물어지고 일본인들이 성 안으로 들어오면서 일본 상인들이 전주 최대의 상권을 차지합니다. 1930년 전후 일본인들의 세력 확장에 대한 반발로 한국인들은 교동과 풍남동 일대에 한옥촌을 형성하기 시작했어요. 이곳이 바로 전주한옥마을입니다. 현재는 다양한 축제, 체험, 먹을거리가 있는 관광지예요. 이곳에 동학혁명 100주년을 기념하여 세워진 동학혁명기념관이 있어요.

⊐ 전주사고 (관람 10분)

『조선왕조실록』은 춘추관 외에 충주사고에 봉안되었습니다. 충주사고는 주거 밀집 지역에 있어서 화재와 분실의 염려가 컸어요. 그래서 전주와 성주에 사고를 설치하고 실록을 더 만들어서 춘추관사고 및 충주사고, 전주사고, 성주사고에 각 1부씩 봉안했어요. 그런데 임진왜란 때 춘추관과 충주, 성주의 실록이 모두 소실됩니다. 다행히 전주사고의 실록은 화를 면할 수 있었어요. 임진왜란 때는 어진과 함께 내장산 은봉암 등으로, 다시 정읍을 거쳐 해주로 옮겨졌다가 정유재란 때 묘향산 보현사에 숨겼다고 해요. 이러한 노력들이 없었다면 선조 이전의 실록들을 지금처럼 볼 수 없었겠지요.

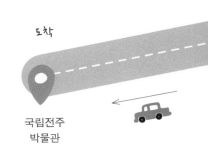

도착

국립전주
박물관

⚒ 경기전 (관람 40분)

경기전은 조선을 건국한 태조 이성계의 어진을 보관하기 위해 세운 곳이에요. '어진'이란 왕의 초상화를 일컫는 말입니다. 기록상으로는 태조 어진이 26개나 제작되었다는데 현재 남아 있는 것은 1872년에 그린 경기전의 어진이 유일합니다. 이 어진은 2010년에 국보로 지정되

었어요. 경기전은 원래 전주부성 동남쪽 넓은 땅에 많은 부속 건물과 함께 크게 지어졌으나, 일제강점기 때 일본이 소학교를 세운다며 경기전 서쪽 부지를 빼앗고 부속 건물을 철거했어요. 그리고 1980년대 말 복원사업을 통해 옛 모습을 어느 정도 되찾았어요.

⚒ 풍남문과 전주객사 (관람 각 20분)

경기전에서 남서쪽으로 조금 내려오면 전주읍성의 일부인 풍남문이 남아 있습니다. 풍남문의 '풍'은 중국 한나라 고조의 고향 '풍패'에서 왔다고 해요. 지금은 없

지만 전주읍성 서쪽에는 풍패의 '패'를 딴 패서문이 있었다고 해요. 그리고 경기전 위쪽에는 전주객사가 있습니다. 전주객사는 각종 의례를 행하던 숙소로 정청에 '풍패지관'이라는 편액이 걸려 있어요. 모두 조선 왕조의 발원지라는 뜻을 담고 있지요.

⚒ 전동성당 (관람 10분)

1791년 정조 시기 최초의 순교자인 윤지충(바오로)과 권상연(야고보), 순조 때는 첫 사도 유항검(아우구스티노)과 윤지헌(프란치스코) 등이 이곳에서 박해를 받고

처형되었어요. 이들을 기리고자 세운 성당입니다.

⚒ 국립전주박물관 (관람 1시간)

국립전주박물관은 전북 지역의 다양한 문화재를 보관 및 전시하고 있습니다. 특히 2018년부터 '조선 선비문화'를 중심으로 박물관을 특

성화시키고 있어요.

동학혁명
기념관

전주
경기전

전주
한옥마을

전주사고

전주객사
(풍남문)

전동성당

영월 : 영월장릉, 단종역사관, 청령포, 관풍헌, 조선민화박물관, 난고김삿갓유적지

영월은 단종의 아픔을 간직한 곳입니다. 어린 나이에 임금이 된 단종을 숙부인 수양대군이 몰아내고 왕위에 오릅니다. 단종은 상왕으로 물러나고요. 그러자 성삼문, 박팽년, 하위지 등의 신하가 단종 복위를 모의했는데 세조에게 들켜 처형되거나 스스로 목숨을 끊습니다. 이후 단종은 노산군으로 강봉되어 이곳 영월로 유배됩니다. 단종은 영월에서 눈을 감습니다. 단종의 한이 맺혀 있는 영월로 떠나 봅시다.

🚂 영월장릉 (관람 30분)

단종이 묻힌 능입니다. 파주에 있는 인조의 능도 장릉이라고 부르기 때문에 구별하여 영월장릉이라고 불러요. 조선시대 왕릉은 능침, 제향, 진입 공간 이렇게 3부분으로 되어 있어요. 능침 공간은 무덤 부분으로 죽은 자의 공간이라 할 수 있어요. 제향 공간은 제사를 지내는 곳으로 죽은 자와 산 자가 함께 있는 공간입니다. 홍살문부터를 제향 공간이라 할 수 있어요. 진입 공간은 왕릉의 관리와 제례 준비를 하는 곳입니다.

🚂 단종역사관 (관람 20분)

영월장릉에 있는 단종역사관에는 단종의 탄생과 유배, 죽음과 복권에 이르는 여러 자료가 전시되어 있어요.

🚂 청령포 (관람 1시간)

영월 청령포는 단종의 유배지입니다. 숙부인 수양대군에게 왕위를 빼앗기고 상왕으로 있다가 다음 해 단종 복위 운동이 실패하면서 노산군으로 강봉되어 이곳에 오게 되죠. 삼면이 물로 둘러싸여 있고 서쪽은 험한 산이 있어서 나룻배를 이용하지 않고는 밖으로 출입할 수 없는 천혜의 감옥이라 할 수 있어요. 이곳에 단종이 거처하던 어소가 있었으나 불타 없어진 것을 복원했어요.

☎ 관풍헌 (관람 10분)

청령포에서 생활하던 단종은 얼마 지나지 않아 홍수 때문에 이곳 관풍헌으로 옮기게 됩니다. 그리고 이곳에서 죽음을 맞이하게 되죠. 관풍헌은 영월 객사의 동헌으로 1997~1998년에 전면 보수공사를 했습니다.

☎ 조선민화박물관 (관람 20분)

국내 최초로 만들어진 민화박물관으로 가장 많은 민화를 볼 수 있는 곳입니다. 조선시대 민화 3,000여 점을 소장하고 있으며 다양한 체험 활동도 가능해요. 민화라고 하면 이름 없는 화가가 그린 서민들 작품이라고 생각하기 쉽지만, 사실 왕실부터 사대부, 일반 백성까지 두루 그리던 우리의 전통 그림이라고 해요.

☎ 난고김삿갓유적지 (관람 20분)

삿갓을 쓰고 평생 방랑한 방랑 시인 김삿갓의 업적을 기리는 문학관입니다. 김삿갓의 원래 이름은 김병연이며 조부가 홍경래의 난을 평정하지 못하고 투항해서 집안이 몰락했어요. 그래서 김병연은 평생 시만 쓰고 살았다고 해요. 영월은 김삿갓이 태어나서 자란 곳이라고 합니다. 김삿갓은 전국 각지를 방랑하면서 서민들의 애환과 양반들의 잘못된 생활상을 시로 옮겼습니다.

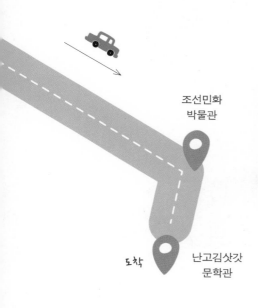

조선민화
박물관

도착

난고김삿갓
문학관

강화 : 강화고려궁지, 강화역사박물관, 강화산성, 광성보, 덕진진, 초지진, 정족산성

강화도는 근대 외세 침략이 시작되는 첫 번째 관문입니다. 일찍부터 국가가 위급할 때 왕실과 조정이 피난하여 전란을 극복하는 장소였으며 한양으로 물자가 드나드는 중요한 길목이었어요. 그렇다 보니 우리 역사에서 자주 등장하는 곳이며 문화재가 많아요. 세계문화유산인 고인돌이 있고 몽골의 침입 당시 도읍지였던 고려궁지가 있어요. 조선 후기에는 병인양요와 신미양요를 겪었고, 우리나라 최초의 불평등조약인 강화도조약이 이뤄진 곳이기도 해요. 고대부터 근현대까지 다양한 역사가 살아 숨 쉬는 강화도로 떠나 봅시다.

강화역사박물관 (관람 1시간)

강화역사박물관은 강화 고인돌 공원 안에 있는데, 박물관 바로 앞에 그 유명한 강화 지석묘가 엄청난 크기를 자랑하면서 떡하니 서 있습니다. 박물관 안에는 선사시대부터 근대까지 강화도의 역사를 담은 다양한 자료와 모형을 전시하고 있어요.

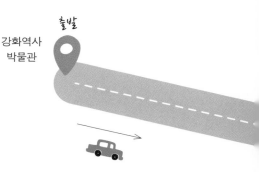

출발

강화역사
박물관

강화고려궁지 (관람 40분)

고려는 1232년 고종 때 몽골의 침략에 대항하기 위하여 최우의 권유로 도읍을 강화도로 옮겼어요. 이때 옮긴 도읍 터가 바로 고려궁지로 원종 때 개경으로 환도할 때까지 39년간 사용되었습니다. 규모는 크지 않지만 개경의 궁궐과 비슷하게 만들었고, 궁궐 뒷산 이름도 송악이라 하였다고 합니다. 그 후 조선시대에 왕이 행차 시 머무르는 행궁과 외규장각 등을 건립하였는데, 병자호란과 병인양요를 겪으면서 거의 소실되고 지금은 건물 몇 개만 남아 있어요.

강화산성 (관람 10분)

고려가 대몽항쟁을 위해 도읍을 강화로 옮기고 궁궐을 지을 때 함께 쌓은 산성입니다. 개성의 성곽과 비슷하게 내성, 중성, 외성으로 쌓았어요. 이 중 내성에 해당하는 것이 강화산성입니다. 원래는 흙으로 쌓았으나 조선 숙종 때 현재처럼 돌로 쌓았어요.

연무당 옛터 (관람 5분)

연무당은 1876년에 일본과 강화도조약을 체결한 곳입니다. 지금은 이렇게 터만 남아 있고 비석이 세워져 있습니다.

광성보와 광성돈대 (관람 30분)

광성보는 신미양요 때 가장 격렬했던 격전지로 지휘관인 어재연 장군 등이 용감하게 싸우다 순국한 곳입니다. 돈대란 성벽으로 빙 둘러싼 요새 같은 작은 성을 말하는데, 성곽에 총구를 설치하고 대포를 두어 적을 공격할 수 있도록 되어 있습니다. 강화도는 중요한 군사 요충지라서 이러한 돈대가 섬을 빙 둘러 가며 50개 정도가 있다고 합니다.

덕진진 (관람 30분)

병인양요 때 양헌수 장군이 이끄는 군대가 이곳 덕진진을 거쳐 정족산성으로 들어가 프랑스 군대를 격파했다고 해요. 신미양요 때는 미국 함대와 치열한 포격전을 벌였던 곳이기도 합니다.

초지진 (관람 20분)

원래 초지진은 해상으로 침입하는 외적을 막기 위해 효종 때 구축한 요새입니다. 이곳에서 일본의 운요호와 치열한 격전을 벌이기도 했지요. 초지진 곳곳에서 당시의 치열했던 전투의 흔적을 발견할 수 있어요.

정족산성(삼랑성) (관람 50분)

단군이 세 아들에게 성을 쌓게 하여 이름을 삼랑성으로 지었다는 기록이 『고려사』에 나와요. 병인양요 때 양헌수 장군이 프랑스군을 물리치고 이곳에 보관된 『조선왕조실록』을 지킬 수 있었다고 해요.

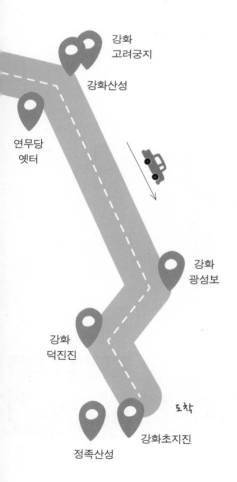

강화
고려궁지

강화산성

연무당
옛터

강화
광성보

강화
덕진진

도착

강화초지진

정족산성

대구 : 국채보상운동기념공원, 대구근대역사관, 약령시한의약박물관, 이상화, 서상돈 고택, 2·28민주운동기념관, 국립대구박물관, 신숭겸 장군 유적

대구는 근대화 시기에 국채보상운동이 일어난 곳입니다. 대구에는 근대 우리 역사의 흔적이 많이 남아 있습니다. '빼앗긴 들에도 봄은 오는가'라는 시로 유명한 이상화의 고택을 비롯하여 다양한 근대 건축물들이 있습니다. 4·19혁명의 기폭제가 된 2·28민주운동이 대구에서 일어났다는 사실, 알고 계셨나요? 근현대의 숨결을 느낄 수 있는 대구 투어를 떠나 봅시다.

국채보상운동기념공원 (관람 40분)

국채보상운동을 기념하기 위해 조성된 공원입니다. 달구벌 대종을 비롯하여 향토 서예가들이 쓴 이육사, 박목월, 조지훈, 이호우, 윤동주의 시비와 대형 영상시설, 명언비가 있는 오솔길, 광장이 잘 정돈되어 있어요. 공원 안에 있는 국채보상기념관에서는 국채보상운동에 대한 많은 자료를 볼 수 있습니다. 국채보상운동은 일본에서 도입한 차관 1,300만 원을 갚기 위한 운동입니다. 서상돈이 "국채 1,300만 원을 갚지 못하면 장차 토지라도 주어야 하므로, 우리 2천만 동포가 담배를 석 달만 끊고 그 대금으로 국채를 보상하자."면서 자신부터 800원을 냈습니다. 하지만 일본은 이를 방해하기 위해 국채보상기성회 총무인 양기탁에게 국채보상의연금 횡령이라는 누명을 씌워 구속했다가 무죄로 풀어 줍니다. 이후 국채보상운동은 점점 퇴조합니다.

대구근대역사관

국채보상운동
기념공원

약령시
한의약
박물관

출발

이상화 고택,
서상돈 고택

2·28민주
운동기념관

대구근대역사관 (관람 30분)

대구근대역사관은 옛 조선식산은행 대구지점을 개조하여 대구의 근대사를 한눈에 볼 수 있도록 시대별, 주제별로 유물과 자료를 전시하고 있습니다. 대구의 옛 모습을 살펴볼 수 있어요.

약령시한의약박물관 (관람 40분)

대구 약령시는 조선시대부터 이어져 온 전국 3대 한약재 전문 시장입니다. 이를 보존하고 발전시키기 위해 대구 약전 골목에 한의약박물관을 건립했어요.

초등 한국사! 진짜 역사 수업을 말한다 1

도착
신숭겸장군
유적지

국립
대구박물관

☎ 이상화, 서상돈 고택 (관람 20분)

일제강점기 때 민족의 광복을 위해 저항 정신의 횃불을 밝힌 시인 이상화의 시향이 남아 있는 곳입니다. 이상화 시인은 1939년부터 임종 때까지 약 4년 동안 이곳에 거주하면서 시 쓰기에 몰두했다고 합니다. 이상화 고택 옆에 서상돈 고택도 복원되어 있는데, 서상돈은 국채보상운동에 앞장선 인물입니다.

☎ 2·28민주운동기념관 (관람 20분)

1960년 2월 28일 민주당 부통령 후보인 장면의 유세가 대구 수성천에서 열리기로 되어 있었어요. 하지만 학생들이 이 유세에 오지 못하도록 일요임에도 8개 공립고등학교에 등교 지시를 내렸죠. 이에 학생들은 결의문을 낭독하고 학교를 뛰쳐나와 반독재 시위를 합니다. 이것이 바로 2·28민주운동으로 3·15부정선거 후 마산 3·15의거와 함께 4·19혁명의 기폭제가 됩니다.

☎ 국립대구박물관 (관람 1시간 30분)

대구, 경북 지역의 다양한 문화재를 볼 수 있는 국립박물관입니다. 어린이박물관 체험 또한 이곳의 자랑입니다.

☎ 신숭겸 장군 유적 (관람 20분)

대구 팔공산은 후삼국 시대에 일어난 공산전투로 유명해요. 여기서 왕건이 견훤에게 크게 패하고 8명의 장수가 죽었지요. 그래서 산의 이름도 공산에서 팔공산으로 바뀌었고요. 8명의 장수 중 왕건의 오른팔인 신숭겸 장군이 죽은 곳에 지금의 유적지를 만들었어요.

부산 : 임시수도기념관, 부산근현대역사관, 민주공원, 일제강제동원역사관, 동래읍성

부산은 근현대 역사가 어우러진 우리나라 제2의 도시입니다. 역사적으로는 임진왜란 전투가 이곳에서 시작되었으며 6·25전쟁 때는 우리나라의 임시 수도이기도 했어요. 그래서 부산에는 임진왜란부터 6·25전쟁까지 다양한 역사를 느낄 수 있는 박물관이 여럿 있습니다. 그럼, 부산으로 한번 떠나 볼까요?

임시수도기념관 (관람 40분)

이승만은 6·25전쟁이 발발한 해 8월에 부산을 임시 수도로 정합니다. 원래 경남도지사 관사였던 이곳을 대통령 관저로 삼고 각종 정책과 국가 업무를 보게 됩니다. 더불어 이곳 주변으로 국회, 대검찰청 등의 국가기관이 옮겨 오면서 정치 1번지로 변모합니다. 이후 1983년 경남도청이 창원으로 이전되면서 이곳은 임시수도기념관으로 공개하게 되죠.

부산근현대역사관 (관람 30분)

부산의 근대사를 한눈에 볼 수 있어요. 부산의 개항, 일제의 수탈, 동양척식주식회사, 근대 거리 등과 관련된 자료들을 전시하고 있어요. 부산근현대역사관은 원래 일제강점기인 1929년에 동양척식주식회사 부산지점으로 건립되었고, 해방 후에는 미문화원으로 사용되었다가 1999년 부산시가 인수하여 2003년 부산근현대역사관으로 개관하였습니다.

민주공원 민주항쟁기념관 (관람 1시간)

부마항쟁은 박정희 유신독재와 신민당 총재 김영삼의 국회의원직 박탈로 1979년 10월 16일 부산의 학생과 시민 수천 명이 시위를 한 사건입니다. 박정희 정권은 비상계엄을 선포하고 군대까지 투입합니다. 일촉즉발의 상황에서 10월 26일 김재규가 쏜 총에 박정희는 사망하게 됩니다. 민주공원 내 민주항쟁기념관은 부마항쟁을 포함하여 대한민국 민주주의 운동의 역사를 알 수 있는 박물관입니다.

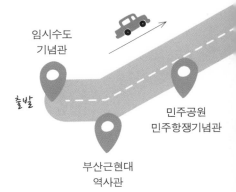

임시수도
기념관

출발

부산근현대
역사관

민주공원
민주항쟁기념관

동래읍성
도착
장영실
과학동산

⊐⊏ 국립일제강제동원역사관 (관람 1시간)

일제강점기 때 부산항은 강제동원의 출발지였어요. 강제동원자의 22%가 경상도 출신이었다는 점을 감안하여 부산에 만든 역사관입니다.

⊐⊏ 유엔평화기념관 (관람 30분)

6·25전쟁을 경험하지 못한 후손에게 전쟁의 참상을 알 수 있도록 만든 곳입니다. 한국전쟁의 과정과 UN 참전까지 다양한 자료를 관람할 수 있습니다.

⊐⊏ 부산박물관 (관람 1시간)

부산박물관은 국립이 아니라 시립박물관입니다. 임진왜란의 적전지인 만큼 임진왜란과 관련된 유물이 많이 전시되어 있었습니다.

부산박물관
유엔평화기념관
국립일제강제동원
역사관

⊐⊏ 동래읍성 (관람 20분)

1592년 임진왜란이 일어났을 때, 일본군의 1차 공격 목표이자 두 번째 전투가 있었던 곳입니다. 첫 번째 싸움은 부산성에서 있었어요. 동래부사 송상현을 중심으로 백성들이 목숨을 걸고 싸웠으나 결국 함락되지요. 일제강점기 때 대부분 철거되어서 현재 복원 중입니다.

⊐⊏ 장영실과학동산 (관람 30분)

동래읍성 안에는 장영실과학동산이 있어요. 조선시대 최고의 과학자 장영실이 바로 이곳 동래 출신이기 때문이죠. 조선의 천문과학기구 19개를 설치하여 2009년 개장했습니다. 그 후 간의 등을 추가 설치했으며 문화해설사도 있어서 자세한 설명을 들을 수 있습니다.

제주 : 김만덕기념관, 국립제주박물관, 제주4·3평화기념관, 성읍민속마을, 제주민속촌

세계자연유산인 성산일출봉을 비롯하여 오름, 한라산 등 자연이 아름다운 섬 제주도. 제주에는 우리 생각보다 많은 문화유적지가 있어요. 제주국립박물관과 제주민속촌을 비롯하여 김만덕기념관과 추사 김정희 유배지도 바로 제주에 있습니다. 그중에서도 가장 의미 있는 장소는 제주4·3사건을 기리는 4·3평화기념관이라고 할 수 있어요. 아름다운 외면 뒤에 자리한 제주의 아픈 역사를 함께 느껴 봅시다.

김만덕기념관 (관람 1시간)

김만덕은 육지와 제주의 물품을 교역하는 객주를 운영한 제주 최고의 거상이자 최초의 여성 CEO입니다. 제주 지역의 계속된 흉년으로 많은 사람들이 굶주림에 시달리고 설상가상으로 조정에서 보낸 쌀을 실은 배가 침몰했을 때, 김만덕은 전 재산으로 곡식을 사들여 제주 사람들에게 나눠 주었어요. 김만덕의 삶을 느끼고 나눔문화를 경험할 수 있는 기념관입니다.

국립제주박물관 (관람 1시간)

구석기 시대부터 탐라국 시기, 그리고 조선을 거쳐 현재까지 제주의 역사를 담은 국립박물관입니다.

제주민속자연사박물관 (관람 1시간)

제주도의 민속 자료와 해양 생물 자료를 전시해 놓은 곳입니다. 더불어 화산 폭발로 이뤄진 제주의 지질학적 특성을 살펴볼 수 있는 종합 박물관입니다.

출발
김만덕기념관
국립제주박물관
제주민속자연사
박물관
삼성혈
제주4·3
평화공원

서귀포
김정희유배지

⚒ 삼성혈 (관람 30분)

제주의 시조인 삼신인(고을나, 양을나, 부을나)이 3개의 구멍에서 솟아난 곳입니다. 삼신인은 수렵 생활을 하다가 오곡의 종자를 가지고 온 벽랑국 삼공주를 맞이하여 농경 생활을 시작하게 되었으며, 이로부터 탐라왕국이 발전했다고 합니다.

⚒ 제주4·3평화공원 (관람 1시간 30분)

제주4·3사건은 1947년 삼일절 행사를 기점으로 1948년 4월 3일에 발생한 소요 사태 및 1954년 9월 21일까지 제주도에서 발생한 무력 충돌과 그 진압 과정에서 수많은 주민들이 희생당한 사건을 말해요. 제주4·3평화공원은 당시 제주도민의 저항과 처참한 살육의 역사를 추모하기 위한 공간입니다. 공원 내 제주4·3평화기념관에서는 살아남은 이들의 증언, 유가족 기록 등 생생한 역사 자료를 볼 수 있어요.

⚒ 성읍민속마을 (관람 1시간)

조선시대에 제주도는 제주목, 정의현, 대정현으로 행정 구역이 나뉘어 있었어요. 그중 정의현청은 제주도 오른쪽 끝에 위치하여 왜적의 침입과 태풍의 피해가 잦았어요. 그래서 정의현청을 현재 성읍민속마을 위치로 옮기고 읍성을 쌓았다고 해요. 즉, 성읍민속마을은 정의현의 중심지였어요. 당시의 성벽과 향교, 객사를 비롯하여 다양한 고택이 남아 있습니다.

⚒ 제주민속촌 (관람 2시간)

제주의 민속 문화를 한눈에 볼 수 있는 곳입니다. 조선 말인 1890년대의 생활 모습을 생생하게 볼 수 있는 가장 제주도다운 곳이에요.

⚒ 서귀포 김정희 유배지 (관람 30분)

추사체로 잘 알려진 김정희는 안동 김씨 세력과의 권력 다툼에서 밀려나 제주도로 유배되었어요. 이곳에서 추사체를 완성하고 국보인 〈완당세한도〉를 비롯해 많은 서화를 그렸습니다.

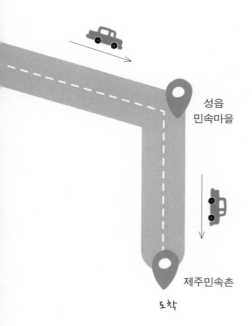

성읍
민속마을

제주민속촌
도착

참고문헌

• 논문

강영아, 「연표학습을 통한 역사적 사고력의 발달」, 서울교육대학교 교육대학원 석사학위논문, 2007.

김부경, 「초등학교 5·6학년의 시간개념 분석」, 한국교원대학교 대학원 석사학위 논문, 2016.

김은별, 「2009 개정 초등 사회과 교과서의 역사 인물에 대한 5학년 학생들의 성지식」, 고려대학교 교육대학원 석사학위논문, 2019.

김한종, 「역사개념의 이해와 학습방법」, 역사교육연구 제12호, 2010.

백승호, 「고려 상인들의 대송무역활동」, 『역사학연구』, 제27집, 2006.

송언근·강경택, '개념에 근거한 비조작 자료의 조작과 사회과 탐구', 대구교육대학교 부설 초등학교와의 협동 연구 보고서, 2013.

윤순옥·황상일, 「삼국사기를 통해 본 한국 고대의 자연재해와 가뭄주기」, 『대한지리학회지』, 제44권 제4호, 2009.

이관구, 「가족사 프로젝트를 통한 역사 인식의 형성」, 대구교육대학교 석사학위논문, 2015.

이하나, 「초등학생들의 역사 인물 프로젝트」, 대구교육대학교 석사학위 논문, 2020.

정혜정, 「비조작 자료와 사회과 지식 구성의 관계」, 대구교육대학교 석사학위논문, 2007.

최상훈, 「역사적 사고력의 학습 및 평가방안」, 서울대학교 대학원 박사학위논문, 2000.

• 도서

강준만, 『한국 현대사 산책 – 1960년대 편』(전3권), 인물과사상사, 2004.

강준만, 『한국 현대사 산책 – 1970년대 편』(전3권), 인물과사상사, 2002.

교육부, 『초등학교 사회 교과서 5-1』, 2011.

교육부, 『초등학교 사회 교과서 5-2』, 2011.

교육부, 『초등학교 사회 교사용 지도서 5-1』, 2011.

교육부, 『초등학교 사회 교사용 지도서 5-2』, 2011.

교육부, 『초등학교 사회 교과서 5-2』, 2016.

교육부, 『초등학교 사회 교과서 6-1』, 2016.

구난희 외, 『초등역사수업 디자인하기』, 교육과학사, 2014.

권오정·김영석, 『사회과 교육학의 구조와 쟁점』, 교육과학사, 2003.

권의신 외, 『초등 역사 수업의 길잡이』, 책과함께, 2012.

김덕진, 『초등 역사 교육의 이해』, 선인, 2009.

김한종, 『역사왜곡과 우리의 역사교육』, 책세상, 2001.

김한종, 『역사 수업의 원리』, 책과함께, 2007.

김한종, 『역사 교육으로 읽는 한국현대사』, 책과함께, 2013.

박영규, 『한권으로 읽는 조선왕조실록』, 웅진지식하우스, 2004.

박은봉, 『사진과 그림으로 보는 한국사 편지』(전5권), 웅진닷컴, 2002-2003.

서주억, 『사진과 그림으로 보는 한국 현대사』, 웅진지식하우스, 2005.

송언근·이관구·정혜정, 『자료와 활동 중심의 사회과다운 수업하기』, 교육과학사, 2015.

역사문제연구소, 『사진과 그림으로 보는 한국의 역사 3』, 웅진닷컴, 1993.

온정덕 외, 『교실 속으로 간 이해중심 교육과정』, 살림터, 2018.

유발 하라리 저, 조현욱 역, 『사피엔스』, 김영사, 2015.

윤종배, 『교사를 위한 수업 이야기, 나의 역사수업』, 역사넷, 2008.

이관구, 『초등 한국사! 진짜 역사 수업을 말한다』, 즐거운학교, 2014.

이광희, 『어린이를 위한 한국 근현대사』, 풀빛, 2019.

이광표, 『국보 이야기』, 작은박물관, 2005.

이만열·이광희, 『어린이 대학: 역사』, 창비, 2017.

이근호, 『이야기 조선왕조사』, 청아출판사, 2005.

이도학, 『궁예, 진훤, 왕건과 열정의 시대』, 김영사, 2000.

이종일, 『사회과 탐구와 교사자질』, 교육과학사, 2006.

이종일, 『과정 중심 사회과 교육』, 교육과학사, 2001.

장성애 외, 『질문과 이야기가 있는 행복한 교실』, 매일경제신문사, 2016.

최상훈 외, 『역사교육의 내용과 방법』, 책과함께, 2007.

최용규 외, 『살아있는 역사 수업』, 교육과학사, 2013.

최용규 외, 『사회과, 교육과정에서 수업까지』, 교육과학사, 2005.

한명기, 『병자호란: 역사평설』(전2권), 푸른역사, 2013.

E.H. Carr 저, 박성수 역, 『역사란 무엇인가』, 민지사, 2005.

George W. Maxim 저, 최용규 외 역, 『살아있는 사회과 교육』, 학지사, 2004.

James A. Banks 저, 최병모 외 역, 『사회과 교수법과 교재연구』, 교육과학사, 1987.

Linda S. Levstik, Keith C. Barton 저, 배한극 외 역, 『역사하기』, 아카데미프레스, 2007.

Susan Stacey 저, 정선아 · 윤은주 역, 『발현적 교육과정』, 창지사, 2015.

• 기타 온라인 자료

두산백과, 문화재청, 우리역사넷, 통계청, 한국민족문화대백과사전